应用型本科汽车类专业系列教材

汽车服务企业管理

第 2 版

许兆棠 主编

机械工业出版社

本书是机械工业出版社 2015 年出版的《汽车服务企业管理》教材的第 2 版。本书第 1 版自出版以来，深受广大读者的欢迎，已重印多次。在保持第 1 版的基本体系和内容的基础上，本书加强了汽车服务企业创新管理的内容，增加了新能源汽车、无人驾驶的智能电动汽车服务管理，以及汽车网络销售、电动汽车充电桩业务流程管理等内容。本书内容既有汽车服务企业管理的共性，又兼顾一些汽车服务企业管理的特殊性。本书体系完整，全书内容包括：汽车服务企业管理概论，汽车服务企业制度和组织，汽车服务企业战略管理，汽车服务企业经营管理，汽车服务企业质量与技术管理，汽车服务企业人力资源管理，汽车服务企业物资与设备管理，汽车服务企业财务管理，汽车服务企业信息管理，汽车服务企业文化、形象、安全与文明服务管理以及课后作业。本书可作为应用型本科汽车服务工程、车辆工程专业的教材，也可供从事汽车服务行业的管理人员和工程技术人员参考。此外，本书还配有教学课件、习题解答等，读者可从机械工业出版社教育服务网（www.cmpedu.com）获取。

图书在版编目（CIP）数据

汽车服务企业管理/许兆棠主编. —2 版. —北京：机械工业出版社，2022.1（2024.1 重印）
应用型本科汽车类专业系列教材
ISBN 978-7-111-59593-9

Ⅰ.①汽… Ⅱ.①许… Ⅲ.①汽车企业 – 工业企业管理 – 高等学校 – 教材 Ⅳ.①F407.471.6

中国版本图书馆 CIP 数据核字（2022）第 025174 号

机械工业出版社（北京市百万庄大街 22 号　邮政编码 100037）
策划编辑：何士娟　　　责任编辑：何士娟
责任校对：韩佳欣　张　薇
责任印制：常天培
北京机工印刷厂有限公司印刷
2024 年 1 月第 2 版第 3 次印刷
184mm×260mm・15.5 印张・379 千字
标准书号：ISBN 978-7-111-59593-9
定价：69.90 元

电话服务　　　　　　　　　　网络服务
客服电话：010-88361066　　　机　工　官　网：www.cmpbook.com
　　　　　010-88379833　　　机　工　官　博：weibo.com/cmp1952
　　　　　010-68326294　　　金　书　网：www.golden-book.com
封底无防伪标均为盗版　　　　机工教育服务网：www.cmpedu.com

第 2 版前言

在汽车服务企业,每个人既是管理者,又是被管理者,还是自我管理者。汽车服务工程专业和与汽车服务相关的同学,以及即将进入汽车服务企业的人员和已在汽车服务企业工作的员工,应该学习汽车服务企业管理知识,以便做好汽车服务工作。

本书是机械工业出版社 2015 年出版的《汽车服务企业管理》教材的第 2 版。本书第 1 版自出版以来,深受广大读者的欢迎,已重印多次。为适应汽车服务企业管理的发展,提高汽车服务企业管理的教学质量,特对本书进行修订。

本书在保持第 1 版的基本体系和内容的基础上,主要对以下方面进行了修订:

1)加强了汽车服务企业创新管理的内容。创新管理是汽车服务企业管理的基本方法。在汽车服务企业的管理中,只有善于发现管理的问题,创新性地解决管理的问题,才能使汽车服务企业管理不断进步,提高汽车服务企业管理的水平,为推动汽车服务企业发展做出贡献。

2)增加了新能源汽车、无人驾驶的智能电动汽车维修的组织结构及维修作业管理的内容。新能源汽车、无人驾驶的智能电动汽车是汽车的发展方向,在汽车服务企业,应加强对其服务的管理。在第二章和第四章的第二节中,分别增加了新能源汽车、无人驾驶的智能电动汽车维修的组织结构和维修作业管理的内容。

3)增加了汽车网络销售业务流程管理的内容。汽车网络销售、汽车网络销售与实体企业销售相结合的汽车销售模式正在兴起,应开展相应的教学。在第四章第二节中,增加了汽车网络销售业务流程管理的内容。

4)增加了电动汽车充电桩业务流程管理的内容。电动汽车充电桩是电动汽车的附件,其相关业务随电动汽车和混合动力汽车的市场发展而兴起,应学习和加强其管理知识。在第四章第二节中,增加了电动汽车充电桩业务流程管理的内容。

5)增加了汽车服务企业管理设计的内容。汽车服务企业的管理设计是计划管理工作中的主要工作。在第一章、第二章和第四章中,分别增加了管理设计的基本方法、组织的设计流程及其主要内容和经营流程及其管理的设计。

6)在第一章、第二章和第四章中,增加了图文说明,便于教学。

7)删除第九章第四节汽车服务企业资源计划的内容。

与本书第 2 版配套的教学课件、习题解答等,可从机械工业出版社教育服务网(www.cmpedu.com)获取。

本书第 2 版由三江学院、淮阴工学院许兆棠教授主编,淮阴工学院张恒教授参加了部分章节的修改和资料收集整理工作。

在本书的修订过程中,编者参考了许多国内出版的书籍、网站的相关内容,得到了许多专家和汽车服务企业技术人员的大力支持，编者许多在汽车服务企业工作的学生也给予了大力支持，使得本书的修订工作得以顺利完成并在内容上更加新颖、丰富。中国人民财产保险股份有限公司南通市分公司的何健认真审阅了本书的部分内容，淮阴工学院徐礼超教授和苏州市正和汽车贸易有限公司陈刚总经理对全书进行了认真审阅，并提出了许多宝贵的修改意见，在此一并致谢。

由于编者水平所限，本书在内容上难免存在不足和错误之处，恳请使用本教材的师生和读者批评指正，以便今后进一步完善。

编 者

2021 年 4 月

第1版前言

随着我国汽车工业的快速发展,汽车服务项目逐渐增多,汽车4S店正加速发展为汽车"5S"店,一站式汽车服务企业已开始营业,汽车后市场服务正在网络化,传统的汽车维修模式、经营方式、管理手段已经远远不能适应现代汽车服务市场竞争的需要,汽车服务企业需要接受新的管理理念,需要出版新的汽车服务企业管理的教材,以满足培养新的汽车服务企业管理人才的需要。

汽车服务企业管理既有企业管理的理论性,又有汽车服务的特殊性。本书针对汽车服务企业的特点,运用现代企业管理的理论和方法,对汽车服务企业各项管理活动进行了系统论述。本书主要内容包括:汽车服务企业管理的任务与主要内容,基本原理和方法,制度和组织结构,战略管理,经营管理,质量与技术管理,人力资源管理,物资与设备管理,财务管理,信息管理,文化、形象、安全与文明服务管理,这些内容既适用于一般汽车销售、维修企业,又适合汽车4S店、特约服务站。此外,本书还有配套的教学课件,供教学使用,读者可从机械工业出版社教材服务网(www.cmpedu.com)获取。

本书由淮阴工学院许兆棠教授主编,淮阴工学院张恒教授和南通理工学院朱亮亮老师参加了部分章节的编写和资料收集整理工作。

在编写本书的过程中,编者参考了许多国内出版的书籍、网站的相关内容,得到了许多专家和汽车销售企业、维修企业、4S店的技术人员的大力支持。编者许多在汽车服务企业工作的学生也给予了大力支持,使得编写工作得以顺利完成并在内容上更加新颖、丰富。淮阴工学院徐礼超教授、隽成林高工和张家港顺驰汽车服务有限公司的陈刚总经理对全书进行了认真审阅,并提出了许多宝贵的修改意见,在此一并致谢。

由于编者水平所限,本书在章节安排和内容上难免存在不足和错误,恳请使用本书的师生和读者批评指正,以便今后进一步完善。

编 者
2014年11月

目 录

第 2 版前言
第 1 版前言

第一章　汽车服务企业管理概论 … 001
　第一节　汽车服务企业 …………… 001
　一、汽车服务企业的概念 ………… 001
　二、汽车服务企业的类型 ………… 001
　三、汽车服务企业的特征 ………… 006
　四、汽车服务企业的经营特点 …… 008
　五、汽车服务企业的核心
　　　经营理念 ……………………… 009
　第二节　汽车服务企业管理的任务与
　　　　　主要内容 ………………… 010
　一、汽车服务企业管理的任务
　　　和职能 ………………………… 010
　二、汽车服务企业管理的主要
　　　内容 …………………………… 012
　第三节　汽车服务企业管理的基本
　　　　　原理和原则 ……………… 013
　一、汽车服务企业管理的基本
　　　原理 …………………………… 013
　二、汽车服务企业管理的基本
　　　原则 …………………………… 017
　第四节　汽车服务企业管理的
　　　　　基本方法 ………………… 017
　一、人性化管理 …………………… 018
　二、制度化管理 …………………… 018
　三、信息化管理 …………………… 019
　四、目标管理 ……………………… 020
　五、任务管理 ……………………… 020
　六、"走动式"管理 ……………… 021
　七、管理设计的基本方法 ………… 021
　第五节　汽车服务企业管理者应
　　　　　具备的基本能力和素质 … 022
　一、汽车服务企业管理者应具备的
　　　基本能力 ……………………… 022
　二、汽车服务企业管理者应具备的
　　　基本素质 ……………………… 024
　作业 ………………………………… 026

**第二章　汽车服务企业制度和
　　　　　组织** ……………………… 027
　第一节　汽车服务企业制度 ……… 027
　一、汽车服务企业制度的概念 …… 027
　二、汽车服务企业的制度 ………… 027
　三、汽车服务企业制度的制订与
　　　执行 …………………………… 032
　第二节　汽车服务企业组织 ……… 034
　一、汽车服务企业的组织结构
　　　类型 …………………………… 035
　二、汽车服务企业的组织设计 …… 041
　作业 ………………………………… 046

**第三章　汽车服务企业战略
　　　　　管理** ……………………… 047
　第一节　汽车服务企业的服务
　　　　　战略 ……………………… 047
　一、汽车服务企业战略及其内涵 … 047
　二、汽车服务企业战略的特点 …… 047
　三、汽车服务企业的各层次战略 … 048
　第二节　汽车服务企业的战略
　　　　　环境分析 ………………… 055
　一、汽车服务企业的宏观环境
　　　分析 …………………………… 056
　二、汽车服务企业的行业环境
　　　分析 …………………………… 059

三、汽车服务企业的经营环境
　　分析 …………………… 060
四、汽车服务企业的内部环境
　　分析 …………………… 062
第三节　汽车服务企业的战略
　　　　制订、实施和控制 …… 063
一、汽车服务企业的战略计划 …… 063
二、汽车服务企业的战略制订 …… 065
三、汽车服务企业的战略实施 …… 067
四、汽车服务企业的战略控制 …… 068
作业 ……………………………… 070

第四章　汽车服务企业经营管理 … 071
第一节　汽车服务企业经营计划 …… 071
一、汽车服务企业经营计划的特点和
　　作用 …………………… 071
二、汽车服务企业经营计划的
　　分类 …………………… 072
三、汽车服务企业经营计划的
　　内容 …………………… 073
四、汽车服务企业经营计划的
　　编制 …………………… 076
五、汽车服务企业经营计划的
　　实施和控制 ……………… 078
第二节　汽车服务企业经营流程
　　　　管理 …………………… 079
一、整车销售业务流程管理 ……… 079
二、汽车网络销售业务流程管理 …… 081
三、汽车维修业务流程管理 ……… 083
四、电动汽车充电桩业务流程
　　管理 …………………… 086

五、车辆美容业务流程管理 ……… 088
六、车辆租赁业务流程管理 ……… 089
七、汽车保险与理赔业务流程
　　管理 …………………… 091
八、二手车交易业务流程管理 …… 093
九、汽车服务企业经营流程及其
　　管理的设计 ……………… 095
第三节　汽车服务企业经营评价与
　　　　控制 …………………… 095
一、汽车服务企业的经营评价 …… 095
二、汽车服务企业的经营控制 …… 096
第四节　汽车服务企业顾客满意
　　　　管理 …………………… 098
一、汽车服务企业的顾客满意与顾客
　　满意度 ………………… 098
二、汽车服务企业的顾客满意战略
　　思想及理论 ……………… 099
三、汽车服务企业的顾客满意
　　管理 …………………… 100
四、汽车服务企业提高顾客满意
　　水平的途径 ……………… 101
作业 ……………………………… 106

第五章　汽车服务企业质量与技术
　　　　管理 …………………… 107
第一节　汽车服务质量的概念 …… 107
一、汽车服务质量 ………………… 107
二、汽车服务质量的特性 ………… 108
三、汽车服务质量差距 …………… 109
四、汽车服务质量与企业竞争优势的
　　关系 …………………… 111

第二节　汽车服务企业质量管理的
　　　　方法 ………………………… 112
一、汽车服务质量规划 …………… 112
二、汽车服务标杆管理 …………… 113
三、汽车服务蓝图化与过程管理 …… 116
四、汽车服务质量差距管理 ……… 119
五、汽车服务全面质量管理 ……… 120
六、ISO 9000 质量管理体系认证 …… 123
第三节　汽车服务企业质量管理
　　　　体系 ………………………… 125
一、建立汽车服务企业质量管理
　　体系的基本原则 ……………… 125
二、建立汽车服务企业质量管理
　　体系的基本步骤 ……………… 126
三、汽车服务企业质量管理体系
　　的运行 ………………………… 128
四、汽车服务质量的检查与评估 …… 130
第四节　汽车服务企业技术管理 …… 131
一、汽车服务企业技术管理的主要
　　任务和内容 …………………… 131
二、汽车服务企业技术管理的
　　措施 …………………………… 132
作业 …………………………………… 133

第六章　汽车服务企业人力资源
　　　　管理 ………………………… 134
第一节　汽车服务企业人力资源
　　　　管理概述 …………………… 134
一、汽车服务企业人力资源管理的
　　定义 …………………………… 134

二、汽车服务企业人力资源管理的
　　主要任务和职能 ……………… 134
三、汽车服务企业人力资源管理的
　　意义 …………………………… 135
第二节　汽车服务企业人力资源的
　　　　配置 ………………………… 135
一、汽车服务企业的人力资源
　　规划 …………………………… 135
二、汽车服务企业的工作分析 …… 136
三、汽车服务企业的员工配置 …… 137
第三节　汽车服务企业人力资源的
　　　　绩效考核 …………………… 138
一、汽车服务企业绩效考核的定义和
　　作用 …………………………… 138
二、汽车服务企业绩效考核的基本
　　原则、程序和方法 …………… 139
第四节　汽车服务企业人力资源的
　　　　薪酬与激励 ………………… 141
一、汽车服务企业的薪酬 ………… 141
二、汽车服务企业的薪酬作用
　　与意义 ………………………… 142
三、汽车服务企业的薪酬机制 …… 142
四、汽车服务企业薪酬体系的
　　设计 …………………………… 143
五、汽车服务企业的激励 ………… 144
第五节　汽车服务企业人力资源的
　　　　招聘与解聘 ………………… 145
一、汽车服务企业人力资源的
　　招聘 …………………………… 145

二、汽车服务企业人力资源的
　　解聘 ………………………… 148
第六节　汽车服务企业人力资源
　　　　的培训 ………………… 150
一、汽车服务企业人力资源培训
　　的目的和原则 ………………… 150
二、汽车服务企业人力资源培训的
　　内容 …………………………… 150
三、汽车服务企业人力资源培训的
　　形式、方法和师资 …………… 151
作业 ……………………………………… 152

第七章　汽车服务企业物资与设备管理 ………………………… 153

第一节　汽车服务企业的物资
　　　　管理 …………………… 153
一、汽车服务企业物资管理的
　　概念及分类 …………………… 153
二、汽车服务企业物资管理的任务和
　　内容 …………………………… 154
三、汽车服务企业的物资储备
　　管理 …………………………… 155
四、汽车服务企业的物资采购
　　管理 …………………………… 156
五、汽车服务企业的仓库管理 …… 157
第二节　汽车服务企业的设备
　　　　管理 …………………… 165
一、汽车服务企业设备管理的概念
　　及分类 ………………………… 165
二、汽车服务企业的设备选择

　　与评价 ………………………… 166
三、汽车服务企业的设备使用、维护
　　与修理 ………………………… 167
四、汽车服务企业的设备更新、
　　改造与报废 …………………… 170
作业 ……………………………………… 171

第八章　汽车服务企业财务管理 ………………………………… 172

第一节　汽车服务企业财务管理
　　　　概述 …………………… 172
一、汽车服务企业财务管理的
　　概念 …………………………… 172
二、汽车服务企业财务管理的
　　目标 …………………………… 172
三、汽车服务企业财务管理的
　　任务及内容 …………………… 173
四、汽车服务企业的财务关系 …… 174
第二节　汽车服务企业成本
　　　　费用管理 ……………… 175
一、汽车服务企业的成本费用
　　及其分类 ……………………… 175
二、汽车服务企业的成本费用
　　管理任务和要求 ……………… 176
三、汽车服务企业的成本计划 …… 177
四、汽车服务企业的成本预测 …… 178
五、汽车服务企业的成本控制 …… 178
六、汽车服务企业的目标成本
　　管理 …………………………… 180
七、汽车服务企业的成本否决
　　制度 …………………………… 181

第三节　汽车服务企业的资金筹集
　　　　与投资管理 …………… 181
一、汽车服务企业的资金筹集管理 … 181
二、汽车服务企业的投资管理 ……… 184
第四节　汽车服务企业的营业收入与
　　　　利润分配管理 …………… 186
一、汽车服务企业的营业收入
　　管理 …………………………… 186
二、汽车服务企业的营业利润
　　分配管理………………………… 186
第五节　汽车服务企业的资产
　　　　管理 ……………………… 187
一、汽车服务企业资产管理的
　　概念 …………………………… 187
二、汽车服务企业的流动资产
　　管理 …………………………… 188
三、汽车服务企业的固定资产
　　管理 …………………………… 190
作业 ………………………………… 191

第九章　汽车服务企业信息管理 … 192
第一节　汽车服务企业信息管理
　　　　概述 ……………………… 192
一、汽车服务企业的信息与信息
　　系统 …………………………… 192
二、汽车服务企业信息管理的基本
　　任务和内容 …………………… 193
第二节　典型的汽车服务企业信息
　　　　系统 ……………………… 194
一、汽车品牌专营（4S）店信息
　　系统 …………………………… 194
二、汽车销售信息系统 …………… 196
三、汽车维修信息系统 …………… 200
四、汽车养护信息系统 …………… 202
五、汽车配件经营信息系统 ……… 206
第三节　汽车服务企业电子商务
　　　　信息管理 ………………… 210
一、汽车服务企业电子商务的
　　概念 …………………………… 210
二、汽车服务企业电子商务的
　　分类 …………………………… 210
三、汽车服务企业电子商务的
　　功能 …………………………… 211
四、汽车服务企业电子商务
　　系统的结构 …………………… 212
五、汽车服务企业的电子商务
　　信息管理……………………… 214
第四节　汽车服务企业信息系统的
　　　　运行与维护管理 ………… 215
一、汽车服务企业信息系统的日常
　　运行与维护管理 ……………… 215
二、汽车服务企业信息系统的安全与
　　保密管理 ……………………… 216
三、汽车服务企业信息系统运行档案
　　管理 …………………………… 217
作业 ………………………………… 217

**第十章　汽车服务企业文化、形象、
　　　　安全与文明服务管理** …… 218
第一节　汽车服务企业文化管理 …… 218
一、汽车服务企业文化概述 ………… 218
二、汽车服务企业文化的管理 ……… 221
第二节　汽车服务企业形象管理 …… 224
一、汽车服务企业形象概述 ………… 224
二、汽车服务企业形象的管理 ……… 227
第三节　汽车服务企业的安全与文明
　　　　服务管理 ………………… 231
一、汽车服务企业的安全服务
　　管理 ………………………… 231
二、汽车服务企业的文明服务
　　管理 ………………………… 233
作业 …………………………………… 233

参考文献 ……………………………… 234

第一章　汽车服务企业管理概论

汽车服务企业管理是汽车服务企业的全体员工，包括管理人员，针对汽车服务经营的特点，应用管理学的理论与方法，对企业的汽车服务经营等活动所进行的计划、组织、指挥、协调和控制等工作的总称，是企业管理的一个分支。

通过学习本章内容，可了解汽车服务企业的类型、特征和经营特点，明确汽车服务企业管理的任务与主要内容，明确汽车服务企业管理者的基本职责，了解汽车服务企业管理的基本原理、原则和方法，了解汽车服务企业管理者应具有的基本能力和素质，这些是做好汽车服务企业管理工作及学习后续章节的重要基础。

第一节　汽车服务企业

汽车服务企业管理是面向汽车服务企业的管理，因此，要做好汽车服务企业管理，就要了解哪些企业是汽车服务企业，要掌握汽车服务企业的类型、分布、特征、经营特点和核心经营理念等，这是学好、做好汽车服务企业管理的重要基础。

一、汽车服务企业的概念

汽车服务企业就是为潜在和现实汽车使用者或消费者提供服务的企业，主要是指从事汽车经销的企业和为汽车使用者或消费者提供汽车及配件、汽车维修服务、汽车保养服务汽车检测服务、汽车金融服务、汽车保险服务以及其他汽车服务的企业。

常见的汽车服务企业包括汽车品牌专营企业、多品牌经销企业、二手车交易企业、汽车配件连锁销售企业、综合汽车维修服务企业、汽车特约维修站、汽车快修店，此外，还有汽车改装店、汽车美容与装饰店、汽车金融服务企业、汽车保险服务企业、汽车租赁企业、汽车俱乐部等。

二、汽车服务企业的类型

1. 按照业务类型分类

按照企业的业务类型，汽车服务企业分为整车销售企业、配件销售企业、汽车维修企业、汽车检测站、汽车租赁企业、汽车金融服务企业、汽车保险服务企业、汽车俱乐部等，如

图 1-1 所示。

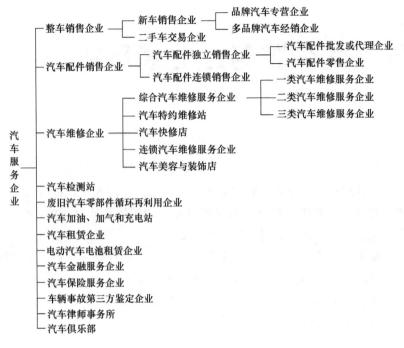

图 1-1 按照业务类型分类的汽车服务企业

(1) 整车销售企业。整车销售企业是以整车销售为主的企业，可在实体店进行整车销售，也可在网络上进行整车销售，形成汽车网络销售企业。整车销售企业可分为新车销售企业和二手车交易企业，新车销售企业又可分为品牌汽车专营企业和多品牌汽车经销企业。

1) 品牌汽车专营企业：汽车经销商与某一品牌汽车生产厂家签订特许专营合同，受许可合同制约，接受生产厂家指导、监督、考核，只经销该品牌汽车，并为该品牌汽车的消费者提供技术服务，如专营陕汽、奇瑞、长安福特、上海大众、东风雪铁龙、一汽奥迪、比亚迪、特斯拉等汽车的企业。这种形式是新车服务的主流，特别是轿车服务企业，已成为目前我国轿车产品销售及相应售后服务最普遍的一种形式。品牌汽车专营企业以品牌汽车专营店或 4S 店的形式展现。

品牌汽车专营企业一般具有整车销售 (Sale)、配件供应 (Sparepart)、售后服务 (Service) 和信息反馈 (Survey) 四项主要功能，所以俗称为"4S 店"，也称为"四位一体店"。

2) 多品牌汽车经销企业：汽车经销商在同一卖场同时经销多个品牌的汽车。这种形式的优点是建店成本较低，有利于企业的经营；顾客在一家店里就可以对多种不同品牌汽车进行比较选购。它的缺点是没有专业化的维修技术队伍和专业化的技术服务，品牌车的原厂配件难以得到保证，使消费者存有购买顾虑。综合来看，这种形式较适合于经营社会保有量较少的品牌汽车或生产厂家技术服务网络建设较规范和完善的品牌汽车。多品牌汽车经销企业以多品牌汽车经销店的形式展现，具有一定的 4S 店的功能。

3) 二手车交易企业：为二手车车主和二手车需求者提供交易方便，促进二手汽车交易的企业，如瓜子、人人车等。汽车生产厂家或经销商向用户售卖新车为一次交易，此后交易的车为二手车。二手车交易的业务内容主要有二手车收购、售卖、寄售、撮合交易、车辆评估、拟定合同、代办手续，乃至车况检测和必要的维修服务。

(2) 汽车配件销售企业。汽车配件销售企业可分为独立销售企业和连锁销售企业，也可分为单品种或少品种销售企业和多品种销售企业。

1) 汽车配件独立销售企业。这类企业又可大致分为两大类型：一是批发商或代理商经营的汽车配件批发或代理企业，主要从事汽车一般配件及精品配件的批发业务，其服务对象是汽车配件零售商中各类汽车维修、美容、装饰企业；二是汽车配件零售商经营的汽车配件零售企业，主要从事汽车一般配件及精品配件的零售业务，其服务对象主要是私车车主。

2) 汽车配件连锁销售企业。连锁销售是经营汽车配件的若干企业在核心企业或总部的领导下，通过规范化经营实现规模效益的经营形式或组织方式。例如，米其林轮胎专营店就是一种专营米其林轮胎的汽车配件连锁销售企业。连锁系统像锁链似的分布在各地，形成强有力的销售网络，利用资本雄厚的优势，大批量进货，大量销售，具有很强的竞争力。这种形式在国内外汽车配件服务企业中广泛采用，国外许多经销商已采用这种配件经营方法涌入我国的汽车配件市场。无论国内还是国外，汽车配件连锁销售形式都很有发展前景。

(3) 汽车维修企业。汽车维修企业可分为综合汽车维修服务企业、汽车特约维修站、汽车快修店、连锁汽车维修服务企业、汽车美容与装饰店。

1) 综合汽车维修服务企业：可以承担多种品牌汽车的维修技术支持和服务的企业。按照经营技术条件，综合汽车维修企业可分为三个类别：一类维修服务企业，可以从事汽车大修、总成大修、一级和二级维护、车辆小修等综合维修服务的业务；二类维修服务企业，可以从事汽车一级维护、二级维护和小修等维修服务的业务；三类维修服务企业，只能从事专项修理业务，在我国这种维修企业形式占有很大的比例。

2) 汽车特约维修站：与汽车生产厂家签署特约维修合同，负责某地区某品牌汽车的故障修理和质量保修工作，如一汽奥迪汽车特约维修站。汽车特约维修站拥有该品牌汽车专业拆装和修理设备、工具，具有较强的技术实力，并能及时获得生产厂家售后服务部门的技术支援和汽车新产品售后服务的技术培训。一般情况下，汽车特约维修站构成汽车生产厂家售后服务网络的主干，主要业务内容为汽车养护、汽车故障诊断与维修、汽车检测等。

3) 汽车快修店：这类企业主要从事汽车生产厂家质量保修范围以外的故障维修工作，一般是汽车保养、换件修理等无须专业诊断与作业设备的小修业务，也对高速公路上的故障汽车进行救援修理。它们大多数分布在街头巷尾，随时随地为汽车使用者提供汽车维修服务，十分贴近用户。汽车快修店规模较小，俗称为"路边店"。有的汽车快修店规模较大。总之，汽车快修店是汽车生产厂家售后服务网络的重要补充。

4) 连锁汽车维修服务企业：与汽车配件连锁销售企业一样，是在核心企业或总部的领导和技术支持下，通过统一规范化维修作业，批量化配件供应和销售，实现规模效益的经营形式或组织方式。连锁系统像锁链似的分布在各地，形成强有力的汽车维修服务网络，利用资本雄厚的优势，大批量进货和销售配件。此类企业依托规范化的维修作业方式、统一低廉的服务价格赢得消费者的信赖，占领了很大的市场份额。

5) 汽车美容与装饰店：这类企业从事的主要业务是在不改变汽车基本使用性能的前提

下，根据客户要求对汽车进行内部装饰（更换座椅面料、地板胶、内饰等）、外部装饰（粘贴太阳膜、雨挡、表面打蜡和洗车等光洁养护、婚庆车辆外部装饰等）和局部改装（改装中控门锁、改装电动门窗、改装电动后视镜、加装防盗装置和倒车雷达和 CD 机等）等，有的汽车美容与装饰店还开展汽车表面划痕处理业务。

（4）汽车检测站。汽车检测站是用先进的汽车检测设备和技术手段，在不解体汽车的情况下，确定汽车的工作能力和技术状况、诊断汽车故障或隐患的检测机构。其主要任务是：检测汽车的主要技术性能指标，包括燃油经济性、动力性、制动性能、信号等；诊断汽车运行中的故障与隐患，检测与评价汽车维修后的竣工质量，确定汽车的维修时机和作业项目，为汽车更新、报废提供技术数据。汽车检测站是汽车能否安全运行的检定机构，是道路交通运输安全的重要保障。在交警队负责汽车年检的汽车检测站是交警队的一个部门，从事汽车安全检测的服务工作。

（5）废旧汽车零部件循环再利用企业。主要是指再生资源回收公司，它们对一些废旧汽车零部件进行检测后，根据《报废汽车回收管理办法》，循环再利用。

（6）汽车加油、加气站和充电站。汽车加油和加气站主要为汽车提供加油和加气服务。加油的品种有汽油和柴油，加气的品种主要有压缩天然气和液化石油气，加气站供气种类取决于当地的气体资源，另外氢气站为氢能源汽车提供加氢服务。加气站点多位于市区及其周边，多用于市内出租车加气。加油站站点分布于全国各地的路边。为电动汽车充电和提供更换蓄电池服务的站点已建站，多位于市区及其周边。

（7）汽车租赁企业。汽车租赁企业主要为短期或临时性的汽车使用者提供各类使用车辆，按使用时间或行驶里程收取相应的费用。汽车租赁企业为车辆办理上路手续或证照，缴纳与车辆使用相关的各种税费，承担汽车维修、保养费用，不但可以为汽车使用者特别是短期或临时性用户提供很大的便利，还可以在很大程度上提高汽车利用效率。汽车使用者除支付租金外，还承担汽车使用的直接费用，如燃油费、过路过桥费、停车费等。

（8）电动汽车电池租赁企业。从事电动汽车的电池租赁服务，在客户租赁电池期间，为客户电动汽车的电池充电，待客户的电池完成充电后，通知客户，换回电池，并收取相应的费用。电动汽车电池租赁企业还为客户维修、更换电池，开展电池以旧换新等业务。

（9）汽车金融服务企业。汽车金融服务企业主要为汽车消费者提供资金融通服务。汽车金融服务企业以资本经营和资本保值、增值为目标，主要提供客户资信调查与评估，贷款担保方式和方案，拟订贷款合同和还款计划，发放消费信贷，承担合理的金融风险等服务。银行为购置汽车者提供贷款，属于汽车金融服务工作。

（10）汽车保险服务企业。汽车保险服务企业主要是合理设计并向汽车使用者或消费者提供汽车保险产品，提供定责、定损、理赔等业务服务。目前，保险公司下会设立汽车保险业务部门，从事汽车保险服务，如中国平安保险股份有限公司、中国人民财产保险股份有限公司等均设立汽车保险业务部门，分布在全国各地。另有少量专门的汽车保险公司。保险公司的车辆定损是在发生汽车碰撞、落水等交通事故，汽车自燃等意外事故中，确定车辆的损伤、事故方的责任、对受损车辆的修复进行定价。

（11）车辆事故第三方鉴定企业。车辆事故第三方鉴定企业以第三方的身份为汽车保险企业和汽车使用者或消费者提供客观公正的定责、定损意见。例如，国家汽车安全检测部门、车辆司法鉴定所、车辆检测鉴定有限公司对事故车辆的定责和定损，这是以第三方的身份对事故车辆提供客观公正的定责、定损意见，所给出的定责、定损意见，不偏向汽车保险企业，也不偏向事故车辆人，这是车辆事故鉴定服务工作。交警部门对事故车辆的定责，也是车辆事故鉴定服务工作。这种企业的诞生，有利于汽车保险市场的操作规范化，有利于平衡保险企业与汽车使用者或消费者间的强弱关系，有利于提高汽车保险服务业的服务水平。

（12）汽车律师事务所。从事与汽车相关的律师工作，包括汽车方面的法律咨询，交通事故、汽车保险、汽车金融等方面纠纷的维权和辩护。

（13）汽车俱乐部。汽车俱乐部是以会员制形式，向加盟会员提供能够满足会员要求的与汽车相关的各类服务的企业。汽车俱乐部主要从事代办汽车年检年审、代理汽车保险理赔、汽车救援、维修、主题汽车文化活动等业务。汽车俱乐部一般又可分为三种类型：经营型俱乐部，它为会员有偿提供其所需的与汽车相关的服务；文化娱乐型俱乐部，它为会员提供一个文化娱乐、交友谈心、交流信息、切磋技艺的场所和环境；综合型俱乐部，它集前述两类俱乐部于一体。

实际上，大型汽车服务企业往往是由上述多种类型的经营状态共同组成的。例如：4S店，既从事整车销售、配件供应、汽车维修业务，也从事代办保险、汽车救援、旧车置换等业务；大型汽车维修服务企业集团则由多个汽车销售、维修、配件经销企业构成。

2. 按照企业工作的专业性分类

按照企业工作的专业性，汽车服务企业分为两类。

（1）专门从事汽车服务的企业。专门从事汽车服务的企业，专门从事汽车服务，或以汽车服务经营为主要工作。如整车销售企业，专门从事整车销售或以整车销售为主要工作；又如汽车维修企业，专门从事汽车维修或以汽车维修为主要工作。

（2）非专门从事汽车服务的企业。非专门从事汽车服务的企业，不是以汽车服务经营为主要工作，但有专门从事汽车服务的部门，并从事汽车服务的工作。如保险公司的理赔中心车险分部、交通警察大队，从事汽车事故的定责、定损工作，是非专门从事汽车服务的企事业单位中专门从事汽车服务的部门；又如汽车律师事务所，从事交通事故的维权和辩护工作，其工作涉及汽车和律师的专业知识，从事跨专业的汽车服务工作。

3. 按照企业经营的组织形式分类

按照企业经营的组织形式，汽车服务企业分为四类。

（1）单一汽车服务企业。一厂一店式汽车服务企业，如由一家汽车修理厂、一家汽车配件经营企业组成。这类企业的经营领域往往比较专业，也比较单一，同时必须承担财产责任和经营责任，独立核算，自负盈亏。

（2）多元汽车服务企业。多元汽车服务企业具有多种不同的相关联的经营项目，这些经营项目均以汽车服务为中心，向顾客提供服务。4S店是多元汽车服务企业，另外，一站式汽车服务企业也是多元汽车服务企业。

一站式汽车服务企业是指在一个汽车服务企业完成所需要的汽车服务或办理所需要的汽车服务的手续。无论车主需要汽车美容，还是日常养护，或是精品装饰、快速修理、车辆保险等,都可以得到满足。一站式汽车服务是一体化、全方位、一站式和主动的汽车服务。

(3) 汽车服务经济联合体。汽车服务经济联合体是指汽车服务企业之间按照一定的章程或协议,在汽车维修、配件供应与销售等方面合作,并有合作协议,各自经营和核算。奇瑞、福特等各大品牌汽车分布于全国各地的4S店,是相应品牌汽车服务经济联合体,这种经济联合体在全国广泛建立汽车服务站点,并向汽车保险、车友俱乐部、汽车救援、交通信息服务等汽车后市场服务拓展,形成大型汽车后市场服务联合体及汽车服务网络。

(4) 汽车服务企业集团。汽车服务企业集团是由两个或两个以上的企业以资产为纽带而形成的有层次的汽车服务企业联合组织,其中的成员企业都是相对独立的企业法人。其特点是规模大型化、经营多元化、资产纽带化,是目前企业联合组织中最成熟、最紧密和最稳定的企业运行模式。

4. 按照企业资产的组织形式分类

按照企业资产的组织形式和所承担的法律责任,汽车服务企业分为三类:

(1) 独资企业。独资企业是由个人投资、个人经营、个人管理、个人受益、个人承担经营风险的私有企业,资产的所有权和经营权完全统一。

(2) 合伙企业。合伙企业是由两个或两个以上合伙人签订合伙协议,共同出资、共同经营、共享收益和共担风险的企业。经营所得归全体合伙人分享,经营亏损也由全体合伙人共同承担。如果经营失败,合伙企业倒闭破产资不抵债时,每个合伙人都要按照入股比例清偿,若有的合伙人不能清偿,其他合伙人要代为清偿,负无限连带责任。

(3) 公司制企业。公司制企业是指依法由两个以上股东共同出资组成,或由两个以上企业出资联合而成的企业。按出资的方式和股东承担责任的不同,公司可分为以下形式:

1) 无限责任公司。它是由两个以上股东出资组成,对本公司债务负连带无限责任的汽车服务企业。

2) 有限责任公司。它是由两个或两个以上股东共同出资,每个股东按其出资额对企业承担有限责任,企业以其全部资产对其债务人承担责任的法人企业。

3) 两合公司。它是由无限责任股东和有限责任股东联合而成的企业。其中,无限责任股东对企业债务负连带无限责任;有限责任股东对汽车服务企业债务以出资额确定有限责任。

4) 股份有限公司。它是将注册资本分成等额股份,并通过发行股票或股权证筹集资本,股东以其所认购的股份对汽车服务企业承担有限责任,汽车服务企业以其全部资产对企业债务承担责任。

三、汽车服务企业的特征

(1) 汽车服务企业具有专业性和服务性。汽车服务企业专门为潜在和现实汽车使用者或消费者提供服务,具有服务于汽车的专业性。汽车服务企业在产业划分上属于服务业,从事汽车维修、提供汽车配件及其他汽车服务,它具有服务的无形性、即时性、易入性和外部影响性等特点。

1) 服务的无形性是指服务是产品,但与有形产品不同的是,它是无形的,是不可触摸的。汽车使用者或消费者到汽车维修企业,并不是去购买汽车保修设备,而是去接受汽车故障检测、汽车维修和保养等服务。参加汽车俱乐部，购买会员资格并不是目的，实际的目的是享受由俱乐部提供的汽车救援、保险、牌证代理、专题汽车活动等服务。一项汽车服务的好坏主要取决于它的一些不可触摸的特性，如热情、周到、专业、技能等。

2）服务的即时性是指服务过程和消费过程是同时发生、不可分割的，必须有顾客接受服务才能进行服务，消费过程的结束也就意味着服务过程的结束。因而，服务是无法储存的，服务过程与消费过程在时间与空间上是重叠的。由于服务的即时性，汽车服务企业服务能力的设定就显得非常关键。汽车服务能力的大小，设备器具的布置，对汽车服务企业的盈利能力影响巨大。如果汽车服务能力不足，会带来机会损失，而汽车服务能力过大，会浪费许多固定成本。由于服务的即时性，汽车服务提供者与消费者之间的接触程度较高，没有顾客，就没有汽车服务。

3）服务的易入性是指相对于制造业来讲，大多数从事服务业的企业都不需要太大的投资，可在多个较小场地运作，有许多汽车服务项目并不需要非常专业的技术，如以洗车、婚车为主的汽车服务。这样的服务业进入门槛很低。这就意味着，如果某行业具有较强吸引力，则新的竞争者会不断进入，竞争者的发展可能相当快。因此，汽车服务企业必须对潜在和现实的竞争行为保持足够的警觉。

4）服务的外部影响性是指技术进步、政策法规等外部影响因素对服务业的影响力。这些外部因素往往会改变汽车服务内容、方式及规模结构。以前，汽车维修工艺中，经验诊断和各种修复工艺是主要服务内容，专门的拆装器具应用不是十分普遍。而随着汽车技术的电子化、结构的精致化和模块化，维修工艺中电子仪器诊断（如用汽车故障诊断仪进行汽车故障诊断）、换件修理成为主要服务内容，专门的拆装器具已不可缺少。纯电动、混合动力、无人驾驶汽车的发展，也拓展了汽车服务的技术，并影响汽车服务。随着我国对外开放进程的不断深入和更多的国外汽车进入国内市场，将加大对汽车技术标准及汽车服务的影响。所以，汽车服务企业必须保持对技术进步和政策法规的高度重视，不断地更新服务内容，这样才能使自身保持旺盛的活力。

(2) 汽车服务企业是经济组织。汽车服务企业是经济组织，它存在和发展的前提就是盈利和追求利润最大化，这是企业的动力源泉。因此，不能把汽车服务企业当作公益部门，更不能将其视为政府部门和事业单位。

(3) 汽车服务企业具有社会性和经济性的双重性。满足社会需求是汽车服务企业存在的社会性目的，主要是满足顾客的需求；获取盈利是汽车服务企业存在的经济性目的，汽车服务企业应谋求最大的或尽可能多的盈利，获取最佳的经济效益，为职工提供日益增长的物质和精神福利，为企业的生存和发展提供利润，为国家提供税收等。

(4) 汽车服务企业应自主经营、自负盈亏。自主经营是实现汽车服务企业目的和自负盈亏的基本条件，经营决策权和投资决策权是企业最主要的自主权。自负盈亏是企业的动力，权利和义务是对等的，汽车服务企业应承担权利带来的全部后果。

(5) 汽车服务企业具有独立的法人地位。所谓法人是指具有一定的组织机构和独立财产，能以自己的名义享有民事权利和承担民事义务，依照法定程序成立的组织。法人应具备的条件如下：

① 必须在国家政府的有关部门注册备案，完成登记手续。
② 应有专门的名称、固定的工作地点和一定的组织机构及组织章程。
③ 应有独立的财产，实行独立核算。
④ 能独立承担民事责任。

汽车服务企业法人能代表本企业，具有民事权利能力和民事行为能力，能独立享有民事权利和承担民事义务。汽车服务企业出资人构造出企业法人后，企业就依法获得了出资人投资所形成的全部法人财产权，成为以其全部法人财产进行自主经营、自负盈亏的经济实体。

四、汽车服务企业的经营特点

（1）汽车服务企业经营的顾客中心性。汽车服务企业以潜在和现实的汽车使用者或消费者为服务对象，企业经营的所有活动都是以顾客为中心展开的。特别是随着汽车市场买方市场特征越来越明显，汽车市场同质化竞争越来越激烈，汽车使用者或消费者拥有越来越多的选择机会。汽车服务企业必须以顾客为中心、从顾客需求出发来确定自身的经营目标和理念，以满足顾客需求，从而最终实现企业利润。又由于在汽车服务经营过程中，顾客参与程度较高，因此，顾客满意度就成为考核企业经营优劣和管理水平高低的重要指标。汽车生产厂家每年都会对其营销和服务网络中的成员，主要是汽车经销商和汽车特约维修站进行检查和考核，其中非常重要的内容就是顾客满意度调查。汽车服务企业都将提高顾客满意度作为其重要的经营管理任务。

（2）汽车服务企业经营的波动性。汽车作为社会经济生活中的一种重要工业品，其供求关系随国民经济运行的波动而波动。这种波动有时表现为以数年为周期的与国民经济周期性发展大致相符的一种循环波动；有时表现为以一年为周期的发生于某季某月的循环波动；有时表现为一个较长时期内，一种趋势性的发展态势；有时也表现为由于外部环境及其他因素引起的不定期、无规则的波动。每年九至十月是汽车产品销售的黄金时间段，这时，汽车销售服务企业进销存业务比较繁忙，同时，汽车金融保险服务企业的经营活动也相应达到高潮。每逢元旦等节假日，汽车使用需求急剧扩大，汽车租赁企业的业务量剧增，节假日看车、购车的人也相对较多。汽车服务企业经营活动的波动性对企业管理提出的挑战是如何合理设计企业的汽车服务能力，如何有效地进行需求管理，采取何种措施使企业的汽车服务能力与汽车服务需求相适应。许多国内汽车服务企业用客户关系管理工具、服务促销等方式进行需求管理。此外，随着汽车服务贸易对外开放的发展，国外汽车服务企业正逐步进入我国市场，汽车服务业的市场竞争将会日趋激烈，并带来汽车服务企业经营的波动。

（3）汽车服务企业经营的社会性。汽车服务企业涉及的服务门类广泛。汽车既可作为消费品供私人使用，也可作为生产资料在经济生活中扮演重要角色。汽车服务业产业规模大，实现的经济利润也大，则汽车服务企业提供的就业机会就多，社会效益良好。汽车服务企业与社会的方方面面联系密切，在国民经济中具有重要的地位与作用，同时也非常容易受到外部环境变动的影响。因此，其经营活动表现出很强的社会性。这就要求汽车服务企业密切关注社会环境、技术环境、法律环境的变化，及时调整经营策略，完善与改进经营服务内容，以适应外部环境的变化。

五、汽车服务企业的核心经营理念

汽车服务企业的核心经营理念是经营理念的核心部分,也是汽车服务企业经营的指导思想,指导汽车服务企业经营战略和经营计划的制订和实施。不同的汽车服务企业有不同的核心经营理念。

1. 4S 汽车服务企业的核心经营理念

4S 汽车服务企业的经营理念是向车主提供原厂汽车配件和技术,并在全国建立汽车服务企业的网点,便于为车主、汽车服务。提供原厂汽车配件和技术是 4S 汽车服务企业生存和发展的核心经营理念,也是 4S 汽车服务企业的服务优势。因为,原厂汽车配件和技术是汽车质量的保证,汽车上有很多非标准件,非原厂配件与原厂配件的尺寸及公差不同,会造成汽车零部件间不匹配,影响汽车的质量和寿命,这是车主不能接受的。大的汽车服务公司能在全国建立汽车服务企业网点,但不一定能获得原厂汽车配件和技术。

2. 一站式汽车服务企业的核心经营理念

一站式汽车服务企业的核心经营理念是一体化、全方位、一站式和主动服务。一体化是指汽车消费者对汽车服务的需求是一个整体,汽车服务企业将汽车消费者所需要的各种汽车服务项目视为一个整体项目进行服务,参与汽车服务的企业是一个为汽车消费者提供汽车服务的整体。全方位是指汽车服务企业对汽车消费者在购买及使用车辆过程中所需要的汽车服务都拟提供。一站式是指在一个汽车服务企业完成所需要的汽车服务,或办理所需要的汽车服务的手续。主动服务是指汽车服务企业主动为汽车消费者提供所需要的汽车服务。

一站式汽车服务经营的结果是方便汽车消费者使用车辆,汽车服务企业通过为汽车消费者提供更全面的汽车服务,获得更多的经济收益,稳定汽车服务企业的顾客队伍。一站式汽车服务经营的最高目标是汽车消费者的需要,汽车服务企业能够全部予以满足,汽车服务企业能够提供汽车消费者所需的一切服务。实际上,一个汽车服务企业不可能满足所有汽车消费者的全部需要,但在一定的地方,消费者的服务需求会比较集中,如高速公路服务区内的汽车消费者,主要是高速公路上行车的服务需求,车辆销售门市的汽车消费者,主要是购车、车辆保险、车辆美容等服务需求,这些需求,一个汽车服务企业即能满足。

3. 大型汽车后市场服务联合体的核心经营理念

大型汽车后市场服务联合体的核心经营理念是在 4S 店和一站式汽车服务企业的核心经营理念基础上发展起来的,是其核心经营理念的综合。

大型汽车后市场服务联合体的汽车服务经营是针对汽车销售以后,围绕汽车使用过程中的各种服务开展的,涵盖了买车后所需要的一切服务,即汽车从售出到报废的过程中,围绕使用环节中各种需要和服务而产生的一系列交易活动,例如汽车消费者在汽车 4S 店或汽车品牌销售店购车及购车以后,所需要的购车贷款办理、汽车保险、汽车美容、汽车维修与保养、汽车年检、更换车辆部件、日常运行的油品购买、车友俱乐部、汽车救援、交通信息服务、汽车认证、汽车租赁、二手车等所有的服务。

大型汽车后市场服务联合体多由汽车制造企业的售后服务中心牵头,构建汽车服务网站,根据顾客的汽车服务需求，依据价值链理论、战略联盟理论、连锁经营理论，开展汽车服务经营及其管理。

第二节　汽车服务企业管理的任务与主要内容

一、汽车服务企业管理的任务和职能

1. 汽车服务企业管理的任务

汽车服务企业管理就是按照汽车服务市场的客观规律，运用管理学的理论与方法，对企业的汽车销售、维修等汽车服务经营活动进行计划、组织、指挥、协调和控制等工作的总称，也是汽车服务企业管理者的基本职责。汽车服务企业管理是企业管理的一个分支。

汽车服务企业管理的任务和目标是通过正确的管理，使各汽车服务环节互相衔接，密切配合，人、财、物各因素得到合理组织、充分利用，以最小的投入，取得满意的产出，完成企业的任务，实现企业的经营目标，并使企业可持续发展。

汽车服务企业可持续发展是指汽车服务企业在追求自我生存和后续发展的过程中，既要考虑企业经营目标的实现和提高企业市场地位，又要保持企业在已领先的竞争领域和未来扩张的经营环境中始终保持持续的盈利增长和能力的提高，保证企业长盛不衰。

实现汽车服务企业的经营目标是重要的管理任务和目标，使汽车服务企业可持续发展，同样也是重要的管理任务和目标，做一时兴旺的企业难，做百年兴旺的企业更难。

搞好汽车服务企业管理是提高汽车服务企业市场竞争能力的一个非常重要的因素。改进汽车服务企业的管理，无疑是应对汽车后市场激烈竞争的一件法宝。

2. 汽车服务企业管理的职能

汽车服务企业管理的基本职能主要包括计划职能、组织职能、指挥职能、协调职能和控制职能。

（1）计划职能。计划职能是指把本企业的各种汽车服务经营活动按照实现企业目标的要求，在研究和预测未来汽车服务市场变化的基础上，做出汽车服务的预先安排、正确的决策，决定本企业的汽车服务经营目标和经营方针，并编制为实现此目标而制订的综合经营计划以及各项专业活动的具体执行计划及对计划执行情况进行的检查、分析、评价和修正。

（2）组织职能。组织职能是指按照制订的计划，构建组织机构，把本企业的员工、汽车服务经营物资和设备、销售和维修的车辆等，从汽车服务的分工协作上下左右的关系上、时间和空间的联系上，通过企业机构合理地组织起来，组成一个协调一致的整体，使企业的人、财、物得到最合理的使用。

汽车服务企业组织可分为管理组织、经营组织。管理组织主要是指经理层和人事部门，负责管理规划企业的组织层次和组织系统，以及各个组织单位（部门）的职责分工及相互关系。经营组织是指车辆销售、维修、配件管理等各汽车服务经营部门具体负责本部门的工作，包括本部门员工的相互组织关系、工作安排等。

(3) 指挥职能。指挥职能包括领导、指挥、教育、鼓励和激励、正确处理各种关系等，管理人员通过下达指令、命令和任务，使其下属明确工作任务，干什么、怎么干、何时完成。汽车服务企业的管理人员有企业经理、各部门经理、底盘维修组组长、发动机维修组组长、电器维修组组长等，各级领导在其范围内发挥指挥职能。

指挥的基本原则是目标协调和指挥统一。目标协调原则，即汽车服务企业的领导者通过指挥，使每个职工的工作都与企业的整体目标、计划要求一致，为完成企业的汽车服务任务而有效地工作；指挥统一原则，即指挥要统一，命令要统一，避免多头领导。

指挥的方式包括强调运用管理权力，以命令、指示等进行指挥和领导的强制性方式；强调人际关系，反对强制性指挥；强调以民主方式进行指导、教育和激励，使被领导者产生自觉的工作热情、责任心和积极性；强调思想政治工作和行政命令相结合的方式。

(4) 协调职能。管理的协调职能是指为完成企业的汽车服务计划任务而对企业内外各部门、各环节的活动加以统一调节，化解矛盾，使之配合的管理活动。它的目的就是使各种活动不发生矛盾或互相重复，保证相互间建立良好的配合关系，以实现汽车服务企业的共同目标。

协调可分成垂直协调和水平协调、对内协调和对外协调等。垂直协调，是指汽车服务企业的各级领导人员和各职能部门之间的协调，也称纵向协调；水平协调，就是汽车服务企业内各部门之间的协调，也称横向协调。对内协调，是指汽车服务企业内部的协调活动；对外协调，则是指汽车服务企业与外部的协调，如企业与顾客、企业与其他企业之间的协调活动。

(5) 控制职能。管理的控制职能是指根据汽车服务企业经营目标、计划对企业的汽车服务经营活动及其成果进行监督、检查，使之符合计划，以及为消除实际和计划间差异所进行的管理活动。

控制的目的和要求，就在于把汽车服务经营活动及其实际成果与计划、标准做比较，发现差异，找出问题，查明原因，并及时采取措施，加以消除，防止再次发生。

3. 汽车服务企业管理的职能循环

汽车服务企业进行管理的职能循环，如图1-2所示。汽车服务企业管理的职能循环从计划开始，依次为：计划→组织→指挥→协调和控制。一个管理的职能循环后，进入下一个管理的职能循环，并再从计划开始。在计划中，要决策这个循环中企业的发展目标，并考虑企业可持续发展，再根据企业的发展目标，确定企业管理的任务；完成企业的计划后，进行组织，确定组织机构及各组织机构的领导、员工，逐级分配各组织机构及各组织机构的领导、员工的任务；完成企业的组织工作后，各级组织机构的领导指挥本组的员工开展工作，完成分配的任务；在完成分配的任务时，各级组织机构的领导要协调和控制各级组织机构及员工完成分配的任务，实现企业的发展目标，并使企业可持续发展。在汽车服务企业管理中，要运用汽车服务企业管理的理论，不断学习和总结，发现问题，根据实际情况，解决问题，不断创新各职能管理，优化企业的发展。

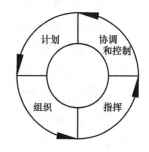

图1-2 管理的职能循环图

汽车服务企业管理职能具有总体性，即以上各种管理职能并不是独立存在的，而是互相密切联系，是在同一管理过程中实施的。

汽车服务企业管理的整个过程，就是以计划为出发点，按以上各项具体职能的顺序依次进行而达到汽车服务企业目标的活动过程。

二、汽车服务企业管理的主要内容

1. 经营管理

经营管理是汽车服务企业经营活动中的管理，其主要内容包括：确定本企业的经营思想和方针，制订本企业的发展战略和目标，搞好本企业经营决策、经营计划，控制经营过程和方向，规范汽车服务流程，提高顾客满意度，开发汽车服务项目，创新汽车服务等。汽车服务企业经营活动是企业收入的来源。

2. 质量管理

质量管理是汽车服务质量的管理，其主要内容包括：建立质量保障体系，设计与推行标准汽车服务流程，完善汽车服务质量补救程序，监督、检查和评估汽车服务质量，保证汽车服务高质量经营。

3. 技术管理

技术管理是汽车服务技术的管理，其主要内容包括：建立良好的汽车服务技术秩序，正确使用汽车服务技术，推动企业技术进步等。

4. 人力资源与组织结构管理

人力资源与组织结构管理的主要内容包括企业制度管理、组织结构管理、人事管理等。

企业制度管理是在国家法律允许的范围内，建立健全汽车服务企业制度，并通过企业制度实施管理，做到有法、有制度可依，有制度可查，有章可循，规范管理。

组织结构管理是建立健全汽车服务企业的组织机构，这是保证企业有序、良好运营的基础；根据企业的经营，要及时扩大、缩减、调整组织结构及其人事。

人事管理包括制订人事制度、人员的招募与选聘、岗位设计和职能划分、人员薪酬和考核评估设计、人员的培训等。

5. 物资与设备管理

物资与设备管理是汽车服务中所用物资和设备的管理，其主要内容包括：汽车配件等物资的储备、采购、仓库管理；汽车服务设备定期计量检查，维护保养，适时更新、添置和报废；根据销售、维修服务等需要，对设备重新设计和布置，并合理移动。物资与设备是汽车服务企业经营活动的物质基础。

6. 财务管理

财务管理主要包括汽车服务企业的成本费用、资金的筹集和使用、资产的管理、收入管理、成本管理、利润管理、分配管理等。财务管理的全过程及其结果最后应在账面上正确反映。

7. 信息管理

信息管理是汽车服务企业管理的重要内容之一，其主要内容包括国家经济政策信息管理、汽车服务市场需求信息管理、客户信息管理、整车与配件销售供应及库存信息管理及人力资源信息管理等。

8. 企业文化与形象管理

汽车服务企业文化管理的主要内容就是为构建企业文化而实施的管理。汽车服务企业形象管理的主要内容就是对塑造企业形象的管理，包括在塑造企业的物质形象、品质形象、制度形象、精神形象、习俗形象中的管理。

第三节 汽车服务企业管理的基本原理和原则

一、汽车服务企业管理的基本原理

汽车服务企业管理的基本原理是指经营和管理企业必须遵循的一系列最基本的管理理念和规则，是汽车服务企业经营、人力资源等管理中共同使用的管理方法，包括系统管理原理、分工原理、弹性原理、效益原理等。汽车服务企业管理的基本原理是企业管理的基本原理在汽车服务企业管理中的应用和发展，并与汽车服务业务紧密结合。

1. 系统管理原理

系统管理是将汽车服务企业视为一个系统，企业在管理中考虑并注重整体性，并运用系统分析的方法，以实现最佳效果和最优目标。

汽车服务企业本身就是一个系统，由汽车销售、汽车维修、汽车配件供应等子系统构成，各种子系统相互联系、相互作用、相互制约，是一个具有特定功能的有机整体。因此，汽车服务企业管理应具备系统管理的思想，并运用系统管理的原理，以最大限度发挥企业的整体效益。汽车服务企业管理系统具有以下特点：

（1）汽车服务企业管理系统具有统一的汽车服务经营目标，并围绕汽车服务经营目标工作，提供统一汽车服务，适应市场需求，提高企业的经济效益。

（2）汽车服务企业管理系统具有可分性，即可将企业管理工作按照车辆销售、维修等不同的业务需要分为若干个子系统，使各子系统互相衔接、协调，以产生协同效应。

（3）汽车服务企业管理系统的建立要具有层次性，企业管理层、车辆销售等部门管理层的各层次系统的组成部分必须职责明确，其功能应具有相对独立性和有效性。高层次系统必须具有统帅其隶属的下层次系统的功能，下层次系统必须为上层次系统提供有效服务。

（4）汽车服务企业管理系统必须具有相对的独立性和方便服务的特色。任何企业管理系统都是处在社会经济发展的大系统之中的，因此，必须适应社会经济发展的大环境，但又要独立于这个环境，并具有特色。只有这样，才能使企业管理系统处于良好的运行状态，达到管理系统的最终目标——盈利。

在汽车服务企业中运用系统管理的原理时，应该遵循整体性、最优化的原则。整体性是系统方法的基本出发点。所谓整体性原则，就是把汽车服务企业看作由各个构成要素组成的有机整体，从整体与部分相互依赖、相互制约的关系中揭示汽车服务企业的特征和汽车服务规律。最优化原则是指从许多可供选择的汽车服务企业管理方案中选择出一种最优的方案，使汽车服务企业这个系统处于最优状态，达到最优效果。

2. 分工原理

（1）汽车服务企业的分工原理。分工原理是在有机的企业管理系统下，对汽车服务企业按职能与业务进行适当分类，并由相应的单位或人员来承担工作。

根据分工原理，汽车4S企业应有车辆销售、汽车维修、汽车配件供应、财务等部门，各部门还可根据工作需要再细分，如汽车维修部门分为发动机、底盘、电器、美容等班组，或将汽车维修员工分成几个综合维修小组，各人有相应的工作内容、工作部门和领导者。

（2）汽车服务企业管理分工的作用如下：

1）分工使汽车服务企业工作有序，是形成企业组织机构的基础工作。随着汽车服务企业的业务发展，汽车服务企业得到了进一步的划分，并成立了相应的职能部门，形成组织机构，配备了有关专业人员，各人有相应的工作内容、工作部门和领导者，部门及部门员工的工作明确，企业内外人员找哪个部门、哪个人办事分工明确，使企业工作有序，工作效率提高。分工是企业管理的基础工作。在专业分工的前提下，按岗位要求配备相应的技术人员，是汽车服务企业经营有序、汽车服务质量得到保证的重要措施。

2）分工可以提高汽车服务效率。劳动分工使工人重复完成某项汽车服务项目操作，如洗车、更换轮胎，工作易熟练，提高汽车服务效率。

3）分工可以减少工作损失时间。劳动分工可以使工人长时间从事某项汽车服务工作项目，减少了中间因变换工作而造成的时间损失。

4）分工有利于技术革新。劳动分工可以简化劳动，使劳动者的注意力集中在一种特定的汽车服务对象上，有利于劳动者创造汽车服务新方法、新工具和改进汽车服务设备。

分工要讲究实效，要根据实际汽车服务情况进行认真的分析，实事求是，既要职责分明，又要团结协作，在分工协作的同时，要注意建立必要的制约机制，避免出现推诿、扯皮现象。在专业分工的前提下，按汽车服务岗位要求配备相应的人员。

3. 责任原理

责任原理是在汽车服务企业管理过程中，明确相关部门及人员的工作职责。管理是追求效率和效益的过程，在这个过程中，要挖掘人的潜能，就必须在合理分工的基础上明确规定这些部门和每个人必须完成的工作任务和必须承担的与此相应的责任。要做到：

1）明确每个人的职责，职责界限要清楚，这是挖掘人的潜能的最好办法；职责中必须规定职任者与其他单位、个人协作的要求，这样才能提高组织的整体功效。

2）职位设计和权限委授要合理，明确了职责，就要授予相应的权力，权限委授要考虑个人的能力及个人的能力发展。

3）与职责相应的奖惩要分明、公正而及时，这有利于提高员工的积极性，提高管理成效。

4. 弹性原理

弹性原理是指汽车服务企业为了达到一定的经营目标，在企业外部环境或内部条件发生变化时，有能力适应这种变化，并在管理上表现出的灵活可调性。

国民经济系统是汽车服务企业系统的外部环境，是汽车服务企业不可控制的因素，汽车服务企业是国民经济这个大系统中的一个极小的子系统，它的投入和产出都离不开国民经济这个大系统。汽车服务企业内部条件则是企业本身可以控制的因素。当企业外部环境发生变化时，可以通过改变内部条件来适应这种变化，以保证达到汽车服务企业既定的经营目标。

弹性原理在汽车服务企业管理中应用范围也很广，如汽车服务经营计划工作中留有余地的思想，汽车配件管理中保证供应储备量的确定，新的汽车服务项目开发中的技术储备构思，汽车维修管理中的弹性工作时间等，都是弹性原理的应用，且取得了较好的成果。

5. 效益原理

效益原理是指汽车服务企业通过加强管理，以尽可能少的劳动消耗和资金占用，完成尽可能多的符合社会需要的工作，不断提高企业经济效益和社会效益。

汽车服务企业在经营管理过程中，一方面努力设法降低消耗、节约成本；另一方面又努力满足汽车服务市场需求，保证汽车服务质量，增加附加值，从满足汽车服务市场需求和节约两个方面来提高经济效益，以求得企业的生存与发展。

汽车服务企业在提高经济效益的同时，也要注意提高社会效益。一般情况下，经济效益与社会效益是一致的；但有时也会发生矛盾，在这种情况下，汽车服务企业应从大局出发，首先要实现社会效益，在保证社会效益的前提下，最大限度地追求企业的经济效益。

6. 激励原理

激励是指汽车服务企业通过科学的管理方法，激励人的内在潜力，使每个人都能尽其所能，展其所长，为达到既定的目标而自觉、努力、勤奋地工作。要在分析汽车服务企业员工的一切内心活动的基础上，在企业条件许可的情况下，通过满足员工的一切内心需求，激励员工的工作热情，产生工作动力，它是对员工内心活动的激发。

汽车服务企业员工的行动都是由某种动机引起的，动机是人的一种精神状态，激励能对人的行动起到激发、推动和加强的作用。

激励的方法是创造团结和谐的环境，满足员工不同层次的需求，正确运用奖惩办法，实行合理的按劳分配制度，开展不同形式的劳动竞赛等，都是激励原理的具体应用，都能较好地调动人的劳动热情，激发人的工作积极性，从而达到提高工作效率的目的。

在汽车服务企业管理中，需要把员工个体和群体的自发行为变成企业的行为，如果过度使用企业的规章制度和规范去约束员工个体和群体的行为，而这种约束带有明显的强制性，强迫员工去遵守，员工并非出自本身的意愿，轻则，而是消极、被动地接受，致使效率低下；重则，会产生对抗。所以单纯地用企业的规章制度和规范去约束员工的行为是不够的，必须把它与激励方式结合起来。激励能产生高效率和凝聚力；激励能激发员工工作主动性和积极性，有利于企业目标的实现，减少工作中的阻力。

激励有两种模式，对工作业绩突出的个人实行奖励，在更大程度上调动其积极性，属于正激励；对由于个人原因导致工作失误且造成一定损失的员工实行惩罚，迫使其吸取教训，以便做好工作，完成任务，属于负激励。多使用正激励，谨慎使用负激励。

在汽车服务企业管理中，按照公平、公正、公开、合理的原则，正确运用激励模式，可以充分挖掘人的潜力，把工作做得更好。

激励可采用多种方式，常用的有以下几种：

1) 目标激励。给予一定的目标，以目标为诱因促使员工采取适当的行动去实现。
2) 参与激励。让员工参与企业重大问题的决策和管理，使其产生主人翁责任感。
3) 领导者激励。利用领导者的表率作用给员工带来激励。
4) 关心激励。领导的真诚关心，使员工产生强烈的归属感，达到激励的目的。
5) 认同激励。员工做出成绩时得到领导的认同，由此产生的激励，效果更好。
6) 奖励激励。通过物质（如工资、奖金、晋级）和精神奖励（评选先进或劳模、当众表扬）对员工激励。
7) 惩罚激励。通过对犯规员工的惩罚，激励其本人或其他人员自觉、积极地遵守规范。
8) 公平激励。利用员工等量劳动成果给予等量待遇，多劳多得，产生激励作用。

7. 动态原理

动态原理是指汽车服务企业管理系统随着企业内外部环境的变化而适时调整、不断更新自己的经营理念、经营方针和经营目标，为达到这一目的，必须相应地改变管理方法和手段，使其与企业的经营目标相适应。

汽车服务企业，既要随着经营环境的变化，适时地变更自己的经营策略，又要保持企业经营业务和秩序的适当稳定，没有相对稳定的企业经营秩序，高质量的企业管理便无从谈起。因此，在企业管理中要运用辩证的方法，正确、恰当地处理发展与稳定的关系，使其朝着有利于实现企业经营目标的方向转化。

8. 反馈原理

反馈原理是反馈汽车服务企业管理的信息，如客户对汽车服务的评价和意见，员工对企业管理的意见和建议，各部门反馈计划执行的情况、任务完成的情况。反馈信息用于评价、改进、创新企业的管理。有了反馈信息，才能使汽车服务企业的管理实现闭环管理，感知管理的成效。

9. 创新原理

创新原理是指汽车服务企业为实现总体战略目标，在管理过程中，根据内外部环境变化的实际，按照科学态度，不断学习、不断研讨、不断否定自己，创造出适合本企业的具有自身特色的新思想、新思路、新经验、新技术、新服务，并加以组织实施。

汽车服务企业创新一般包括：汽车服务项目和内容创新、技术创新、市场创新、组织创新和管理方法创新等。

汽车服务企业创新的技法包括：类比法、组合创新法、TRIZ 理论、智爆法、缺点列举法、联想法、移植法等。

汽车服务企业服务创新主要是提高汽车服务质量、扩大规模、开拓新的汽车服务项目和内容、更新汽车服务观念、建立新的汽车服务意识、创品牌汽车服务；汽车服务技术创新主要是加强汽车服务技术研究，不断开发新的汽车服务技术，提高汽车服务设备的技术水平和职工队伍素质；市场创新主要是加强市场调查研究，提高汽车服务市场占有率，努力开拓新市场；汽车服务组织创新主要是企业组织结构改变为符合现代企业要求的组织形式；汽车服务管理方法创新主要是汽车服务企业经营过程中的具体管理技术和管理方法的创新。

10. 可持续发展原理

可持续发展原理是指汽车服务企业在整个生命周期内，随时注意调整自己的经营策略，以适应不断变化的外部环境，从而使汽车服务企业始终处于兴旺发达的发展阶段。

现代汽车服务企业家追求的目标不应该是企业一时的兴盛，而应是企业的长盛不衰，要有可持续发展的战略眼光。这就需要按可持续发展的原理，从历史和未来的高度全盘考虑企业资源的合理安排，既要保证近期利益的获取，又要保证后续事业得到蓬勃的发展。

二、汽车服务企业管理的基本原则

1. 法律性原则

法律性原则就是汽车服务企业和企业全体员工必须具备高度的法律意识与法制观念。根据法律性原则，汽车服务企业必须在法律许可的范围内经营汽车服务，经营决策必须以合法为前提，严格禁止违法经营行为，并要有完备的法律手续。

2. 政策性原则

政策性原则就是汽车服务企业必须主动地关注和了解国家与企业所在地的有关政策与法令，了解与汽车及汽车服务相关的国家标准，注意对其进行分析研究，自觉地在其允许的范围内经营。

3. 道德性原则

汽车服务企业面向社会服务，要有一定的社会公共道德和道德底线，没有社会公共道德的汽车服务企业，会受到社会谴责。汽车服务企业要努力为国家、社会做出有益的贡献。

违背法律性、政策性和道德性原则的行为与方法将破坏汽车服务企业的环境，严重影响汽车服务企业的信誉与形象。法律性、政策性和道德性原则是我们在制订汽车服务企业各项管理制度、经营计划等时必须遵循的前提。

第四节　汽车服务企业管理的基本方法

汽车服务企业管理的基本方法是汽车服务企业经营管理、人力资源管理等管理中共同的管理方法，包括人性化管理、制度化管理、信息化管理、目标管理、任务管理、"走动式"管理。它是企业管理的基本方法在汽车服务企业管理中的应用和发展，并与汽车服务紧密结合。

一、人性化管理

人性化管理是指通过建立一种机制,使人性中的优点得到最大程度的发挥,使人性中的弱点得到最大程度的制约,构建企业与员工的共同发展方向,使员工在实现企业目标的同时,以合法的途径实现个人的人生目标,将汽车服务企业的可持续发展与员工个人的需要、满足及一生幸福实现最佳结合。

人性化管理建立在对被管理者的工作特点、心理特征充分了解的基础上,是管理的灵魂,是制度化管理的补充,是在制度化管理的基础上发扬"以人为本"的管理精神,依靠人性解放、权利平等、民主管理,从内心深处来激发每个管理对象的内在潜能和创造力。人性化管理具有以下特点:

1. 管理情感化

人是有感情的动物,人的工作效率在一定程度上受到情感的影响。在实施管理过程中,一方面要用制度约束人,另一方面要注重人的内心世界,根据情感的可塑性、倾向性和稳定性等特征进行管理,激发员工的积极性,消除消极情绪,从而使员工的工作效率得到提高。

2. 管理教育化

管理教育化就是在管理中注重开发人的潜能,培养人的能力,全面提高人的素质,使企业成为员工成长的学校,使员工成为不断学习的人。管理教育化是由于竞争激烈使技术或技能不能满足需要而日益受到重视的。在教育过程中,企业的宗旨、价值观、政策能够达成共识,这保证了企业发展的战略能够得以很好地贯彻和执行。

3. 管理民主化

管理民主化就是让员工参与管理和决策,在管理中给各级管理者和员工发言权,充分考虑广大员工的意见与建议,使员工觉得自己有权利与义务参与管理,而不是完全由领导者或管理者决定,员工只能被动地接受命令。管理民主化可以使员工的权利受到尊重,充分调动员工的工作积极性,同时使企业的决策过程更科学、更全面。

4. 管理自主化

管理自主化是指员工根据企业的发展战略和目标,自主制订计划、实施控制、实现目标,即"自己管理自己"。管理自主化在承认并尊重员工自主性的基础上,给员工充分的信任,充分发挥每个员工的积极性,并为员工创造性的发挥提供空间,从而也使企业保持活力。自主化是管理的高境界。

在汽车服务企业的管理中,首要的是对人的管理,提高人的积极性,发挥人的主动性和创造性,对提高汽车服务企业的工作效率十分重要。人才是汽车服务企业最宝贵的财富。

二、制度化管理

制度化管理是以科学的制度进行汽车服务企业管理,即以规章制度为中心,凭借制度约束、纪律监督、奖惩规则等手段,对管理对象进行管理。企业靠制度进行管理,而不是依靠个人的权威进行管理。

制度化管理是汽车服务企业管理的基础，是人性化管理的前提。这种管理方式强调纪律制度，除具有强制性和权威性外，还具有以下特征：

1. 岗位权责制度化

在劳动分工的基础上，规定每个岗位的权力和责任，把这些权力和责任作为明确的规范而制度化。

2. 组织地位制度化

按照不同职位权力的大小，确定其在组织中的地位，形成有序的等级系统，上下级的关系以制度形式巩固下来。

3. 职位技术制度化

明确规定职位特性以及该职位对人应有能力的要求，根据技术资格挑选组织成员。

4. 制度准则化

管理人员根据法律和制度赋予的权力而处于拥有权力的地位，原则上所有人都服从制度规定，按制度执行，而不是服从于个人。

5. 权限制度化

管理人员在实施管理时，每个管理人员只负责特定的工作，其拥有的权力以企业制度的形式明确，包括权力的大小及范围。

6. 忠于职守制度化

管理者的职务是他的职业，他们有固定的报酬，有按能力晋升的机会，应该忠于职守，而不是忠于某个人。

三、信息化管理

信息化管理是借助计算机、手机、网络、电话、微信、QQ 等进行收集、加工和输入、输出汽车服务信息的管理方法。计算机能存储汽车型号、配件库存、员工的资料等信息，辅助财务结算，管理人员借助计算机实现办公自动化。汽车服务企业可运用网络、电话、微信、QQ 等订购汽车、汽车配件、传递汽车服务信息和收集汽车服务市场信息。信息管理是现代汽车服务企业管理的基本手段。

信息化管理在汽车服务企业经营管理中占据着十分重要的地位。汽车服务企业要根据市场的要求开展汽车服务，要使企业的汽车服务经营活动符合市场的发展规律，而汽车服务市场情况及其变化则是通过信息反馈的，企业经营管理可以看作一个捕捉、判断市场信息，并做出适时的正确反应的过程。因此，汽车服务企业经营管理的首要工作就是市场信息的搜集、传递、整理、分析和处理及其管理工作，以便为企业汽车服务经营行为提供依据。完善健全的汽车服务企业管理信息系统是汽车服务企业参与市场竞争的基本条件。

信息化管理要求信息及时和准确。信息及时就是信息化管理系统要灵敏、迅速地发现和提供汽车服务管理所需要的信息。它包括两个方面：一方面，要及时地发现和收集汽车服务信息。现代社会的信息纷繁复杂，瞬息万变，有些信息稍纵即逝。因此，汽车服务信息的管理必须最迅速、最敏捷地反映出汽车服务工作的进程和动态，并适时地记录下已发生的汽车服务情况和问题。另一方面要及时传递信息。信息只有传输到需要者手中才能发挥作用，并且具有强烈的时效性。因此，要以最迅速、最有效的手段将有用信息提供给汽车服务有关部门和人员，使其成为决策、指挥和控制的依据。

信息准确就是信息准确无误。只有准确的汽车服务信息，才能使汽车服务企业的决策者做出正确的判断。失真的信息，不但不能对汽车服务管理工作起到指导作用，反而还会导致管理工作的失误。为保证信息准确，首先要求原始汽车服务信息可靠。只有拥有可靠的原始信息，才能加工出准确的信息。汽车服务企业的信息工作者在收集和整理原始材料的时候必须坚持实事求是的态度，克服主观随意性，对原始材料认真加以核实，使其能够准确反映实际情况。其次是保持信息的统一性和唯一性。一个管理系统的各个环节，既相互联系又相互制约，反映这些环节活动的信息有着严密的相关性。所以，系统中许多信息能够在不同的管理活动中共同享用，这就要求系统内的信息应具有统一性和唯一性。因此，在加工整理信息时，要注意汽车服务信息的统一，同时要做到计量单位相同，以免在汽车服务信息使用时造成混乱现象。

四、目标管理

目标管理是指先制订汽车服务目标，然后再确定每个员工的汽车服务工作的管理方法。管理者必须将汽车服务企业的使命和任务转化为汽车服务目标，如果一个汽车服务领域没有目标，这个领域的汽车服务工作必然被忽视。管理者应该通过目标对下级进行管理。当汽车服务企业的高层管理者确定了汽车服务企业的目标后，必须对其进行有效分解，转变成各部门以及每个员工的分目标，管理者根据分目标的完成情况对下级进行考核、评价和奖惩。汽车服务企业每个管理人员和员工的分目标就是企业总目标对个人的要求，同时也是员工对企业总目标的贡献。只有完成每一个分目标，企业总目标才有完成的希望，而分目标又是各级领导者对下属人员进行考核的主要依据。

目标管理的最大优点在于它能使人们用自我控制的管理来代替受他人支配的管理，激发人们发挥最大的积极性把事情做好。实行汽车服务目标管理，不仅可以使各级管理者都能清楚地了解他们的任务和应取得的预期效果进而进行自我控制，而且可以增强他们的参与意识与责任感，调动他们的积极性和主动性，从而产生较强的激励作用。

目标管理是以相信人的积极性和能力为基础的，汽车服务企业各级领导者对下属人员的领导，不是简单地依靠行政命令强迫他们去干，而是运用激励理论，引导员工自己制定工作目标，自主进行自我控制，自觉采取措施实现目标，自动进行自我评价。

目标管理通过诱导启发员工自觉地去干，其最大特征是通过激发员工的汽车服务潜能，提高员工的效率来促进企业总体目标的实现。

五、任务管理

任务管理是将汽车服务的任务落实到具体的员工。也就是说，员工的职责在于完成管理人员规定的任务，而这种任务又是管理人员经过仔细推敲后设计出来的。这样，企业中的员工都有明确的责任，按职责要求完成了任务，则付给一定的报酬。任务管理的最明显作用在于提高员工的工作效率。

六、"走动式"管理

"走动式"管理是指汽车服务企业的主管深入企业的各部门，了解实情，与下属打成一片，共创业绩的管理方法。

"走动式"管理能产生主管动，部属也跟着动的效应，主管每天马不停蹄地到现场走动，部属也只好努力工作。

"走动式"管理投资小，收益大，并不需要太多的资金和技术，就可提高企业的生产力。

"走动式"管理是企业员工看得见的管理，就是说最高主管能够到达汽车服务第一线，与员工见面、交谈，希望员工能够提意见，能够认识他，甚至与他争辩是非，有问题，可现场解决。

"走动式"管理使企业领导易"得人心"。优秀的企业领导要常到职位比他低几层的员工中去体察民意、了解实情，多听一些"不对"，而不是只听"好"的。不仅要关心员工的工作，而且要关心他们的衣食住行。这样，员工觉得主管重视他们，工作自然十分努力。一个汽车服务企业有了员工的支持和努力，就有了生存和发展的希望。

"走动式"管理在国外企业的管理中产生了较好的效果。例如，日本经济团体联合会名誉会长士光敏夫在他接管日本东芝电器公司前，东芝已不再享有"电器业摇篮"的美称，生产每况愈下。士光敏夫上任后，每天巡视工厂，遍访了东芝设在日本的工厂和企业，与员工一起吃饭，闲话家常。清晨，他总比别人早到半个小时，站在厂门口，向员工问好，率先示范。员工受此气氛的感染，促进了相互间的沟通，士气大振。不久，东芝的生产恢复正常，并有很大发展。美国麦当劳快餐店是成功的连锁快餐店，其创始人雷·克罗克是美国有影响力的大企业家之一，他不喜欢整天坐在办公室里，大部分时间都用在"走动式"管理上，即到所属各公司、各部门走走、看看、听听、问问。这些成功企业的管理方法，可引入汽车服务企业管理之中，并称为"汽车服务走动式"管理。

在汽车服务管理中，要根据汽车服务的情况，综合运用以上管理方法，并结合实际进行改进，才能取得最佳的管理效果。

七、管理设计的基本方法

汽车服务企业管理的设计是要对汽车服务企业组织结构、经营流程及其管理、人才招聘流程及其管理、质量认证流程及其管理、信息更改流程及其管理等进行设计。在汽车服务企业管理计划工作中，汽车服务企业管理的设计是要做的主要工作，或者说，汽车服务企业的管理设计是汽车服务企业管理计划工作中的主要工作。

汽车服务企业的管理设计，要用管理设计的方法进行。管理设计的方法有很多，主要、基本的实用方法如下：

1. 类比法

类比法是类比同类型的汽车服务企业的管理，进行本企业的管理设计。如要进行电动汽车维修人员的招聘，可类比同类的汽车服务企业的电动汽车维修人员的招聘简章，设计人才招聘要求和流程，进行人事招聘。

类比法不是照抄法。用类比法进行汽车服务企业管理的设计时，要结合本企业的情况，对所参考的汽车服务企业的管理进行修改，形成自己的管理方法。

2. 比较法

比较法是对所调研的同类型的汽车服务企业的管理资料和方法，结合本企业的情况，进行比较，再择优，供本企业在管理设计中参考或使用。如要设计无人驾驶汽车的维修流程，可收集多个汽车服务企业的无人驾驶汽车维修流程的资料，再结合本企业的无人驾驶汽车的维修情况，对所收集多个汽车服务企业的无人驾驶汽车的维修流程进行比较，择优选用或作设计的参考。

3. 移植法

移植法是将好的、先进的汽车服务企业的管理方法、经营流程、管理制度、企业文化引入本企业，并结合本企业的情况进行修改，制定出适合本企业的经营流程、管理制度，产生自己的企业文化。学习并使用了好的、先进的汽车服务企业管理方法、经营流程、管理制度、企业文化等，自己的企业管理也就变好了，变先进了。这是管理上快速进步的好方法。如在网络汽车销售中，顾客有取车不方便的问题，这可向网络汽车销售企业学习汽车配送的管理方法，将其他网络汽车销售企业、汽车物流企业好的、先进的汽车配送管理方法引入本企业，并结合本企业的情况，制定出本企业汽车配送的流程及管理方法，解决顾客取车不方便的问题。

4. 并行设计法

并行设计法是在汽车服务企业的管理设计中，请相关部门人员参与设计，提出管理中的问题和要求，供管理设计人员参考，这样可减少管理设计的缺陷，将管理中的问题在设计中解决，使管理设计结果更优。如在汽车销售网络管理设计中，请销售人员参与，可减少汽车销售网络管理设计中的销售管理的缺损，这样在技术上更可行。

5. 创新设计法

创新设计法是在汽车服务企业的管理设计中，发现问题，解决问题，并产生新的管理方法。创新设计的管理方法应是新的管理方法，并能有效地解决管理中的问题。

第五节 汽车服务企业管理者应具备的基本能力和素质

一、汽车服务企业管理者应具备的基本能力

1. 激励的能力

优秀的汽车服务企业管理者不仅要善于激励员工，还要善于自我激励。激励员工是要让员工充分发挥自己的才能，努力做好汽车服务工作，把员工的"要我去做"变成"我要去

做"。如果汽车服务企业的管理者用激励的方式而非命令的方式向员工安排汽车服务工作，更能使员工体会到自己的重要性和汽车服务工作带给自己的成就感。激励的方式并不会使管理者的管理权力被削弱，相反，管理者会更加容易安排汽车服务工作，并能使员工更加愿意服从管理者的管理。

汽车服务企业的管理者通过自我激励可以增强工作成功的信心和提高工作的热情。作为一个汽车服务企业的管理者，特别是高层管理者，每天有很多繁杂的事务及大量棘手的事情需要处理、解决，另外，还要思考企业的发展和未来。即便如此，管理者还必须始终保持良好的心情去面对员工和客户，管理者的压力可想而知。自我激励是缓解这种压力的重要手段。通过自我激励的方式，可以把压力转化成动力，增强工作成功的信心。此外，要做好汽车服务企业的管理，也必须不断地自我激励，让工作有目标和方向，才能保持高涨的工作热情。

2. 控制情绪的能力

一个成熟的汽车服务企业领导者应该有很强的情绪控制能力。当一个领导者情绪很糟的时候，很少有下属敢向其汇报工作，因为担心他的坏情绪会影响到其对工作和对自己的评价，这是很自然的。一个高层管理者情绪的好坏，甚至可以影响到整个企业的气氛。如果他经常由于一些事情控制不了自己的情绪，有可能会影响到整个企业的效率。从这点上讲，领导者的情绪已经不单单是自己私人的事情了，会影响到下属及其他部门的员工，而领导者的职务越高，这种影响力越大。

当领导者批评一个员工时，也要控制自己的情绪，尽量避免让员工感到对他的不满，包含个人的恩怨，而不单单是工作。为了避免在批评员工时情绪失控，领导者最好在自己心平气和的时候再找员工谈话。另外，有些优秀的管理者善于使用生气来进行批评，这种批评方式可能言语不多，但效果十分明显，特别适用于屡教不改的员工。这种生气与情绪失控不同，它是有意识的，情绪处于可控状态。

3. 幽默的能力

幽默能使人感到亲切。幽默的汽车服务企业管理者能使他的下属体会到工作的愉悦。管理者进行管理的目的是使他的下属能够准确、高效地完成工作。轻松的工作气氛有助于达到这种效果，而幽默可以使工作气氛变得轻松。在一些令人尴尬的场合，恰当的幽默可以使气氛顿时变得轻松起来。可以利用幽默批评下属，这样不会使下属感到难堪。当然，对于那些悟性较差或顽固不化的人，幽默往往起不了作用。幽默不是讽刺，讽刺员工会使员工厌恶，甚至产生对抗心理。讽刺式的幽默会让员工感觉是在利用别人的弱点或短处，会产生很不好的影响。幽默不是天生的，幽默是可以培养的，学习幽默故事是培养幽默能力的有效方法，再呆板的人，只要自己努力学习都可以逐渐变得幽默起来。

4. 演讲的能力

优秀的汽车服务企业管理者应该有很好的演讲能力。演讲的作用在于让他人明白自己的观点，并鼓动他人认同这些观点。管理者演讲的对象不一定是很多人，可能仅仅是自己个别的下属；演讲的场合主要是在会议上，有时也可能是在与下属沟通时。演讲的意义并不局限于演讲本身，演讲可以改善口头表达能力、增强自信、提高反应能力。这些素质会使你在对外交往和管理下属时游刃有余。一个人的演讲能力往往与他的演讲次数成正比，与其他因素关系不大。也就是说，即便一个口才很笨拙的人，只要不断地去演讲，也会成为演讲高手。培养自己演讲能力的唯一可行办法就是去演讲，如果你比较胆怯，可以先在人少的场合演讲。实际上，演讲最难的就是第一次，只要克服了心理障碍，演讲并没有什么难度。

5. 倾听的能力

很多汽车服务企业的管理者都有这样的体会，一位因感到自己待遇不公而愤愤不平的员工找你评理，你只需认真地听他倾诉，当他倾诉完时，心情就会平静许多，甚至不需要你做出什么决定来解决此事。这只是倾听的一大好处，善于倾听还能让你了解更多的事情。每个人都认为自己的声音是最重要的、最动听的，并且每个人都有迫不及待表达自己的愿望。在这种情况下，友善的倾听者自然成为最受欢迎的人。如果管理者能够成为下属的倾听者，他就能满足每一位下属的需要。如果你没有这方面的能力，就应该去培养。培养的方法很简单，就是当他人停止谈话前，自己决不开口，这便是最好的倾听。

二、汽车服务企业管理者应具备的基本素质

1. 处事冷静，但不优柔寡断

优秀的汽车服务企业管理者都具有处事冷静的特点，善于考虑事情的多个方面或问题涉及的各利害关系方，不易冲动行事，虽然处事冷静，但不优柔寡断。他们往往会在周密思考后果断做出决定，或清晰地阐明自己的观点。具有这种特征的汽车服务企业管理者往往能使事情或问题得到比较妥当的处理，同时又有利于形成良好的人际关系。

2. 做事认真，但不求事事"完美"

优秀的汽车服务企业管理者深知汽车服务和科研不一样。科研侧重追求的是严谨、精益求精；汽车服务侧重追求的是经济效益、投入产出比。他们做事非常认真仔细，但同时也懂得什么事情需要追求"完美"（尽善尽美），什么事情"差不多就行"（达到基本标准）。具有这种特征的汽车服务企业管理者往往能把事情做好，并且能比一般人更容易创造出对企业有用的价值。

3. 关注细节，但不拘泥于小节

优秀的汽车服务企业管理者善于关注事情的细节，善于留意观察身边的人和事，善于抓住问题的要害，善于将管理中的问题"扼杀"在萌芽状态。他们不会过分拘泥于小节，不会在意别人的一点小过错或小过失。具有这种特征的汽车服务企业管理者往往能大幅度减少"问题"的发生，日常管理工作也会井然有序。

4. 具有团队意识，不搞分裂

优秀的汽车服务企业管理者具有团队意识，不搞分裂，倡导团结协作，努力组织本部门全体员工共同做好汽车服务工作，而不是以显示个人能力为荣。具有这种特征的汽车服务企业管理者能带领和组织员工工作，适合做管理工作。

5. 协商安排工作，绝少发号施令

优秀的汽车服务企业管理者不是发号施令的"监工"。一个能让下属主动"追随"的管

理者，依靠的是个人的魅力和领导力，而不是手中的"权力"。他们往往采用和下属商量的方式布置和安排工作。具有这种特征的汽车服务企业管理者往往能让下属真正"心甘情愿"地完成被安排的任务，这样的管理者也往往能营造出和谐团结的团队氛围。

6. 关爱下属，懂得惜才爱才

优秀的汽车服务企业管理者善于尊重和关爱下属，尽领导责任，往往视同事如"兄弟"，懂得怎样去珍惜和爱护与自己朝夕相处、共同拼搏的"战友"，从不欺压下属。具有这样特征的汽车服务企业管理者往往会让下属有一种"企业如家"的感觉，无形中也让大家更积极、更主动、更无怨无悔地付出。

7. 敢于担当责任

优秀的汽车服务企业管理者，在工作上敢于担当责任，遇事时，勇于承担领导责任。

8. 对人宽容，甘于忍让

优秀的汽车服务企业管理者胸怀宽广，对人宽容、甘于忍让，善于将心比心，善于考虑别人的难处和利益，善于"挖起荆棘并种下玫瑰"。具有这种特征的汽车服务企业管理者往往重视人性化的管理，易于形成良好的人际关系，并往往能在需要时，得到别人最真诚的支持和帮助。

9. 严于律己，以行动服人

优秀的汽车服务企业管理者不会让自己独立于各种规章制度之外，往往身体力行、为人表率，用自己的实际行动来影响和带动身边的人。具有这种特征的汽车服务企业管理者往往"其身正，不令而行"。

10. 为人正直，表里如一

优秀的汽车服务企业管理者为人正直、表里如一，对人一视同仁，处事公平公正。具有这种特征的汽车服务企业管理者往往使人有安全感并能得到别人充分的信任。

11. 具有一定的专业技能，但不一定是专家

优秀的汽车服务企业管理者应具有一定的专业技能和一定的专业管理技能，虽然不一定是专家，但如果是专家更好。具有这种特征的汽车服务企业管理者易和下属共同解决汽车服务中的技术问题，经营部门的管理者一定要具有这种特征。

12. 谦虚谨慎，善于学习

优秀的汽车服务企业管理者不会把自己已有的知识和技能作为管理的资本，往往谦虚谨慎，乐于向自己的上级、同事和下属等学习，更喜欢学习专业管理知识。具有这种特征的汽车服务企业管理者往往具有比较强的能力，并且能够使自己的能力得到持续提高。

13. 不满足于现状，但不脱离现实

优秀的汽车服务企业管理者不满足于当前的业绩，有比较高远的目标和追求，有事业进取心，不满足于现状，但决不会脱离现实，总是一步一个脚印为更高更远的目标而奋斗。他们非常清楚自己的将来会是怎样的。

14. 不怕吃苦，勇于面对困难

优秀的汽车服务企业管理者应有良好的吃苦精神，不怕吃苦，不怕困难，面对困难不是发牢骚，而是想办法克服困难。具有这种特征的汽车服务企业管理者适合进行汽车服务企业创业，并能在汽车服务企业困难时与企业同甘苦共命运。

15. 具有良好的职业道德，遵纪守法

优秀的汽车服务企业管理者应具有良好的职业道德，遵纪守法，带头尽公民义务，这不仅是汽车服务企业管理者应具有的基本素质，也是汽车服务企业员工应具有的基本素质。具有这种特征的汽车服务企业管理者在任何单位工作都可得到好评。

16. 与员工共享经济成果，而不是多吃多占

优秀的汽车服务企业管理者应与员工共享经济成果，而不是多吃多占。发给本部门的奖金，为本部门的员工共有，要优先考虑员工的经济所得，这样，才有利于调动员工的工作积极性。

作　　业

1. 按照汽车服务企业的业务类型划分，汽车服务企业有哪些？主要从事哪些方面的业务？
2. 汽车服务企业有哪些特征？
3. 汽车服务企业的经营特点是什么？
4. 汽车服务企业管理的任务和职能有哪些？
5. 汽车服务企业管理的职能循环是什么？
6. 汽车服务企业管理的主要内容有哪几个方面？
7. 简述汽车服务企业管理的基本原理。
8. 简述汽车服务企业管理的基本方法。
9. 在汽车服务企业管理中，还有哪些先进的管理方法？请做简单介绍。
10. 汽车服务企业管理者应具有的基本素质有哪些？
11. 查找文献，阅读一两篇介绍新型汽车服务企业的文献，介绍其主要内容。
12. 查找文献，阅读一两篇介绍汽车服务企业管理方法的文献，介绍其主要内容。
13. 去汽车服务企业，调研汽车服务工作及管理方法，写一篇调研报告，并与同学交流。

第二章　汽车服务企业制度和组织

　　汽车服务企业管理制度化，可使企业有章可循，规范全体员工行为，也包括各级、各部门的领导，管理规范是现代汽车服务企业管理的基本要求。汽车服务企业的组织决定了汽车服务企业的部门、部门员工的构成及其主要职责，是汽车服务企业分类、有序、高质量服务的基础。汽车服务企业组织的构建主要由人事部门负责。本章依次介绍汽车服务企业制度和组织。

第一节　汽车服务企业制度

一、汽车服务企业制度的概念

　　汽车服务企业制度是关于汽车服务企业组织、经营、服务质量、人力资源、设备维护及使用、财务、信息等一系列行为的规范和准则的总称，也是汽车服务企业全体员工必须共同遵守的规定和准则的总称。

　　汽车服务企业用制度管理本企业，这是现代汽车服务企业管理的特征之一，也是汽车服务企业可持继发展、做大、做强的重要基础，能使本企业的所有员工工作有序，有标准、有规范地工作，并能给顾客留下企业管理好的印象，有利于吸引顾客及开展汽车服务。

二、汽车服务企业的制度

　　汽车服务企业的制度涉及各个职能部门，包括人事、财务、配件仓储、信息等制度及维修等操作规范。

　　汽车服务企业的管理制度必须符合国家法律、法规，一切违法的企业管理制度，都是无效制度，在汽车服务企业的管理制度中必须删除。以下是汽车服务企业部分管理制度的主要内容：

1. 企业规章制度总则

1）公司全体员工必须遵守公司章程，遵守公司的各项规章制度和决定。

2）公司全体员工必须遵纪守法，热爱国家，禁止任何部门、个人做有损国家利益、形象、声誉或破坏国家发展的事情。

3）公司禁止任何部门、个人做有损公司利益、形象、声誉或破坏公司发展的事情。

4）公司通过发挥全体员工的积极性、创造性和提高全体员工的技术、管理、经营水平，不断完善公司的经营、管理体系，实行多种形式的责任制，不断壮大公司实力和提高经济效益。

5）公司鼓励员工积极参与公司的决策和管理，鼓励员工发挥才智，提出合理化建议。

6）公司实行"岗薪制"的分配制度，为不同岗位的员工提供不同的薪资，并随着经济效益的提高，逐步提高员工各方面待遇；公司为员工提供平等的竞争环境和晋升机会；公司推行岗位责任制，实行考勤、考核制度，评先树优，对做出贡献者予以表彰、奖励。

7）公司提倡求真务实的工作作风，提高工作效率；提倡厉行节约，反对铺张浪费；倡导员工团结互助，同舟共济，发扬集体合作和集体创造精神，增强团体的凝聚力和向心力。

8）员工必须维护公司纪律，对任何违反公司章程和各项规章制度的行为，都要予以追究。

2. 考勤制度

1）公司员工必须自觉遵守劳动纪律，按时上下班，不迟到，不早退，工作时间不得擅自离开工作岗位，外出办理业务前，须经本部门负责人同意。

2）严格请假、销假制度。员工因私事请假1天以内的，由部门负责人批准；3天以内的，由副总经理批准；3天以上的，报总经理批准。副总经理和部门负责人请假，一律由总经理批准。请假员工事毕，向批准人销假。未经批准而擅离工作岗位的按旷工处理。连续旷工3天的，应当视为严重违反劳动纪律的行为，公司有权立即与之解除劳动合同。

3）上班时间开始后30分钟内到岗者，按迟到论处；超过30分钟以上者，按旷工半天论处。提前30分钟以内下班者，按早退论处；超过30分钟者，按旷工半天论处。

4）1个月内迟到、早退累计达3次者，扣发3天的基本工资；累计达3次以上5次以下者，扣发5天的基本工资；累计达5次以上10次以下者，扣发当月10天的基本工资；累计达10次以上者，扣发当月的基本工资。

5）旷工半天者，扣发当天的基本工资、效益工资和奖金；每月累计旷工1天者，扣发5天的基本工资、效益工资和奖金，并给予一次警告处分；每月累计旷工2天者，扣发10天的基本工资、效益工资和奖金，并给予记过1次处分；每月累计旷工3天者，扣发当月基本工资、效益工资和奖金，并给予记大过1次处分；每月累计旷工3天以上6天以下者，扣发当月基本工资、效益工资和奖金，第二个月起留用察看，发放基本工资；每月累计旷工6天以上者，予以辞退。

6）工作时间禁止做打牌、下棋、串岗聊天等与工作无关的事情。如有违反者当天按旷工1天处理；当月累计2次的，按旷工2天处理；当月累计3次的，按旷工3天处理。

3. 车辆销售人员管理制度

1）市场营销部是车辆销售管理的第一责任部门。

2）市场营销工作以提高公司经济效益，壮大企业经济实力为目标，营销人员必须发扬爱岗敬业、团结奉献精神，具有责任心和使命感，完成公司所交给的车辆营销任务。

3）营销人员要做到诚实守信、规范交易、热情服务，自觉维护公司的声誉和形象。

4）市场营销部应认真做出切实可行的营销方案，报总经理批准后实施。在实施过程中，销售价格未经批准不得变更。

5）销售记录要内容真实、数字准确、账目清楚、日清月结，及时做出各种报表，月底及时向总经理上报销售情况。

6）车辆销售后，要及时将预售协议书、买卖合同、结算单等销售资料整理入档管理。

7）所有购车款必须由财务部当日收款，存至指定银行账户，严禁公款私存。

8）营销人员要保守商业机密，确保车辆销售情况等内部信息不泄露。

9）对于在售车辆，销售人员不得擅自开动及上路行驶，如发生交通事故造成人身财产损失，应当由责任人负责赔偿。

10）任何公司员工，包括车辆销售人员在下班后，不得从事机动车或非机动车载客行为，该行为应当视为严重违反劳动纪律的行为，如有发现，公司有权立即解除劳动合同。如造成财产人身损害等交通事故、侵权事故，其造成的所有经济损失均由当事人自行承担。

4. 车辆维修完工检查、调度岗位职责

1）按照公司规定的业务流程全面负责汽车维修车间的完工检查、调度、维修质量和技术鉴定工作，协助车间主管做好车间日常管理工作。

2）严格执行汽车维修质量检验有关法律、法规以及本公司的各项相关规章制度，秉公行使维修质量检验和技术鉴定的职权，并对做出的检验结果负责。

3）根据工作的难易程度、各维修班组的工作量和实际工作能力以及维修车辆的进度要求，合理分配、调度工作，并在作业卡上填注派工时间并签名确认，最大程度发挥人力资源和设备的潜能，监督车辆的维修进度，努力提高按时完工交车率和客户满意度。

4）发现难以在预计作业时间内完工的维修车辆，要及时通知前台要求延长作业时间，对于故障维修车辆，要在开工前进行试车和故障再现工作，以便在完工检查时做到心中有数，确保故障得到完全解决，努力提高一次维修成功率和维修质量客户满意度。

5）负责签批报料单，对维修班组提供的建议维修项目和所报材料要进行必要的审核，以防其所报维修方案不恰当或所报零部件错误而造成返修，以致影响一次维修成功率和客户满意度。要对维修班组提供必要的技术支持，并核定签批协作维修车辆的申请单。

6）负责对维修过程进行抽检巡视，发现违规操作、偷工减料的行为要及时制止，并记录在维修质量问题表上，负责对维修竣工车辆按汽车维修行业颁布的各级汽车维修竣工车辆检验技术标准进行出厂前的完工检验工作。

7）逐一核查作业卡和问诊表上的作业项目是否全部完工，检查各拆装过的零部件安装是否正确牢靠，提醒维修人员对重要螺栓是否按规定的力矩拧紧，并确认作业卡和问诊表的记录是否有误，填写是否规范，发现问题及时填写在流程规范问题表上，并在下班前及时汇总上报至本部门主管。

8）认真将维修车辆检验结果按要求填写在维修检查工单上，发现需要返工的不合格问题有权要求维修人员立即返工修理并及时通知前台接待，将情况记录在维修质量问题表上，在下班前及时将记录汇总至本部门主管。

9）对检验合格的竣工车辆，负责向托修方签发《汽车维修竣工出厂质量合格证》，并建立汽车维修竣工出厂合格证签发台账。在作业卡上注明完工检查时间并签名确认，同时将电子板上的车辆状态切换到"等待交车"。

10）按维修检查工单上标注的洗车要求在车辆检验合格后当即将车辆移动到清洗工位，对于不需要洗车的竣工车辆，在车辆检验合格后当即将车辆移动到前台停车位，锁好车门后将钥匙和工单交给前台接待。

5. 保养维护类完工检查标准

1）首先确认维修项目是否全部完成，问诊表上检查项目是否全部完成，有无新的维修建议。

2）根据修理项目，向修理人员确认机油滤芯、汽油滤芯更换后是否漏油。

3）检查机油、变速器油、制动液、防冻液的液面及品质。

4）更换制动片后，完工检查人员应检验制动效果，并向修理人员确认装配上无错误。

5）检查轮胎状况，包括螺栓紧固、轮胎气压。

6）变速器清洗时，应检查油管接头是否渗漏、油液液面、油品品质。

7）更换正时带时，应检查配气正时、点火正时、发动机动力、噪声、传动带松紧程度。

8）检查电动汽车的动力系统，包括电机是否正常工作、电池的电压等。

9）检查本次维修过程中，维修人员对车身内外卫生的保护情况。

6. 汽车配件管理制度

1）配件部要及时保证维修所用各种汽车配件，同时还要及时组织对外销售和对外的各种订货。维修部所用的配件，市内采购的必须在半天内完成，附近地区的当天要完成。

2）配件部要设立计划员，做好材料的计划工作，仓库的库存要合理。采购要有计划性，防止库存积压。汽车维修工具采购、汽车配件批量进货、汽车总成件的采购要经过经理或副总经理审批。凡是盲目采购，造成积压的，要追究责任。

3）配件采购要有固定进货网点，因固定网点无货，须到其他点进货的，价格不能偏高。价格高于固定网点的，需先请示报价，经同意后方能购买。

4）严格进货检验手续，所有采购回来的配件，进库时必须核对数量、价格、质量，要特别防止假货入库。发现假货和质量问题要追究责任。

5）修理员工领料要有派工单，由仓库管理员填写，领料人签名，领取总成或价值较大的配件要有经理审批手续。

6）仓库管理员在发料时，应填写发料单，领料人必须在发料单上签章，仓管员凭领料人签认的发料单及时登记库存做账，发料应与派工单核对。

7）严格执行汽车配件的交旧领新制度。领新件同时交回旧件，旧件必须编上号，贴上标签交回车主。

8）零配件的价格要合理，销售价不能超过市场价，发现随便加价影响企业信誉的要追究责任。

9）零配件及材料进库后要立卡、建账，做到账、卡、物相符。月底要做好进、存、销核算表，每季度要盘存一次。

10）仓库管理员如有违反制度，不履行岗位职责，造成损失的全部由个人承担，情节严重的调离岗位或予以除名。

7. 财务管理制度

1）财务管理工作要贯彻勤俭节约、精打细算之原则，在企业经营中禁止铺张浪费和一切不必要的开支，降低消耗，增加积累。

2）公司设财务部，财务部主任协助总经理管理好财务会计工作。

3）出纳员不得兼管会计档案保管和债权债务账目的登记工作。

4）财会人员要认真执行岗位责任制，各司其职，互相配合，记账、算账、报账必须做到手续完备、内容真实、数字准确、账目清楚、日清月结、及时报账。

5）财务人员在办理会计事务中，必须坚持原则，照章办事。对于违反财经纪律和财务制度的事项，必须拒绝付款、拒绝报销或拒绝执行，并及时向总经理报告。

6）财务人员因故离职，必须与接替人员办理交接手续，没有办清交接手续的，不得离职，亦不得中断会计工作。移交交接包括移交人经管的会计凭证、报表、账目、款项、公章、实物及未了事项等。

7）银行账户的账号必须保密，非因业务需要不准外泄。

8）银行账户印鉴的使用实行分管并用制，即财务章由出纳保管，法人代表和会计私章由会计保管，不准由一人统一保管使用。印鉴保管人临时出差，由其委托他人代管。

9）根据已获批准签订的合同付款，不得改变支付方式和用途；非经收款单位书面正式委托并经总经理批准，不准改变收款单位（人）。

10）库存现金不得超过限额。现金收支做到日清月结，确保库存现金的账面余款与实际库存额相符，银行存款余款与银行对账单相符，现金、银行日记账数额分别与现金、银行存款总账数额相符。

11）因公出差、经总经理批准借支公款，应在回单位后七天内交清，不得拖欠。非因公事并经总经理批准，任何人不得借支公款。

12）严格现金收支管理，除一般零星日常支出外，其余投资、工程支出都必须通过银行办理转账结算，不得直接兑付现金。

13）领用空白支票必须注明限额、日期、用途及使用期限，并报总经理报批。所有空白支票及作废支票均必须存放保险柜内，严禁空白支票在使用前先盖上印章。

14）正常的办公费用开支，必须有正式发票，经手人、部门负责人签名，印章齐全，经总经理批准后方可报销付款。

15）未经董事会批准，严禁为外单位或个人担保贷款。

16）严格资金使用审批手续。会计人员对一切审批手续不完备的资金使用事项，都有权且必须拒绝办理。否则按违章论处并对该资金的损失负连带赔偿责任。

8. 合同管理制度

1）公司对外签订的各类合同一律适用本制度。

2）合同的签订应当使用公司制订的统一文本，并向公司及时备案。

3）合同原则上由部门负责人具体经办，拟订初稿后必须经分管副总经理审阅后按合同审批权限审批。重要合同必须经法律顾问审查。

4）合同依法成立，即具有法律约束力。一切与合同有关的部门、人员都必须严格履行合同所规定的义务，确保合同的全面履行。

5）总经理、副总经理、车辆销售部门经理、财务部门经理及有关部门负责人应随时了解、掌握合同的履行情况，发现问题及时处理或汇报。否则，造成合同不能履行、不能完全履行的，要追究有关人员的责任。

6）变更、解除合同的手续，应按本制度规定的审批权限和程序执行，并必须一律采用书面形式（包括当事人双方的信件、函电、电传等），口头形式一律无效。

7）合同纠纷由有关业务部门与法律顾问负责处理，经办人对纠纷的处理必须具体负责到底。

8）凡可能发生争议的合同，应当及时向公司负责人通报，并保留合同的文本（包括变更、解除合同的协议），以及与合同有关的附件、文书、传真、图表等，作为解决纠纷的材料。

9）公司所有合同均由办公室统一登记编号、经办人签名后，由办公室建档管理。

三、汽车服务企业制度的制订与执行

1. 汽车服务企业制度的制订原则

在制订汽车服务企业制度时，既要做到能够让企业制度来规范员工的汽车服务行为，又要做到有利于团结全体员工，调动员工的工作积极性和创新能力。要做到以上几点，就要把握和遵循以下原则：

（1）适用性原则。制订汽车服务企业制度时，要从企业的实际出发，根据本企业的服务规模、服务特点、技术特性、服务理念、企业精神及管理沟通的需要等，制订适用、可行的各项制度。

（2）科学性原则。制订制度应遵从管理的客观规律，制度化的管理必须运用汽车服务企业管理的基本原理和方法，违反了基本原则只会导致失败。只有遵从客观规律，才能将汽车服务企业管理引向科学、理性、规范的轨道，实现管理的稳定性和有效性。

（3）必要性原则。制订汽车服务企业制度要从需要出发，必要的制度一个不能少，不必要的制度一个也不可要，否则会扰乱组织的正常活动。如在汽车服务企业中的一些非正式行为规范或习惯能很好发挥作用的前提下，就没有必要制订类似内容的行为规范，以免伤害员工的自尊心和工作热情。

（4）合法性原则。制订的汽车服务企业制度内容应与国家、政府相关的法律、法令、法规保持一定程度的一致性，绝不可以相违背。因法律是全社会范围内约束个人和团体行为的基本规范，是汽车服务企业正常生存发展的基本条件和保证，所以制订制度时不可忽视。

（5）合理性原则。制订的汽车服务企业制度要合理，一方面要体现制度的严谨、公正，以及高度的制约性、严肃性，另一方面也要考虑人性的特点，避免不合情、不合理等情况出现。在制度规范的制约方面，要充分发扬自我约束、激励机制的作用，避免过分使用强制手段。

（6）完整性原则。制订的汽车服务企业制度要规范、完整，因为制订的汽车服务企业管理制度是一个体系，制度内容要求全面、系统、配套。也就是说要考虑周密，不能疏忽大意，

出现漏失或衔接不当,更不能有前后矛盾或相互重复、要求不一的情况。

（7）先进性原则。制订汽车服务企业制度要从调查研究入手,要总结企业经验,同时还要吸取其他汽车服务企业的先进经验,无论是本企业还是其他企业的制度,只要是过时的就坚决舍去,是不合理的就要坚决废除。反之,是成功的、先进的,就应该发扬保留。

（8）民主集中制原则。管理规章制度首先要经有关部门讨论,然后再广泛征求员工或员工代表意见,最后再由企业领导批准后实施。

2. 汽车服务企业制度的制订与执行步骤

制度的制订是指由企业各部门依据国家有关规定、结合企业实际组织起草的、以企业名义印发的有关企业经营和管理等行为的规范性文件。制度的制订与执行过程,一般有以下几个基本步骤：

（1）制度立项。由人事、销售、维修等部门根据管理工作的需要,提出要制订的制度及其要求,经上级有关部门和人员同意后立项。立项应包括以下内容：制订制度的目的、制度的主要内容、拟完成的时间、承办人。

（2）制度起草。制度一般由人力资源部负责组织起草。涉及其他部门的,其他部门为协助部门或承办部门。在制度起草中,要进行充分的调查研究,获取相关资料。制订制度的方法有类比法、比较法等。网络上有汽车服务企业制度或与汽车服务企业相关的制度,可通过网络检索获取,也可向同行汽车服务企业索取,供制订制度时参考。在获取相关资料后,进行类比和比较,再考虑本企业的情况,制订本企业的制度。

制度应当条理清楚、结构严谨、用词准确、文字简明、标点符号正确,并对起草目的、适用范围、具体规范和施行日期等做出明确规定。

（3）讨论和审查制度。制度草案提出后,要广泛征求相关各方面的意见,集思广益,在充分讨论、研究的基础上,改正其中不切合实际之处,弥补疏漏,调整与其他制度矛盾、重复之处,使制度草案进一步完善。修改后的制度草案要由高层管理者审定签发。

（4）试行制度。试行制度是尝试执行制度。制度草案经上级管理部门审批后,可以试行。试行的目的是在实践中进一步检验和完善,使之成熟化、合理化。对于新制订的制度规范,试行是必不可少的一个阶段。

（5）正式执行制度。制度经过一段时间试行、完善后,即可稳定下来,形成正式的制度文本,并存档备案,按照确定的范围和时间正式执行,并监督制度执行情况。

3. 制订与执行汽车服务企业制度中的注意事项

每个汽车服务企业都有自己的管理制度,如果一个汽车服务企业建立了合理、完善的管理制度,能长期认真地去执行自己的制度,员工在制度管理下自觉养成了好的行为习惯,那么它就会收到制度化应有的效果,成为规范化管理的企业。要认真地执行企业制度,有以下注意事项：

（1）执行制度要统一。制度是唯一的,因此,执行制度要统一,不可有两个制度标准。企业要明确制度管理部门权责,按照统一机制进行执行、处理、检查和监控,各部门保持沟通和协作。

（2）制度需要定期检查。经常性地对制度进行检查,不仅可以巩固已存在的并经得起检验的制度，还可以发现一些制度执行不下去的原因（是制度制订得不合理，还是制度执行人存在问题），制度不合理要及时修正，制度执行人有问题需要对其进行观念革新培训。这样，在制度的执行中，才能适应新情况，解决新问题，同步完善，不断改进，使其满足企业生存和发展的需要。

（3）制度执行情况需要反馈。通过反馈，可得到制度执行人、被执行人的意见，从中可知制度是否适用、科学、合理、完整等，为修改、优化制度提供依据。

（4）不要反复制订制度。制度一旦建立起来，在一定时期内必须稳定，反复制订制度，不利于员工熟记制度，这会严重影响制度的执行。

（5）汽车服务企业制度的数量要控制。让员工的主要精力用在自己的工作上，而不是用在学习企业的制度上。员工在企业的行为不是全靠企业的制度来约束，而主要靠员工的自律、素养、技术等素质自我约束。

（6）执行制度前必须进行培训。企业制度试行确定后，将其汇编到企业员工的工作手册中，印制成册，下发到每个员工，或放在网络办公系统的专栏中，修改和执行制度情况在网络办公系统中反映出来，可增加制度的透明度。部分常用制度要张贴上墙，同时进行员工制度培训。要让员工先知道制度，这样才能执行制度，新进员工在刚入企业时要进行制度培训。

（7）执行制度要有考核。对于所设定的管理制度，不仅要让员工理解制度内容，重要的是要有相应的考核进行连接。按照制度制订相应的考核、奖惩措施，奖优罚劣，确保违反制度的行为要受到处罚，并且言必行、行必果，抓典型、搞宣传，这样才能保证制度执行不走样。

（8）制度执行要平等。制度面前人人平等，企业管理者要时刻警醒自己，不要既是制度的制订者，又是制度的破坏者。如果企业管理者把自己凌驾于制度之上，亲自破坏亲手制订的制度，那么这种负面示范的效果将具有极大的破坏性，员工自然不会重视制度，制度也很难执行下去。制度的制订者和执行者都应把心态放正，不要将个人感情掺杂在制订和执行制度中。

（9）高层需要树立榜样。管理者要做制度的坚决执行者，以身作则，率先垂范，成为执行制度的标杆，从而带动员工执行制度。

4. 汽车服务企业制度文件的管理

汽车服务企业的制度要存档。汽车服务企业制度是汽车服务企业的重要文件，完成汽车服务企业制度的制定后，对所制定的制度要编号、存档，可同时存纸质档和电子档。

汽车服务企业的常用制度（如考勤制度）要制成制度手册，下发给相关人员，并让员工可在本企业的网站上查到、下载和学习。

汽车服务企业的有些制度要贴在墙上，如：车辆销售管理制度要贴在销售大厅的墙上，让汽车服务企业的员工和来汽车服务企业购车的顾客都能看到，有利于规范汽车销售和留住顾客；同样，车辆维修完工检查制度要贴在维修车间的墙上，财务管理制度要贴在财务室的墙上。

第二节 汽车服务企业组织

汽车服务企业组织是指由企业中从事汽车服务经营活动的部门和人员组成的有机系统。汽车服务企业组织结构是指部门的设置和构成关系。汽车服务企业的领导人负责本组织内的的工作，按照组织结构关系，通过定期或不定期的会议、个别交流，指挥和指导组织运作。

一、汽车服务企业的组织结构类型

（一）按照业务类型分类

根据汽车服务企业的业务种类，其组织结构可以分为以下类型：品牌汽车专营企业组织结构、汽车配件连锁经营企业组织结构、汽车维修企业组织结构、二手车交易企业组织结构、汽车租赁企业组织结构和汽车俱乐部组织结构等。

以下详细介绍品牌汽车专营企业的组织结构。

1. 品牌汽车专营企业的组织结构

（1）组织结构。品牌汽车专营企业的组织结构见图2-1，该企业以4S店方式经营，为独资企业，在总经理的领导下，设销售部、维修业务部、财务部和行政部。

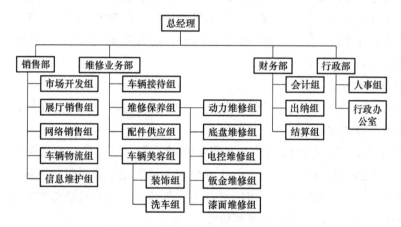

图2-1　品牌汽车专营企业的组织结构

1）销售部。销售部主要负责与整车销售活动有关的业务。如开发潜在客户、接受客户咨询、市场营销策划、制订购车计划、实现整车销售等。销售部下设市场开发组、展厅销售组、网络销售组、车辆物流组和信息维护组，每组下有一定的组员。市场开发组负责汽车销售市场的开发，展厅销售组负责展厅内的汽车销售，网络销售组负责汽车网上销售，车辆物流组负责网上销售的汽车物流至客户及接收汽车生产企业物流到本企业的汽车，信息维护组负责企业信息的维护。

2）维修业务部。维修业务部主要负责与本企业所售品牌车辆的整车维修、保养、美容活动等有关的业务。维修业务部下设车辆接待组、维修保养组、配件供应组和车辆美容组，维修保养组下设动力、底盘、电控、钣金、漆面维修组，车辆美容组下设装饰组和洗车组，每组下有一定的组员。车辆接待组负责接待客户维修和保养的车辆及将维修和保养后的车辆交还客户。维修保养组负责维修和保养车辆；动力维修组负责燃油汽车的发动机、纯电动汽车的电机及电池、混合动力汽车的增程器和电机的维修，可分别成立相应的维修小组或指定专人负责，如成立发动机维修小组或指定专人负责发动机的维修，又如成立电动力维修小组，负责电动汽车的电机及电池的维修；底盘维修组负责传动系、转向系、行驶系、制动系的维修，可分别成立相应的维修小组或指定专人负责；电控维修组负责电器及控制系统的维修；钣金维修组负责车身钣金的维修；漆面维修组负责车身的漆面维修。配件供应组负责汽车配件供应。车辆美容组负责汽车内外装饰和车辆清洗。

3) 财务部。财务部主要负责与企业对资金运作的管理活动有关的工作，如车辆销售和维修费用收取、资金筹集、往来结算、物资核算、工资核算、收入利润核算、成本核算、资金管理等。财务部下设会计组、出纳组和结算组，每组下有一定的组员。结算组负责销售、维修和保养车辆费用的结算。

4) 行政部。行政部主要负责企业人事管理、日常行政事务和安保等工作，行政部下设人事组和行政办公室，下有一定的组员。人事组负责企业的人事工作；行政办公室负责企业的日常行政事务和安保等工作。

随着企业规模的扩大、整车销量的增加或根据整车生产厂商的要求，有的企业会将市场开发组从销售部分离出来成立一个独立的部门；还有的企业将配件供应组从维修业务部分离出来成立一个独立的部门。另外，随着汽车市场竞争的日趋激烈，许多汽车经销商都在不断探索新的盈利模式和手段，拓展一些新的汽车服务的业务内容，如二手车置换、会员服务等，成立二手车置换中心、车友俱乐部等。

(2) 主要职位的职责说明。

1) 总经理。总经理是汽车品牌专营店所有经营活动的首脑，对企业经营成败起决定性作用。其主要职责范围如下：

① 计划与经营管理，主持公司的汽车服务经营工作，制订企业的指导思想与远景规划（如客户定位、员工定位与利润定位），制定战略规划及实施措施；明确说明与贯彻公司的经营目标、定价方针，以及汽车生产厂家所规定的汽车销售、汽车维修与零配件的标准，组织制定年度、月度经营目标，并负责监督实施。

② 组织管理，设计企业组织结构，聘任或者解聘各部门负责人，对部门经理及部门核心人员的面试、录用、考评、薪酬、任免进行决策，对各部门人员编制进行初审，总体规划人员要求与岗位职责。

③ 协调管理，定期开周、月度经营计划会等，听取下级部门汇报，确保企业各部门的协调与合作；对外联系，与银行、税务、工商、公安等部门建立良好的关系。

④ 指挥与控制管理，审核企业各项管理制度及业务流程，并在其实施过程中给予监督及控制，对各部门工作进行指导、评估以及财务审核。

2) 销售部经理。销售部经理是整车销售业务的核心，管理销售部的各部门。其主要职责范围如下：

① 分析市场潜力并确保其潜力得到挖掘，组织制订销售计划。

② 分解销售任务，保证企业销售经营目标的实现；实施新车销售标准和指南；监督销售量和销售额（每天/每周/每月报告），并向总经理汇报。

③ 创建和更新销售队伍的组织结构和岗位描述；制订销售人员需求计划，甄选销售人员；培训、激励销售人员。

④ 负责处理客户投诉。

3）维修业务部经理。维修业务部经理是汽车售后服务的负责人，管理维修业务部的各部门，致力于优质的维修和保养，为提高顾客满意度做贡献。其主要职责范围如下：

① 制定定性和定量的年度经营目标；协助分析汽车服务市场潜力并确保发掘这种潜力。

② 做好汽车维修和保养的经营管理工作，建立汽车维修和保养组织，指挥开展汽车维修和保养服务经营，并达到汽车服务目标；根据汽车生产厂家要求和本企业实际情况，组织并检查汽车产品召回、保修和处理保修中的问题。保证汽车配件的供应和质量。做好与车辆销售和维修关联的车辆美容服务的管理。

③ 做好汽车维修和保养质量管理工作，定期进行汽车维修和保养技术质量评估并制定改进措施，在执行汽车生产商为其经销商统一制定的汽车维修和保养标准的同时，建立适合本企业的独特的汽车维修和保养标准。

④ 做好汽车维修和保养安全管理工作，确保不发生员工、顾客、设备等安全事故。

⑤ 确保维修车间的设备持续利用率，定期检查维修车间设备、所用资源和工具。

⑥ 定期组织员工进行维修和保养的技术讨论，提高维修技术服务质量，制定技术培训措施，组织部门员工培训。

4）财务部经理。财务部经理是财务部的负责人，管理财务部的各部门。其主要职责范围如下：

① 负责车辆销售和维修的收支统计和成本核算分析工作，编制财务报告呈报企业领导。

② 负责建立健全会计审核、复核制度，按时编制财务报表，完善财务的档案管理工作。

③ 负责企业各种收支的分类核算账和编制各种财务报表，审核和保管各种原始凭证。

④ 负责监督、检查、控制各项资金的使用情况，审核各种报销凭证。

⑤ 负责企业员工的工资、津贴、加班费等造册、发放、汇总工作。

⑥ 做好各种税费的申报工作，按时到税务部门纳税。

5）行政部经理。行政部经理是行政部的负责人，管理行政部的各部门。其主要职责范围如下：

① 负责企业对内、对外的日常行政事务。

② 负责企业的组织构建、人事安排和招聘。

③ 负责企业制度的制定及执行。

④ 负责企业的档案管理工作。

⑤ 负责企业员工的工资、津贴、加班费等的审批。

⑥ 负责企业的安全保卫工作。

2. 其他汽车服务企业的组织结构

汽车配件连锁经营企业采用汽车配件统一采购、由物流部向各配件分店通过物流统一供应的管理方式。开发部负责配件的市场开发，设立新的实体和网上配件分店，采购部、供应部和物流部分别负责配件的采购、供应和物流。汽车配件连锁经营企业的组织结构见图2-2。

汽车维修企业是从事汽车维修的专业性企业，维修部是企业的核心部门，下设技术、配件、美容和维修分部，维修分部下设电动力、发动机、底盘、电控、钣金、漆面和检测组。技术分部负责解决汽车维修中的技术难题及引进汽车维修的新技术；配件分部负责汽车维修

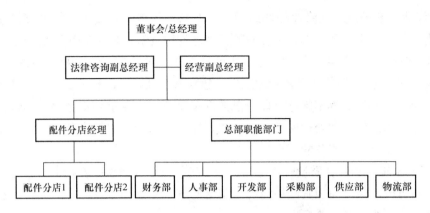

图 2-2　汽车配件连锁经营企业的组织结构

的配件供应；美容分部负责汽车内、外装饰和车辆清洗。维修分部的电动力、发动机、底盘、电控、钣金、漆面和检测组分别负责汽车的电机及电池、发动机、底盘、电器及控制、车身的钣金、车身的漆面维修和汽车检测。市场部负责汽车维修市场的开发、车辆维修的接待和回访客户等信息工作。设备部负责企业的汽车维修、信息等设备。行政部负责企业的人事、行政事务及安全保卫工作。汽车维修企业的组织结构见图2-3。

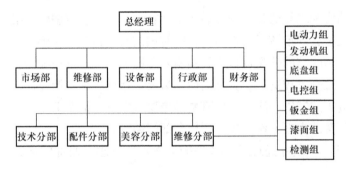

图 2-3　汽车维修企业的组织结构

二手车交易企业是从事二手车交易的企业，业务部、市场部和客户服务部是企业的核心部门。业务部负责旧车评估、收购和寄售，也负责旧车的质量评估；市场部负责旧车的网络销售、展厅销售、新市场开发、信息管理等；客户服务部负责办理旧车过户等。二手车交易企业的组织结构见图2-4。

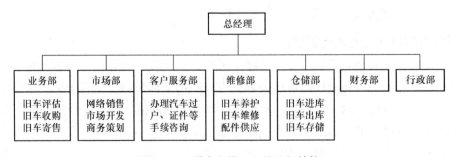

图 2-4　二手车交易企业的组织结构

汽车租赁企业主要通过营销部、网营部和大客户部开展经营工作。汽车租赁企业的组织结构见图 2-5。

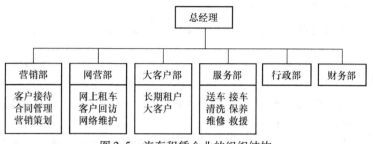

图 2-5　汽车租赁企业的组织结构

汽车俱乐部组织结构见图 2-6。

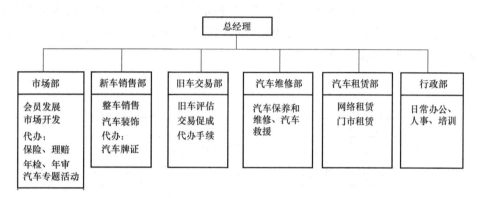

图 2-6　汽车俱乐部组织结构

（二）按照管理组织理论分类

按照管理组织理论，企业组织机构的基本形式主要有以下几种：直线制、职能制、直线职能制、事业部制、矩阵结构。

1. 直线制

直线制组织结构如图 2-7 所示。直线制组织结构中各级职位按垂直方向依次排列，命令传递和信息沟通只有一条直线通道，任何下级都只受各自唯一上级的领导，如销售员工 1 和 2 只接受销售部门经理的领导，销售部门经理只接受总经理的领导。

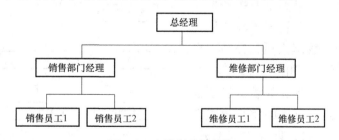

图 2-7　直线制组织结构

2. 职能制

职能制组织结构如图 2-8 所示。职能制组织结构按不同管理职能设立职能部门，负责各自职能范围内的业务管理，下级除接受直线上级管理者的领导外，还必须接受其他职能部门的领导，如维修部的员工1除了接受维修部的领导外，还因业务关系与财务部有联系，在业务上接受财务部的领导。

3. 直线职能制

直线职能制结构是在直线制和职能制的基础上发展起来的，其结构示意见图2-9。

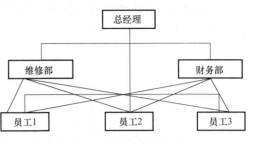

图2-8 职能制组织结构

直线职能制结构的主要特点：由直线部门构成指挥命令系统，管理所属下级，对本部门负全面责任；按专业分工原则设立的职能部门构成参谋系统，充当直线人员的参谋，对直线部门没有任何指挥命令权，只能向直线部门提供建议和业务指导。例如：销售员工1和2归属销售部，不归属财务部，财务部通过销售部对销售员工1和2进行业务指导。一般来说，直线职能制组织结构适用于中小规模服务企业。

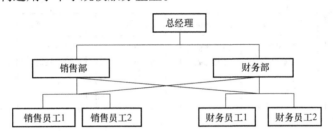

图2-9 直线职能制组织结构

4. 事业部制

事业部制结构的主要特点：把企业划分成若干个相对独立的事业部，各事业部拥有各自独立的服务业务和市场，是独立核算、自负盈亏的利润中心；在最高管理层设计的统一发展战略框架中，可运用自主经营权、财务独立权，谋求自我发展。

事业部制使企业实现了"集中决策，分散经营"。它的优点：有利于企业的最高管理层（公司总部）摆脱具体的日常事务性工作，集中对关系企业全局和长远战略发展的重大问题做出正确决策，有利于发挥各事业部的积极性、主动性，有利于培养和训练具有全面管理才能的管理人员，提高整个企业的稳定性和对环境变化的灵活适应性，为企业规模的扩大与多样化经营提供了极大的空间。它的缺点：机构的重复设置造成了管理人员的增加和管理成本的上升；同时，各事业部的相对独立性，造成了各事业部之间难以协调，以及本位主义、忽

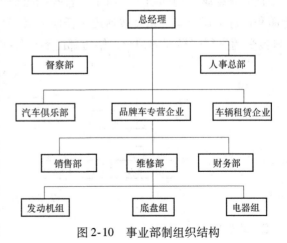

图2-10 事业部制组织结构

视整体和长远利益等问题。它适用于大规模、多样化经营的企业。其结构示意见图2-10。

5. 矩阵结构

矩阵结构是指在直线职能制基础上,增设横向的项目管理系统,两者结合组成若干小组。小组的成员既隶属于各自的职能部门,又接受小组领导的直线指挥。

矩阵结构的优点:创造了集权与分权较好结合的新形式,克服了职能部门原有的局限和职能部门之间的脱节现象,加强了各部门之间的通力协作与横向交流,有利于企业发挥人员潜力,不断创新,机动灵活地适应环境的变化。

矩阵结构的缺点:存在明显的双重领导,容易出现意见分歧、协调困难等问题;另外,小组临时性的特点也局限了项目经理对小组成员的控制能力。矩阵式组织结构特别适用于汽车服务质量检查、汽车服务企业组织设计小组的组织结构。其结构示意见图2-11。

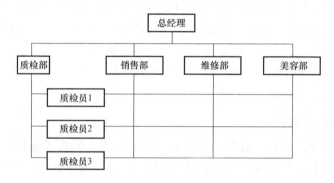

图2-11 矩阵式组织结构

汽车服务企业从规模上来讲,可分为大、中、小型企业。故其组织结构可采用上述所有的组织结构形式。

小型汽车服务企业,如汽车快修店、汽车配件经销店等,大多数采用直线制组织结构;中型汽车服务企业,如汽车品牌专营店、汽车特约维修站等,大多数采用直线职能制组织结构;大型汽车服务企业,如汽车服务集团、汽车配件销售企业等,大多采用事业部制组织结构。

二、汽车服务企业的组织设计

汽车服务企业的组织设计主要是选择合理的管理组织结构,确定相应的组织系统,规定各部门及管理人员的职责和权限等,它以协调组织中人与事、人与人的关系,最大限度地发挥人的积极性,提高工作绩效,更好地实现组织目标为基本目的。汽车服务企业组织设计的实质是构建本企业的组织结构,并对本企业的管理人员及其他人员进行横向和纵向分工。

对于新的汽车服务企业,要选择或构造合理的组织结构;对于已有的汽车服务企业,在改进本企业的组织中,要重新构造合理的组织结构。

(一)汽车服务企业的组织设计原则

1. 系统整体性原则

汽车服务企业管理组织是一个整体的系统,有共同的企业目标,组织的设计应站在整体的高度，以系统的观点使企业各层次、各部门、各职位之间形成相互配合、相互协作的关系，并把它们联结到一起。

系统整体性原则主要体现在如下两个方面：首先，企业应有一个完整的、健全的运作系统，它由决策中心、执行系统、操作系统、监督系统和反馈系统构成；其次，组织中人员、岗位的设置，权力和责任的规定，应该做到"事事有人管、人人有事做"，不仅如此，各职责、各职权之间要避免出现重叠和空缺，以防止在工作中产生不必要的矛盾、摩擦，以及相互推诿、无人负责的问题。

2. 任务与目标原则

企业组织的设置，是为实现企业的战略任务和经营目标服务的，必须以此作为出发点和落脚点，设计汽车服务企业组织。没有任务和目标的组织，就没有存在的价值。衡量组织设计的优劣，要以是否有利于实现企业任务、目标作为最终的标准。从这一原则出发，当企业的任务、目标发生重大变化时，企业组织必须进行调整。例如，企业从单纯销售汽车向汽车维修、美容等业务拓展时，组织结构必须做相应的调整和变革，以满足任务、目标变化的需要，又如，进行企业机构改革，必须明确要从任务和目标的要求出发，该增则增，该减则减，避免单纯地把精简机构当成改革的目的。

3. 专业分工和协作原则

在汽车服务企业的管理中，根据专业分工，分别设置不同的专业部门，如设置销售部、维修部，销售部又分市场部、网络销售部等，维修部又分发动机组、底盘组、电器维修组等，这有利于提高工作的质量与效率，分工越细，责任越易明确，效率越高。进行专业分工时，要注意分工的部门之间有利于协作与配合，才能使汽车服务企业成为一个整体；此外，各部门分工的业务量要均衡，这将有助于不同部门的协调。

4. 命令统一原则

命令统一原则指的是组织中的任何成员只能接受一个上级的领导。除了位于组织金字塔顶部的最高行政指挥者外，组织中的所有其他成员在工作中都会收到来自上级行政部门或负责人的命令，根据上级的指令开始或结束、进行或调整、修正或废止自己的工作。如不严格遵守命令统一原则，会产生很严重的后果。例如，如果一个下属同时接受两个上级的指导，而这些上级的指示又并不总是保持一致的话，那么，他的工作就会混乱。如果两位上级的命令相互矛盾，下属便会感到无所适从，这时，下属无论依照谁的指令行事，都有可能受到另一位上级的指责。当然，下属还可利用一位上级的命令去影响另一位上级的指示，不采取任何行动，这显然也会给整个组织带来危害。

5. 权责一致原则

权责一致原则强调有多大责任，就要有多大权力，必须防止两种偏差：一种是有责无权或责大权小；另一种是有权无责或权大责小。

一个汽车服务企业的管理者如果没有必要的决策权、指挥权和赏罚权，就无法对他所管理的部门负责；一个汽车服务企业的员工如果没有拒绝使用不合格工具、汽车配件的权力，就无法对他维修汽车的质量负责。有责无权或责大权小都会束缚和压制员工承担责任的积极性；权大责小或有权无责，就必然会导致滥用权力的官僚主义。

汽车服务企业的各级机构、各个部门的职位是根据各项汽车服务工作设立的，为此，就要明确每个职位应完成的工作，应承担的责任，赋予其相应的权力，建立相应的奖惩制度，要重视和强调权责一致。

6. 有效管理幅度原则

有效管理幅度原则是管理者能够直接有效地指挥、监督其直接下级员工的数目。有效管理幅度是一个变量，它受多种因素，如工作性质、人员素质、授权程度以及组织机构健全程度等的影响。一般认为高层管理幅度为 5~8 人，中层为 8~15 人，基层为 15 人以上。为避免管理效率下降，在管理幅度超过限度时，应增加管理层次。

管理层次是组织机构自下而上或自上而下的机构层次，管理层次的多少取决于汽车服务企业的规模，如汽车服务企业的规模较小，可不设人事部，由行政办公室负责人事工作。

管理层次与管理幅度的关系是：在汽车服务企业的规模已定时，管理幅度大，管理层次少；管理幅度小，则管理层次多。

7. 集权与分权相结合原则

权力是指企业经营与管理的决策权力。集权与分权指的是决策权的集中化和分散化。集中化就是趋向将较多和较大的决策权集中到企业高层组织，中下层组织只负责日常业务；分散化就是高层组织只保留对项目的选择和控制等重大决策权，而给予中下层组织较多和较大的决策授权。

集权与分权各有利弊。任何汽车服务企业都必须根据本企业的具体情况，处理好集权与分权的关系，掌握好两者的平衡。影响集权与分权程度的主要因素有：

（1）汽车服务企业规模。规模越大，则分权应较多；反之，集权应多些。

（2）汽车服务经营特点。企业各汽车服务环节之间协作和联系比较紧密，则应集权多些；反之，则应分权多些。

（3）市场状况。市场面小，且稳定少变，宜集权；反之，市场复杂多变，且市场面大，则宜分权多些。

（4）管理人员素质。管理人员素质高，宜分权多些；反之，应集权多些。

（5）控制手段的完善程度。控制手段强，宜分权；反之，则应集权。

8. 执行与监督分离原则

汽车服务企业组织设计过程中，应将外部监督人员与执行人员在组织上分开，避免两者在组织上一体化。例如，维修部门的专职质量检查员不应归维修部门编制，也不能由维修部门考核和奖罚，而应归属公司质检部门编制，由质检部门对其工作进行考核和奖罚，如此才可以保证其严格履行质量检查的职责。

（二）汽车服务企业的组织设计流程及其主要内容

1. 组织设计流程

汽车服务企业的组织设计流程分为 3 步：组织设计的调研；组织设计；构建组织并实施管理，再改进组织设计，如图 2-12 所示。

2. 组织设计的主要内容

（1）组织设计的调研。组织设计的调研是为组织设计进行的调查和研究，这是组织设计中首先要做的工作。

图 2-12　汽车服务企业的组织设计流程

调查的方式有查看汽车服务企业的网站和直接访问相关的汽车服务企业。在一些汽车服务企业的网站上，能查到该企业的组织结构，有的能查到组织结构中各部门的组成及任务。可以去邻近的汽车服务企业走访学习，从中了解企业的组织结构及各部门的组成，要想深入了解企业的组织情况，可与企业的组织管理人员交流，交流内容包括组织结构、人员构成、部门职责及领导分工、员工职责及其分工、部门及员工职责的考核及监督机制、不同部门之间的联系及协调、管理中的优点与存在的问题。

组织设计的调研后，要对所调查的汽车服务企业组织管理分类、分部门进行研究，写出调研报告。

（2）组织设计。组织设计的主要内容：组织结构及结构中各部门的职责、各部门的人员数量及主要人员的职责。

组织设计的主要方法：采用由总到分的设计方法，即由企业的最高层开始，逐层进行组织设计。在设计中，首先采用类比法，类比同类型的汽车服务企业的组织结构及结构中各部门的职责，设计本企业的组织结构及结构中各部门的职责，如有多个汽车服务企业的组织供参考时，用比较法进行比较，择优类比设计，设计中，听取相关领导的意见，及时发现问题，改进组织设计，创新设计。

组织设计的主要表达方法：用框图表达组织结构，用文字说明组织结构及结构中各部门的职责、人员数量及主要人员的职责，图和文字共同形成组织设计的文件。

完成组织设计的部门：整个企业的组织设计由人事部门完成，单位较小，无独立的人事部门时，组织设计由企业办公室负责完成。部门内部的组织设计由部门负责完成，报人事部批准。

组织设计的注意点：按组织的设计原则和要求进行组织设计。主要注意组织的系统整体性、任务与目标、权责一致和有效管理幅度的原则。

（3）构建组织并实施管理，再改进组织设计。根据组织设计，构建组织，并通过组织，实施汽车服务企业的管理，在管理中，发现组织设计的问题，再改进组织设计，形成汽车服务企业组织设计的闭环。

（三）汽车服务企业的组织设计举例

例 1：设计一个新建的 40 人的无人驾驶汽车维修企业的部门组织结构，企业名称为快乐无人驾驶汽车维修公司，该企业由个人独资创建。

快乐无人驾驶汽车维修公司的部门组织结构如图 2-13 所示。考虑到是新建企业，仅有 40 人，组织设计时，尽量减少部门的数量，减少中层干部，集中管理，并根据企业从事无人驾驶汽车维修工作的要求和发展，设置 3 个部门，分别是行政部、维修业务部和财务部，由经理管理，经理是创建该企业的出资人。企业员工为 40 人，经理 1 人，员工 39 人，各部门的员工从社会上招聘；不设副经理，这为企业发展预留了高层管理人员的职位。企业部门的组织设计,由行政部负责完成,由经理批准。

行政部人员为 5 人,设置部长 1 人,不设副部长,部门员工为 4 人。员工中,1 人负责人事管理,包括人事招聘、员工考核、员工工资等。其他 3 人负责一般事务管理,主要工作包括企业对外行政事务、对内行政事务及企业的安全保卫工作,1 人负责内、外行政事务,2 人负责安全保卫工作;对外行政事务包括该企业联系当地政府部门、来访人员的接待等;对

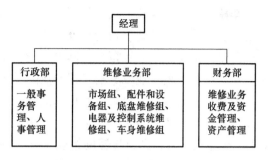

图 2-13 快乐无人驾驶汽车维修公司的部门组织结构

外行政事务包括安排行政会议、制定企业制度、企业文化建设、网络管理等;安全保卫工作包括防盗、防火、门卫等,考虑到安全保卫工作时间是每天 24 小时,安排 2 人负责。

维修业务部人员为 30 人,设置部长 1 人,不设副部长,部门员工为 29 人。维修业务部是企业的核心部门,企业资金收入都来自维修业务部,没有维修业务部,企业就没有资金收入,也就无法生存,因此,维修业务部设置的人数最多,并设立市场组、配件和设备组、底盘维修组、电器及控制系统维修组及车身维修组。维修业务部的组织设计,由维修业务部完成,并报行政部和经理批准,维修业务部根据业务要求,完成维修业务部的组织设计。市场组由 2 人负责,其主要工作包括开拓市场和车辆维修的前台接待工作等;配件和设备组由 2 人负责,其主要工作包括配件和企业设备购入、发放和仓库管理等;底盘维修组由 12 人负责,其主要工作包括行驶系、转向系、制动系和传动系的维修和保养等;电器及控制系统维修组由 8 人负责,其主要工作包括汽车电机、电器、控制系统和网络的维修和保养等;车身维修组由 5 人负责,其主要工作包括车身板金、漆面修复和车身清洗等。

财务部人员为 4 人,设置部长 1 人,不设副部长,部门员工为 3 人。员工中,1 人负责维修业务收费,1 人负责资产管理,1 人负责物资管理。

例 2:设计永安保险公司理赔中心车险分部的组织结构。

车险分部是理赔中心的一个部门,理赔中心是永安保险公司的一个部门。车险分部主要负责汽车事故的车辆定损、组织维修及其报价审核工作。永安保险公司是非汽车服务企业,理赔中心车险分部是非汽车服务企业从事汽车服务工作的部门。

根据汽车车险的定损及理赔的业务需要,永安保险公司理赔中心的车险分部分为线上定损组、查勘定损组、重大车案定损组、流程监控组和报价审核组,查勘定损组分为查勘定损 a、b、c 和 d 组,如图 2-14 所示。

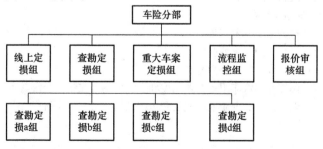

图 2-14 永安保险公司理赔中心车险分部的组织结构

车险分部设置部长1人，副部长2人，副部长辅助部长工作，并在部长授权时，代理部长工作；车险分部的组织设计由车险分部的部长负责完成，并报保险公司的组织部门批准。车险分部的员工从社会上招聘，其中，线上定损组、查勘定损组、重大车案定损组的员工要求有汽车服务工程专业或车辆工程专业的学历，报价审核组的部分员工要求有财会专业的学历，流程监控组的员工要具有管理和法律课程的专业学习经历。

线上定损组主要负责网上申报的汽车事故的定损、组织车辆维修及咨询工作，设置组长1人，副组长1人，副组长辅助组长工作，并在组长授权时，代理组长工作；组员为10人，分别从事本地区不同片区网上申报的汽车事故的定损、组织车辆维修及咨询工作。

查勘定损组主要负责汽车事故的实地查勘、定损及组织车辆维修工作，设置组长1人，副组长2人，副组长辅助组长工作，并在组长授权时，代理组长工作；考虑实地查勘、定损的工作量大，下设4个查勘定损小组，分别为查勘定损a、b、c和d组，每个小组设置组长1人，组员10人，查勘定损小组分别从事本地区某片区的汽车事故的实地查勘、定损、组织车辆维修工作。

重大车案定损组主要负责汽车重大、疑难事故的定损工作，还负责联系、协调有关专家共同完成汽车重大、疑难事故的定损工作，设置组长1人，组员4人。

流程监控组主要负责监控汽车事故的处理及咨询的流程，解决汽车事故处理及咨询中的管理和法律等问题，对重大汽车事故责任进行跟踪，对骗保案件进行追查，对所有未决状态的汽车事故进行跟踪，对汽车事故的理赔质量进行监控；设置组长1人，组员5人。

报价审核组主要负责审核汽车事故的处理理赔报价，包括审核本公司保险车辆事故的全责、部分责任、无责的理赔报价，对不同品质的汽车零配件进行市场询价，对不同汽车维修企业的维修费用进行询价。设置组长1人，副组长1人，副组长辅助组长工作，并在组长授权时，代理组长工作；组员为10人，分别从事本地区不同片区的汽车事故的报价审核工作。

作　业

1. 何为汽车服务企业制度？
2. 简述企业规章制度总则。
3. 简述车辆销售人员管理制度。
4. 简述合同管理制度。
5. 简述汽车服务企业制度的制定原则。
6. 汽车服务企业制度的制定与执行步骤有哪些？
7. 汽车品牌专营店组织结构及各部门的职责是什么？
8. 简述汽车配件连锁经营企业的组织结构。
9. 简述汽车维修企业的组织结构。
10. 汽车服务企业总经理的主要职责有哪些？
11. 汽车服务企业组织设计的原则有哪些？
12. 简述汽车服务企业组织设计的主要内容和方法。
13. 查找文献，阅读一两篇介绍汽车服务企业制度和组织结构的文献，介绍其主要内容。
14. 去汽车服务企业，调研汽车服务企业的制度和组织结构，写一篇调研报告，并与同学交流。

第三章　汽车服务企业战略管理

汽车服务企业战略管理是在汽车服务企业战略方面的管理活动。汽车服务企业战略是从全局和长远的观点思考、解决企业在竞争环境下，生存和可持续发展的重大问题。它决定着汽车服务企业经营的成败，以及企业在市场环境中的位置和生存状态。汽车服务企业战略管理是企业高层领导的主要工作之一。本章依次介绍汽车服务企业的服务战略、战略环境分析、战略制订、战略实施和控制。

第一节　汽车服务企业的服务战略

一、汽车服务企业战略及其内涵

汽车服务企业战略是指以汽车服务企业未来为基点，为寻求和维持持久竞争优势做出的有关全局的重大筹划和谋略。

汽车服务企业战略有以下五个方面的内涵，包含计划（plan）、计策（ploy）、模式（pattern）、定位（position）和观念（perspective），称为汽车服务企业战略的5P内涵。

1）汽车服务企业战略是一种服务计划。它是行动之前的一种有意识、有预谋的处理某种局势的方针，对于汽车服务企业来说，是在发生经营活动之前的筹划和谋略。

2）汽车服务企业战略是一种计策。它是指在特定环境下，威慑和战胜竞争对手的一种手段和方法。一个战略只能作为一种计策，使之对竞争对手构成威胁。

3）汽车服务企业战略是一种模式。它反映汽车服务企业的一系列行动方式。无论企业之前是否对战略有所考虑，只要有具体的经营行为，就是战略。

4）汽车服务企业战略是一种定位。一种经营决策今天看来是战术问题，明天就可能会被证实为战略问题，因此战略可以被认为是对企业经营的定位。

5）汽车服务企业战略是一种观念。它体现组织中人们对客观世界固有的认识，企业经营者对客观世界的认识不同，就会产生不同的经营效果。

二、汽车服务企业战略的特点

汽车服务企业战略具有全局性、长远性、指导性、竞争性、稳定性、风险性和环境适应性的特点。在汽车服务企业战略中，运用了系统管理原理、弹性原理、创新原理和动态原理。

1) 全局性。汽车服务企业战略是企业发展的蓝图，是指导整个企业一切活动的计划，是指导企业全局的总方针。也就是说，汽车服务企业战略是对企业的未来经营方向和目标进行纲领性的规划和设计，对企业经营管理的所有方面都具有普遍、全面和权威的指导意义。

2) 长远性。汽车服务企业战略考虑的不是企业经营管理中一时一事的得失，而是企业未来相当长时期内的发展问题，是企业可持续发展的问题。企业战略通常着眼于未来3~5年乃至更长远的目标。

3) 指导性。汽车服务企业战略规定了企业在一定时期内的总体发展目标和实现目标的基本途径，用于指导和激励企业员工为实现目标而努力。

4) 竞争性。汽车服务企业战略是企业在激烈的市场竞争中如何与对手抗衡的行动方案，制订企业战略就是为了克敌制胜。因此，它是为企业赢得市场竞争的胜利、保障企业生存和发展服务的。

5) 稳定性。汽车服务企业战略一经制订，就要在一定时间内保持相对稳定，以发挥其指导作用，同时，企业战略有时要根据经营环境进行局部调整。因此，其稳定是相对的、有弹性的，指导企业汽车服务经营的战略也应该是动态的。

6) 风险性。汽车服务企业战略是对未来的发展规划和行动方针，但由于企业的外部环境是动态的、变幻莫测的，这就使得管理者在做出企业重大战略决策时，总是伴随着很大的市场风险。

7) 环境适应性。汽车服务企业战略管理重视的是企业与其所处的外部环境的关系，其目的是使企业能够适应、利用环境的变化，使企业保持可持续发展。企业是与社会不可分割的一个开放的组成部分，它的存在和发展在很大程度上受其外部环境因素的影响。因此，汽车服务企业战略要有良好的环境适应性。

三、汽车服务企业的各层次战略

汽车服务企业战略可以分为三个层次，即企业总体战略、经营部门战略和职能部门战略。

（一）企业总体战略

汽车服务企业总体战略是企业的总战略，是企业最高管理层指导和控制整个企业一切行为的最高行动纲领。

汽车服务企业战略应着重解决两个方面的问题：一是从企业的全局出发，根据企业的外部环境变化和内部条件，选择企业的经营范围和领域，也就是回答汽车服务业务是什么，汽车服务企业的发展和企业的投资决策等问题；二是在确定了所从事业务范围后，在各项汽车服务业务之间进行资源配置，以实现汽车服务企业的战略目标。

汽车服务企业总体战略主要有紧缩型、稳定型、增长型、进攻型、混合型和国内/国际化6种。

1. 紧缩型战略

紧缩型战略是指汽车服务企业从目前的战略经营领域和基础水平收缩和撤退，且偏离起点战略较大的一种经营战略。

汽车服务企业采取紧缩型战略的原因主要有：
1）适应国家宏观经济衰退等外部环境的变化。
2）在企业经营失误的情况下通过撤退来最大限度地保存实力。
3）为了利用环境中出现的新机会而进行暂时的调整。
紧缩型战略有以下特征：
1）对汽车服务企业现有的服务和市场领域实行收缩、调整和撤退。
2）对汽车服务企业资源的运用采取严格控制，尽量削减支出。
3）具有明显的短期性。
根据实施紧缩型战略的基本途径，可以将紧缩型战略划分为以下3类。

（1）抽资转向战略。抽资转向战略是指在现有经营领域不能维持原有汽车服务规模和市场，或存在新的更好的发展机遇的情况下，企业所采取的对原有的业务领域进行压缩投资、控制成本以改善现金流，为其他业务领域提供资金的战略方案。另外，汽车服务企业在财务状况下降时也有必要采取抽资转向战略，这一般发生在物价上涨导致成本上升或需求降低，财务周转不灵的情况下。

抽资转向战略可以通过以下措施来配合进行：调整汽车服务企业组织，包括改变企业的关键领导人，在组织内部重新分配责任和权力等；降低成本和投资，包括压缩日常开支，实施更严格的预算管理，减少一些长期投资的项目等，也可以适当减少某些管理部门或降低管理费用，在必要的时候还会裁员；减少资产，包括出售与企业基本服务关系不大的土地、建筑物和设备，以获得继续使用的资金等；停止某些盈利小的汽车服务项目；加速回收企业资产，包括缩短应收账款的回收期，派出讨债人员收回应收账款，降低企业的整车及配件量，尽量出售企业的长期库存整车及配件等，尤其是落后、过时的整车及其配件。

（2）放弃战略。放弃战略是指将汽车服务企业的一个或几个主要部门转让、出卖或停止经营。这个部门可以是一个整车、配件经营单位，也可以是一个汽车美容服务部等。

放弃战略的目的是要找到愿意出高于企业固定资产时价的买主，所以企业管理人员应该说服买主，认识到购买企业所获得的服务资源或资产能为对方带来利润。

（3）清算战略。清算战略是指卖掉其资产或停止整个汽车服务企业的运行而终止一个汽车服务企业的存在。

2. 稳定型战略

稳定型战略是指在内外环境的约束下，汽车服务企业准备在战略规划期使企业的资源分配和经营状况基本保持在目前状态和水平上的战略。

稳定型战略有多种分类方式。

（1）按照偏离战略起点的程度分：
1）无增战略。无增战略是一种没有增长的汽车服务战略。
2）微增战略。微增战略是指汽车服务企业在稳定的基础上，略有增长与发展的汽车服务战略。

（2）按照企业采取的防御态势分：
1）阻击式防守战略。阻击式防守战略的操作方法是：汽车服务企业投入相应的资源，以充分显示企业已经拥有的阻击竞争对手进攻的能力；不断明白无误地传播自己的防御意图，塑造出顽强的防御者形象，使竞争对手不战而退。

2）反应式防御战略。反应式防御战略指当对手的进攻发生以后，针对这种进攻的性质、特点和方向，汽车服务企业采用相应的对策，施加压力，以维持原有的竞争地位和经营水平。

（3）按照战略的具体实施举措分：

1）无增战略。

2）维持利润战略。维持利润战略是一种牺牲汽车服务企业未来发展来维持目前利润水平的战略。

3）维持竞争力战略。汽车服务业不景气时，维持经营本企业有特长的经营项目，放弃经营本企业无特长的经营项目，等待汽车服务业复苏。

4）暂停战略。暂停战略是指在一定时期内降低汽车服务企业的目标和发展速度的战略。

5）谨慎实施战略。有意识地降低实施汽车服务企业战略的进度，步步为营，稳扎稳打，不冒险经营，这就是谨慎实施战略。

3. 增长型战略

增长型战略是汽车服务企业在迅速扩张的市场上用来维持现有竞争地位的战略。

增长型战略具有两个同等重要的特征：一是随着市场的增长，企业能取得所需汽车服务资源，保持现有竞争地位；二是随着增长速度的迅速降低，企业进入整顿阶段时，则需要开发新的竞争方式，进行有效的竞争。

增长型战略分为多样化战略、集中型战略和一体化战略。

（1）多样化战略。多样化战略可分为如下3种模式。

1）横向多样化。横向多样化是以现有的汽车服务市场为中心，扩大服务范围，提供多样服务，向水平方向扩展事业领域，也称水平多样化或专业多样化。

横向多样化有3种类型：

① 汽车服务市场开发型，即以现有汽车服务市场为基础，开发新市场。

② 汽车服务开发型，即以现有市场为主要对象，开发与现有汽车服务同类的服务。

③ 汽车服务、市场开发型，即以新开拓的市场为主要对象，开发新的汽车服务。

2）多向多样化。多向多样化是指虽然与现有的汽车服务、市场领域有些关系，但是通过开发完全异质的服务、市场来使经营领域多样化。

多向多样化包括3种类型：

① 技术关系多样化，指以现有经营领域中的汽车服务技术为基础，以异质的市场为对象，开发异质服务。

② 市场关系多样化，指以现有汽车服务市场领域为基础，打入不同的汽车服务市场，多适用于汽车服务市场能力较强的汽车服务企业。

③ 资源多样化，指以现有汽车服务企业所拥有的物质为基础，打入异质服务、市场领域，求得汽车服务资源（设备、人等）的充分利用。

3）复合多样化。复合多样化是指从与现有经营领域没有明显关系的汽车服务、市场中寻求成长机会的策略，可以划分为以下4种类型：

① 资金关系多样化。
② 人才关系多样化。
③ 信用关系多样化。
④ 联合多样化。

实施多样化战略，必须满足以下 3 个条件：

① 吸引力检验条件，是指被选择的进行多元化经营的行业必须有足够的吸引力，能使投资连续得到良好的回报。

② 进入成本检验条件，是指进入成本必须不能够高到侵害高的获利能力的地步。

③ 状况改善检验条件，是指多元化经营的公司必须具有为它引进的新的经营业务带来一些竞争优势的潜力，或者新的经营业务必须增强公司目前的竞争优势。

（2）集中型战略。集中型战略是指企业将大部分资源集中在单一汽车服务市场或单一汽车服务上的经营战略。

实施集中型战略的原因主要有以下几个方面：

① 在相关市场内缺乏一个完善的汽车服务系列。
② 通往相关汽车服务市场或在相关汽车服务市场内的渠道体系不完善或不健全。
③ 现有汽车服务市场潜力没有得到充分发掘。
④ 竞争对手存在没有覆盖到的汽车服务领域。

（3）一体化战略。一体化战略可分为以下 3 种模式。

1）后向一体化。后向一体化是指企业依靠自己的力量，扩大经营规模，自己生产汽车配件，也可以向后兼并配件供应商或与配件供应商合资兴办汽车配件企业，组建联合体，统一规划和发展。

2）前向一体化。前向一体化是朝与后向一体化相反的方向发展。一般是指汽车配件经销商或配件制造企业自己组织汽车服务，如汽车坐垫经销商或制造企业自己开展为客户车辆安装、更换汽车坐垫的服务。

3）水平一体化。水平一体化是指汽车服务企业通过兼并同类汽车服务企业，促进企业实现更高程度的规模经济和迅速发展的一种战略。

4. 进攻型战略

进攻型战略是指在已经具备了必要的汽车服务资源和能力的前提下，采用进攻型行动，在购买者之间产生直接的反应，以迅速建立竞争优势的战略。战略性进攻行动有 6 种基本类型。

（1）采取行动赶上或超过竞争对手的强势。当汽车服务企业拥有卓越的汽车服务资源和能力的时候，进攻性行动的成本可能会低于收益，这时攻击竞争对手的强势就会取得成功。反之，如果进攻性行动不能增强企业的盈利水平和竞争地位，那么这种竞争性行动就是不明智的。

攻击强大的竞争对手的典型手段是以更低的价格提供同等的汽车、配件等或服务。不过只有在汽车、配件等销量上的增长足可以抵消降价和单位汽车、配件利润率下降所产生的影响的情况下才会增加总利润。攻击一个竞争对手的强势还有其他的战略选择。例如，快速引进下一代技术，增加能够吸引竞争对手的顾客的新特色服务，推出比较广告，在竞争对手的核心地区新建大型的汽车服务企业，提高汽车、配件供应水平，开发竞争对手没有的汽车服务能力等。

（2）采取行动利用竞争对手的弱势。利用竞争对手的弱势来取得竞争上的成功有如下途径：

1）在竞争对手市场份额很小或者竞争力量不足的地理区域集中自己的竞争力量。

2）特别关注竞争对手所忽视的或者竞争对手不能很好为其提供汽车服务的消费者群体。

3）争取那些汽车服务质量、配件特色滞后的竞争对手的客户。

4）向广告及品牌知名度很低的竞争对手发动强大的竞争攻势。

5）推出新的汽车服务项目来充分挖掘竞争对手的市场缺口。

（3）多条战线同时出击。这种进攻性行动往往跨越很宽的地理领域，涉及多种行动，如降价、加强广告力度、推出新服务、免费体验新开发的服务、店内促销、折扣、提供会员服务等，如此全面出击可以使竞争对手失去平衡，措手不及，在各个方向上分散它的注意力，迫使其同时保护客户群的各个部分，使发起挑战的企业有机会争夺消费者。

（4）采取终结性行动。终结性行动所追求的是避免面对面的挑战，如挑衅性的削价、加大广告力度，或者花费昂贵的代价在差异化上压倒竞争对手。其中心思想是与竞争对手进行周旋，抓住那些没有被占领或者竞争不够激烈的市场领域，改变竞争规则，并使其对行动的发出者有利。

（5）采取游击性行动。游击性行动特别适合小的挑战企业。游击性行动所秉承的原则是"打一枪换一个地方"，有选择性地攫取汽车、配件的销售和市场份额，不管在什么地方，也不管在什么时候，只要能够出其不意地攻击竞争对手，或者争取到竞争对手的顾客，就可以采取行动。

发动游击性进攻的方式主要有：追寻那些对主要竞争对手重要程度很低或忠诚度最弱的顾客，对竞争对手鞭长莫及且汽车服务资源分布很稀薄的地区集中资源和精力，采用不经常出现的随机性降价等策略，出其不意地举办一些临时但是集中的促销活动。

（6）采取先买性行动。先买性行动指首先采取行动获得某种竞争优势而使竞争对手再难以获得此竞争优势。

采取先买性行动的方法：同最好的、最可靠的高质量整车、配件供应商签订长期合同；确保抓住最好的地理位置，在繁忙的交通线上、新的交叉口处、新的购物中心、便利的交通运输线及配件市场、车管所等地方，得到较佳的汽车服务地点；与有名望的客户成交；在消费者头脑中建立一个特定的难以复制的心理形象；在某个地区对最好的分销商保证排他性或者最主要的供货。

5. 混合型战略

混合型战略是稳定型战略、增长型战略和紧缩型战略的组合。

（1）按照各自战略的构成不同，混合型战略可分为如下几类：

1）同一类型的战略组合：指汽车服务企业采取稳定型、增长型和紧缩型战略中的一种战略作为主要战略方案，并选择每种战略中的子战略组合，如选择增长型战略中前向一体化和水平一体化的子战略组合。因此，从严格意义上来说，同一类型的战略组合并不是"混合型战略"，因为它不过是某一战略中不同子战略的组合。

2）不同类型的战略组合：指汽车服务企业采用稳定、增长和紧缩战略中两种以上的战略态势，因而这是严格意义上的混合型战略。

（2）按照战略组合的顺序不同，混合型战略可分为如下几类：

1）同时性战略组合：指不同类型的战略同时在不同战略业务单位执行而组合在一起的混合型战略。

2）顺序性战略组合：指一个汽车服务企业根据生存与发展的需要，先后采用不同的战略方案，从而形成自身的混合型战略方案，因而这是一种在时间上的战略组合。

6. 国内、国际化战略

将汽车服务扩展到国内外，开展网络汽车零部件销售，到国内其他地区创办汽车服务企业，到国外创办汽车服务企业，连锁国内外汽车服务企业，形成跨地区、跨国的汽车服务企业。

（二）经营部门战略

汽车服务企业经营部门战略主要是经营战略，也称为竞争战略，主要是解决在总体战略的指导下，企业在某一项特定业务上如何与竞争对手展开竞争的问题，即竞争手段问题。该战略涉及汽车服务企业在某一经营领域中扮演什么角色，是企业赖以生存和与竞争对手竞争的基本工具。

1. 基本竞争战略

基本竞争战略是指无论在什么汽车服务企业都可以采用的战略。基本战略有3种，即成本领先战略、差别化战略、集中专业化战略。在这三种基本战略基础上又衍生出多种战略形态，具体如下：

（1）特色服务经营战略。特色服务经营战略是指提供与众不同的汽车配件和汽车服务，满足顾客特殊的需求，形成竞争优势的战略，如供应原厂汽车配件、本企业申请专利的汽车性能检测设备和方法、本企业特制的美容产品、进口车配件。企业形成这种经营战略主要是依靠汽车配件和汽车服务的特色，而不是汽车配件和汽车服务的成本，特色服务经营战略也可称为差别化经营战略。

汽车服务企业在实施特色服务经营战略时，面临两种主要的风险：一是企业没有能够形成适当的差别化；二是在竞争对手的模仿和进攻下，行业的条件又发生变化时，企业不能保持差别化，这种风险经常发生。此外，由于差别化与高的市场份额有时是矛盾的，企业为了形成有差别的特色汽车服务，有时需要放弃获得较高市场份额的目标。同时，企业进行特色汽车服务的成本有时是高昂的。

（2）特许服务经营战略。特许服务经营战略是指签约整车和汽车配件销售等汽车服务，获取生产厂商的服务许可证，如与车辆生产厂签约并进行整车和汽车配件的服务，以及专利汽车产品的服务。车辆特约维修站就是特许汽车服务企业，如奇瑞车的4S店就是特许汽车服务企业，这些企业的经营方式是提供车辆特许服务，实施特许汽车服务经营战略。

（3）成本领先经营战略。成本领先经营战略是指汽车服务企业通过在内部加强成本控制，在汽车服务、配件供应和广告等领域内把成本降到最低，成为行业中的成本领先者的战略。企业凭借其成本优势，可以在激烈的市场竞争中获得有利的竞争优势。

（4）集中型经营战略。同总体战略中的集中型战略类似。

（5）灵活经营战略。灵活经营战略是指对于外部环境的变化及其不确切性能够随机应变的汽车服务经营战略。它的特点是，不死抱住过去的成功经验，能迅速转向，企业比较"开放"，能够迅速看清环境的变化。

（6）速度经营战略。速度经营战略是强调汽车服务时间的战略，在保证质量的前提下，汽车服务的主要着眼点放在提高业务程序的速度上。汽车服务速度越快，业务程序在"时间"上具有更强的战胜对手的竞争力。

（7）核心业务经营战略。核心业务经营战略是指通过不断致力于维持并加强骨干业务的竞争优势地位，来确保汽车服务企业拥有稳固的市场地位。例如，汽车自动变速器专修企业、汽车空调专修企业，就是以修理自动变速器、空调为核心业务开展经营活动的。

（8）精干经营战略。汽车服务企业的精干经营是指集中优秀人才，开展汽车的特种服务。精干经营战略是一种集中和发挥优秀汽车服务人才作用的经营战略，企业要有与此相适应的组织结构、体制和文化，具有较高的品位，员工要有能力。

（9）技术为本经营战略。技术为本经营战略将汽车服务技术能力及创新服务开发能力作为汽车服务企业竞争优势的核心。像"技术立国"一样，企业将"技术立企"确立为企业的理念，并将创新汽车服务开发、投资、培养特许服务技术人员的政策确立为企业的一贯方针，而不是一时的权宜之计。

汽车服务企业的经营方式与经营战略相对应，如企业实施特色服务经营战略，即实施特色服务的经营方式，实施速度经营战略，即实施速度经营方式。

在汽车服务企业经营中，要防止企业经营盲目多元化；防止企业经营单一化；防止企业扩张过快，致使其他各方面跟不上企业的快速扩张需要；防止恶性竞争；避免企业倒闭、破产。

2. 经营投资战略

经营投资战略是指汽车服务企业根据自身服务经营的性质和水平，在人力、财力和物力资源方面进行投入，以形成竞争优势的战略。

汽车服务企业的投资策略通过投入人力、财力和物力资源，维持和发展已经选择的战略，保证所需要的竞争优势。

汽车服务企业在决定投资战略时，必须以维持与发展竞争战略的成本作为标准，评估投资某个竞争战略的潜在价值，判断其获利能力。

有6种常用的投资战略可供选择，即增加份额战略、增长战略、盈利战略、市场集中和资产减少战略、转变战略以及财产清算和撤退战略，其投资战略特征见表3-1。

表 3-1 常用投资战略特征

战略类型	竞争地位	投资状况
1. 增加份额战略		
开发阶段	增强地位	适当投资
整顿阶段	增强地位	高投资
其他阶段	增强地位	极大投资
2. 增长战略	维持地位	高投资
3. 盈利战略	维持地位	高投资
4. 市场集中和资产减少战略	将目标降到最低的防御水平	适当收回投资战略
5. 转变战略	改善地位	极小或中等投资
6. 财产清算和撤退战略	地位为零	负投资

(三) 职能部门战略

职能部门战略是在汽车服务企业总体战略指导下，各专业职能部门将企业总体战略进行具体落实和具体化。

按汽车服务企业各部门的职能划分，相应的职能部门战略有财务管理战略、人力资源战略、汽车维修服务战略、汽车和配件的市场营销战略、新的汽车服务项目开发战略。它的制订是将企业的总体战略转化为职能部门具体行动计划的过程。

与总体战略和经营战略相比，职能战略更为详细、具体、丰富和精确。它是由一系列详细的方案和计划构成的，涉及经营管理的所有领域，包括财务、人事、汽车维修、整车营销、公共关系、汽车配件采购和储运等，与职能部门对应。职能战略直接处理了如何提高汽车服务系统效率、顾客满意度、汽车服务市场占有率等问题。职能部门战略为企业总体战略增加了实际内容。职能部门战略的成功实施是企业总体战略成功实施的一部分。

职能部门的战略比总体战略期限短，一般为一年左右，主要由职能部门的管理人员根据企业总体战略制订。

第二节　汽车服务企业的战略环境分析

汽车服务企业是一个开放的系统，在企业的内部以及在企业和它的外部环境之间发生着物质和信息的交换，汽车服务企业的外部环境与内部条件都会影响企业的战略。因此，企业在制订战略目标和实现战略目标之前，必须对企业的外部环境进行分析，以识别环境变化给企业成长带来的机遇和威胁，同时也要对企业自身的内部环境和资源条件进行分析，以确定企业在行业竞争中的优势和不足，知己知彼，百战不殆。

汽车服务企业的战略环境可分为 4 个层次，包括宏观环境、行业环境、经营环境和内部环境，其结构如图 3-1 所示，其中宏观环境、行业环境和经营环境为企业的外部环境。

图 3-1　汽车服务企业的战略环境关系

一、汽车服务企业的宏观环境分析

对汽车服务企业来说，宏观环境主要包括与汽车服务企业环境相关联的经济、技术、政治和法律、社会、自然环境与汽车使用环境等方面，它属于企业不可控因素。

1. 经济环境分析

经济环境分析首先应分析的是宏观经济的总体状况，即国内生产总值（GDP）及其增长速度、人均收入等。它反映国家的经济发展总水平、国民的富裕程度及经济发展的气候。经济发展速度越快，经济增长速度越快，国民越富裕，购车量越大，越需要相应的汽车服务。经济危机影响购车及相关服务。宏观经济运行环境对汽车服务企业的经营成败与发展具有重要的影响。

国家经济政策也会给汽车服务企业经营带来巨大的影响。国家实行膨胀的或紧缩的货币政策，会使汽车服务企业的融资成本或经营成本发生变化；国家汽车方面的产业政策会对汽车服务企业的经营产生较大的影响；国家税收政策和税率会对汽车服务企业的经营成本产生重要影响。

此外，银行贷款的利率和货币汇率、失业率、消费者可支配收入及通货膨胀率等，也会影响到汽车服务企业的投资、进出口车的服务以及人力成本等。

另外，国家或区域经济活动所必需的基础设施，如交通运输、通信、互联网及能源和原材料的供应状况等硬的经济环境，决定着需要汽车服务企业的服务量。

2. 技术环境分析

技术环境主要是指国家或地区的技术水平、技术政策、汽车新产品及其配件的开发能力以及产业化程度等。

技术对汽车服务企业经营的影响是多方面的，技术进步将使社会对企业的整车、配件及汽车服务的需求发生变化，给企业发展提供有利机会，对汽车服务企业也提出相应新的汽车服务技术的要求，并要求汽车服务企业跟上技术进步。

汽车服务企业在制订战略时，还应注意一项新技术的发明和应用，同时也意味着破坏，会损害一些服务，甚至使一些服务消失。例如，汽车发动机改用电子喷射供给系统，化油器的维修则被淘汰。又如，LNG发动机、电动汽车、混合动力汽车、无人驾驶汽车的推广使用，要求汽车服务企业开展相应的服务，汽车服务要与时俱进。

3. 政治和法律环境分析

政治和法律环境包括国家或地区的政治体制、方针政策、法律法规等。这些因素常常制约、影响汽车服务企业的经营行为，尤其是较长期的汽车服务项目的投资行为。

政府对市场或企业的影响一般是通过税率、利率为杠杆的财经政策、货币政策以及制订一些法律法规，来间接地影响市场行为和企业的经营活动的，通过干预货币汇率来调整国际金融与贸易秩序。

政策连续性强，对汽车服务企业战略制订是十分有利的。因此在制订汽车服务企业战略时，要正确判断政府政策的长期性和短期行为，汽车服务企业战略要对长期性政府政策做好充分准备，对短期政策视其有效时间或周期做出反应。

政局稳定、社会和谐，有利于汽车服务企业战略的制订。一些政治事件会影响汽车服务企业战略的制订。

分析政治环境可从国内和国际两方面着手。国内政治环境主要包括政治制度、法律、党和国家的方针政策等。国际政治环境主要包括国际政治局势、国际关系等。

与汽车服务企业的经营密切相关的法律：《公司法》《中外合资经营企业法》《合同法》《专利法》《商标法》《广告法》《税法》《企业破产法》《反垄断法》《反不正当竞争法》《资源保护法》《环境保护法》《产品质量法》《消费者权益保护法》等。

与汽车服务企业的经营密切相关的政策及技术标准、法规：《汽车工业产业政策》《中华人民共和国机动车驾驶人考试办法》《中华人民共和国机动车驾驶证管理办法》《道路交通安全法》《道路交通事故处理程序规定》《道路交通事故处理办法》《交通违章处理程序规定》《汽车运输业车辆综合性能检测站管理办法》《汽车运输业车辆技术管理规定》《汽车货物运输规则》《道路零担货物运输管理办法》《超限运输车辆行驶公路管理规定》《汽车租赁管理办法》《机动车维修管理规定》《新车禁用氟利昂制冷剂》《汽车报废标准》《中华人民共和国报废汽车回收管理办法细则》《报废汽车回收公司认证办法》《汽车金融机构管理办法》《机动车运行安全技术条件》《机动车排放污染防治技术政策》《我国汽车大气污染物排放标准》《进口车入户新规定》《车辆税费类别》等。

与汽车服务企业关系较为密切的国家司法执法机关主要有法院、检察院、公安机关以及各种行政执法机关。

与汽车服务企业关系较为密切的行政执法机关有工商行政管理机关、运管处、税务机关、物价机关、计量管理机关、技术质量管理机关、专利机关、环境保护管理机关、政府审计机关。

国外法律环境主要是指国际法所规定的国际法律环境和目标国的国内法律环境。

4. 社会环境分析

社会环境包括文化、习俗、宗教信仰、社会道德观念、公众意识、价值观念和人口等。汽车服务企业是组成社会的一个小团体，不可避免地要受社会环境的影响和制约。

（1）文化。文化是人们的价值观念、思想、态度、社会行为的综合体。不同的国家和地区有不同的文化传统、社会习俗和道德观念，社会文化意识影响人们的购买决策、消费观念、消费行为和消费偏好等，同时也就影响着企业的经营行为和方式。

汽车已有百年历史，百年历史的沉淀形成了特殊的汽车文化。以美国这个"轮子上的国家"为例，美国人吃饭有汽车可以驶入的"汽车饭店"，看电影有汽车能停放的"汽车电影院"，旅游有汽车能栖息的"汽车旅馆"，汽车已经渗透到社会生活的方方面面。汽车在中国也有了60多年历史，随着轿车进入家庭的步伐日益加快，人们对于汽车的兴趣空前提高，一种带有中国氛围的汽车文化正逐渐形成。汽车服务与文化的关系越来越密切，汽车服务战略要考虑文化及其发展。

（2）人口。人口统计特征是社会环境的另一重要因素，直接影响消费行为。它包括人口数量、密度、年龄结构分布、地区分布、民族构成、职业构成、家庭规模、受教育程度等。

人口对汽车服务企业制订战略有重大影响。例如，人口总数直接影响着汽车服务企业的总规模；人口的地理分布影响着汽车服务企业的地址选择；人口的性别比例和年龄结构在一定程度上决定了社会对汽车的需求结构，进而影响汽车服务；人口的受教育程度和文化水平直接影响着企业的人力资源状况；家庭户数及其结构的变化与汽车耐用消费品的需求和变化趋势密切相关，因而也就影响到汽车耐用消费品的服务规模等。

对人口因素的分析可以使用以下一些变量：人口数量、人口质量、家庭结构、离婚率、出生率和死亡率、人口的平均寿命、人口的年龄和地区分布、人口在民族和性别上的比例变化、人口和地区在教育水平和生活方式上的差异等。

汽车服务企业应高度重视人的年龄及其比例的影响。例如，对于老年人购车，应更加注重汽车的安全性、操纵方便性和舒适性，而不必过于强调汽车的最高车速和外观设计上的标新立异。对于青年人购车，应注意设计的新颖性。

5. 自然环境与汽车使用环境分析

自然因素是一个国家或地区的客观条件，主要包括自然资源、地形地质、地理位置及气候等。

（1）自然环境。自然环境指一个国家或地区的自然因素，主要包括自然资源和生态环境。汽车尾气的排放，会影响生态环境，进而影响燃油汽车保有量增加和汽车服务业发展。

（2）汽车使用环境。汽车使用环境指影响汽车使用的各种客观因素，一般包括自然气候、地理、车用燃油、电动汽车的电池、道路交通、城市建设等因素。

1）自然气候。自然气候包括大气的温度、湿度、降雨、降雪、降雾、风沙等情况及其季节性变化。自然气候对汽车使用时的冷却、润滑、起动、充气、电池放电、制动等性能及汽车的正常工作和使用寿命产生直接影响。汽车服务企业应根据当地气候做好汽车服务战略制订工作。

2）地理因素。地理因素主要包括一个地区的地形地貌、山川河流等自然地理因素和交通运输结构等经济地理因素。经济地理的现状和变化决定了一个地区公路运输的作用和地位的现状及其变化；自然地理对经济地理，尤其对公路质量具有决定性影响，从而对汽车产品的具体性能有着不同的要求。汽车服务企业应针对各地区的地理因素提供汽车服务。

3）车用燃油。车用燃油包括汽油和柴油两种成品油。车用燃油受世界石油资源不断减少的影响，并对汽车行业的发展起着明显的制约作用。此外，车用燃油中汽油和柴油的供给比例也会影响汽车的构造及其技术。因此，汽车服务企业应密切关注车用燃油的发展变化趋势并采取相应的策略，此外，还要关注新能源车辆在本地区的发展。

4）公路交通。公路交通是指一个国家或地区公路运输的作用，各等级公路的里程及比例、公路质量，公路交通量及紧张程度，公路网布局，主要附属设施如停车场、维修网、加油站、加气站、充电桩及公路沿线附属设施等因素的现状及变化。

城市道路交通是公路交通的一个重要组成部分，对汽车的使用有很大的影响。城市道路交通包括城市道路面积占城市面积的比例、城市交通体系及结构、道路质量、道路交通流量、道路立体交叉、道路车辆密度以及车辆使用附属设施等因素的现状及其变化。

二、汽车服务企业的行业环境分析

对汽车服务企业来说，行业环境是指汽车服务业的总体环境。汽车服务企业所在的汽车服务业和所要进入的汽车服务业，是对企业经营影响最大的和最直接的外部环境。可从以下几个方面进行分析。

1. 汽车服务业的发展阶段分析

分析判断的内容主要有：汽车服务业是处于起步阶段和初步发展阶段，还是处于快速发展或成熟阶段，抑或逐步衰退阶段；汽车服务企业在各阶段的发展机会，受到的威胁，供求关系，以及未来发展趋势。

2. 汽车服务业在社会经济中的地位和作用分析

分析的主要内容有：汽车服务业的产值、利税额及吸引劳动力数量等；汽车服务业现状和未来对整个经济社会及其他行业的影响程度；汽车服务业在国内、国际市场的竞争能力。

3. 汽车服务业特征分析

可从行业的竞争特征、需求特征、汽车服务技术特征、增长特征、盈利特征等方面进行分析，分析其是劳动密集服务，还是技术密集服务，以及服务的易入性。

4. 汽车服务业总体规模结构分析

汽车服务业总体规模结构大致存在两大类：一类是悬殊型，即汽车服务业内大企业处于领导地位，小企业和大企业在规模和实力上相差很大，行业内竞争不甚激烈；一类是均衡型，行业内各企业势均力敌，竞争十分激烈。

在进行汽车服务业总体规模结构分析的时候，一定要分析汽车服务业业内几家大企业的经营思想、经营战略、产品特色、技术水平、竞争能力、市场占有率及优劣态势等因素状况，因为它们的行动会对行业的发展及利润获取起主导作用。

5. 汽车服务业数量结构分析

一般来讲，市场规模大，企业数量就多；行业内集中程度低，大企业就少。反之，市场规模小，企业数量就少；行业内集中程度高，大企业就多。汽车服务业亦是如此。

6. 汽车服务业市场结构分析

汽车服务业供求关系基本上可以分为供不应求、供求平衡和供大于求 3 类。若供大于求，则企业间的竞争激烈，可能导致价格下跌和高额的销售费用支出；若供不应求，则各企业都可以找到合适的汽车服务市场，价格相对稳定，新企业会大量涌入本行业。同时，还应对行业市场的需求分布态势、汽车服务需求变动的频繁性进行分析。

7. 汽车服务业限制分析

在汽车服务业发展过程中，应注意环境保护，防止污染等，这对汽车服务业的发展具有促进作用。

三、汽车服务企业的经营环境分析

经营环境主要是指与汽车服务企业服务项目有关的外部环境。分析汽车服务企业的经营环境，主要从5个方面进行：潜在的进入者、供应者、购买者、替代产品、行业内的竞争者。经营环境关系如图3-2所示。以行业内的竞争者的经营竞争为中心，这5个方面的共同作用决定了企业的盈利能力、竞争能力和在行业中的位置。管理者要充分了解这5个方面的力量是怎样影响经营环境的，这样才能明确在该汽车服务行业中，自己的企业处于什么样的战略地位。

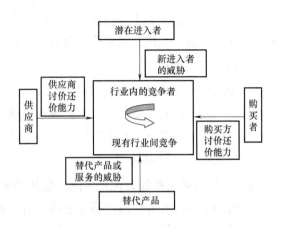

图 3-2　汽车服务企业的经营环境关系

1. 潜在进入者分析

潜在进入者可能是一个新办的汽车服务企业，也可能是一个采用多元化经营战略的原从事其他行业的企业。

潜在进入者会带来新的汽车服务能力，并要求取得一定的市场份额。潜在进入者对本行业的威胁取决于本行业的进入壁垒，以及进入新行业后原有企业反应的强烈程度。

潜在进入者是最敏感的影响力量。一般而言，当汽车服务企业具有较高的投资回报时，就会吸引更多的潜在进入者，新进入者的竞争将会导致整个汽车服务企业平均利润的下降，除非汽车服务业市场正处于迅速扩张期。

进入汽车服务业的壁垒取决于以下因素：

1）规模经济。若汽车服务业已达到一定的规模，新进入者若以较小的规模进入该行业就将处于成本上的劣势地位，若以较大规模进入该行业则风险较大。

2）经营特色与用户忠诚度。若汽车服务业内现有企业已经树立了较好的企业形象，用户忠诚度较高，那么，新进入者要想树立起良好的企业形象并取得用户的信任，就要付出相当大的代价。

3）投资要求。如果汽车服务项目对一次性进入投资要求很高的话，包括资金、场地和位置、汽车服务技术和能力，若投资失败，退出汽车服务行业的损失大，那么，该汽车服务项目对潜在进入者的进入壁垒就较高。

4）资源供应。若汽车服务业内现有企业已与汽车生产厂、配件供应厂建立了良好、稳定的供应关系，则新进入者的进入壁垒就相当高。

5）销售渠道。若新进入者也想打入现有汽车服务企业已经建立起来的良好的销售渠道，则往往要求新进入者提供更优惠的价格或加强广告宣传，这也构成了新进入者的进入壁垒。

6）经验曲线。若汽车服务业内现有企业已掌握了某种汽车服务技术的诀窍，积累了丰富的服务经验，工人操作熟练，服务成本较低，这种成本因素也会构成新进入者的进入壁垒。

7）政府政策。国家许可证的颁布或对某些进出口车辆及配件的严格控制，都会形成重大的进入壁垒。

8）原有企业的反应。若汽车服务业中的原有企业对抗竞争激烈，那么，对潜在进入者来说，进入壁垒就较高。

2. 供应者分析

供应者或供应商是指对汽车服务企业提供汽车、汽车配件、润滑油、美容产品等汽车服务资源的企业。供应者对汽车服务企业的经营竞争压力主要表现在要求提高汽车及配件的价格，减少紧俏汽车及配件资源的供应或降低供应品的质量等。供应者一般通过提高价格和降低产品质量或服务来转嫁和降低它们的成本，对行业内竞争企业显示自己的力量。供应者总是趋向于从本行业中牟取更多的利润。供应者的压力主要取决于以下几个因素：

1）供应者的集中程度和本行业的集中程度。如供应者集中程度较高，即某品牌汽车及配件等汽车服务资源的供应完全由少数几家公司控制，供应给众多分散的企业，则供应者通常会在价格、质量和供应条件上对购买者施加较大的压力。

2）供应品的可替代程度。若存在合适的汽车配件等汽车服务资源的可替代品，即使供应者再强大，它们的竞争能力也会受牵制。

3）本汽车服务企业对供应者的重要性。如果本汽车服务企业是汽车及配件等汽车服务资源供应者的重要用户，形成连锁企业，供应者的命运和本企业密切相关，则来自供应者的压力就较小。反之，供应者会对本企业施加较大的压力。

4）供应品对本汽车服务企业的重要性。如果汽车及配件等汽车服务资源的供应品对本企业起关键性作用，如与服务车辆相匹配的原厂配件，则供应者会提高其讨价还价的能力。

5）供应品的特色和转换成本。如果汽车及配件等汽车服务资源的供应品具有特色并且转换成本很大，那么供应者讨价还价的能力就会增强，会对本企业施加较大的压力。

6）供应者前向一体化的能力。如果汽车及配件等汽车服务资源供应者有可能实现前向一体化，那么它们对本行业的竞争压力就会较大。

7）汽车服务企业后向一体化的可能性。如果汽车服务企业有可能后向一体化，则会降低其对汽车及配件等汽车服务资源供应者的依赖程度，从而减弱供应者对本企业的竞争压力。

3. 购买者分析

购买者对汽车服务企业的竞争压力主要表现为要求汽车及汽车配件的价格以及维修等汽车服务的价格更低廉、质量更好，提供更多的售后服务。来自购买者的压力总是趋向于降低本汽车服务企业的盈利能力，它们会利用各企业间的竞争来施加压力，这也会导致汽车服务企业互相竞争，利润下降。对购买者压力的分析可以从以下几个方面入手。

1）购买者的集中程度。如果汽车服务企业的服务集中在少数购买者身上，每个服务者对企业的权重较大，汽车服务企业就会有较大压力。

2）可供购买者选择服务企业的量。可供购买者选择汽车服务企业的量越大，购买者选择服务企业的余地就越大，讨价还价能力也就越强，购买者可能要求降低购买价格，要求高质量的产品和汽车服务，其结果是行业竞争者激烈竞争，导致行业利润下降，增大汽车服务企业的经营压力；反之，购买者对具有特色的汽车配件或汽车服务很难施加压力。

3）购买者对价格的敏感程度。若购买者购买的汽车及配件或汽车服务在其成本中占很大比重,他们在购买时就会对价格更加敏感,对质量等问题更加挑剔;反之,购买者在价格上是不敏感的。

4)转换成本。购买者转换成本越小,汽车服务企业的压力越大。

5)购买者的盈利能力。若购买汽车、汽车配件者的盈利能力低,则购买者在购买时对价格敏感;反之,则不敏感。

6)购买者后向一体化的可能性。若购买者有可能实现后向一体化,则会增强汽车服务企业的竞争压力。

7)汽车服务企业前向一体化的能力。若汽车服务企业前向一体化能力较强,则会降低对购买者的依赖性,从而减弱购买者的竞争压力。

8)本企业的汽车服务对购买者的影响程度。若本企业的汽车服务对购买者有举足轻重的影响,则购买者对价格不敏感,本企业的压力较小。

9)购买者掌握的信息。若购买者获取信息的渠道很多,掌握的信息很全面,如通过网络、车辆使用者、行业内的专家了解某品牌车的情况,那么来自购买者的压力就会大。

4. 替代品分析

替代品是指那些与汽车、汽车配件或汽车服务具有相同或相似功能的产品或服务,来自替代品的压力大小主要受以下 3 个因素的影响:

1)替代品的盈利能力。若替代品的价格较低,其投放市场后就会使本行业产品的价格上限处于较低水平,这就限制了行业的利润水平,从而对本行业的原有汽车、汽车配件或汽车服务形成较大压力,使本行业企业在竞争中处于被动地位。

2)生产替代品的企业所采取的经营战略。若它采取迅速增长的积极发展战略,则会降低汽车服务盈利,会对本行业构成威胁。

3)用户的转换成本。顾客面临的转换成本很低,或替代品的价格更低、质量更好、性能相似甚至超过竞争产品,替代品对本行业构成的威胁就会很大。顾客认为企业产品或服务具有某些价值方面的差异(如价格、汽车服务质量、汽车服务地点等),可以降低替代品的威胁。

5. 行业内的竞争者分析

可通过以下几个方面来分析汽车服务行业内的竞争者:本行业中是否有许多竞争者,汽车服务能力是否过剩;本行业中所有竞争者是否几乎一样;汽车服务市场增长是否缓慢;本行业的固定成本是否很高;本企业的顾客转换供应者是否十分容易;在现有汽车服务能力基础上再提高汽车服务能力是否十分困难;本行业中大部分企业为何成功;本行业中大多数企业是否准备留在本行业;其他行业对本企业的影响。

分析行业内的竞争对手需要掌握大量的关于竞争对手的信息,收集的信息越多、越准确,就越有可能制订出正确的战略。可从竞争对手的汽车服务项目、价格、汽车服务项目广告、招工广告等方面,分析竞争对手的长远目标、现行汽车服务战略、汽车服务实力。汽车服务企业要采取正当的竞争方法和策略,不能采用违法的竞争方法,应当反对不正当竞争。

四、汽车服务企业的内部环境分析

汽车服务企业的资源、能力、核心竞争力组成了企业的内部环境,它有时会比外部环境对企业的业绩产生更重要的影响。可从以下几个方面分析：

1. 汽车服务企业资源

汽车服务企业资源是指投入企业服务过程的要素，即人、财、物、设备、技术、管理、信息及市场等，是企业战略实力的综合体现。显然，汽车服务企业的资源实力不同，所能选择的战略也相应不同。

汽车服务企业资源也可以分为有形资源和无形资源。有形资源是指那些可见的、能量化的资源，包括财务资源、组织资源、服务设备资源、人力和技术资源等。无形资源是指那些根植于企业的历史、长期积累下来的无形资产，如企业文化、员工敬业精神、创造能力、管理能力以及企业的品牌和声誉等。这些无形资产以一种独特的方式存在，是很难被竞争对手了解、购买、模仿或替代的，汽车服务企业更愿意把无形资产作为它们能力和核心竞争力的基础。而且，无形资产的价值是可以被更深地挖掘和利用的。

2. 汽车服务企业能力

汽车服务企业能力来源于资源的有效整合，它是企业核心竞争力的来源。有形资产和无形资产的不断融合，形成企业所拥有的能力，使企业能够利用洞察力和智慧创造并利用外部环境机会，建立持久性的优势。

汽车服务企业能力包括汽车及配件供应、营销及维修等服务能力，以及财务、质量管理、运用信息系统、新服务开发、内部管理等能力。

3. 汽车服务企业核心竞争能力

汽车服务企业核心竞争能力是那些能为企业带来相对于竞争对手来说具有竞争优势的资源和能力，是汽车服务企业的核心专长，是支持企业赖以生存和稳定发展的基础。

一种能力要成为核心竞争力，必须首先从客户需求的角度出发，认为这种竞争力是有价值的，并且是不可替代的；其次是从竞争者的角度出发，认为这种竞争力是独特的，并且是不可模仿的。

在分析汽车服务企业经营环境的基础上，分析企业内部条件，可以了解企业内部的优势和劣势，在企业的现有资源、能力和核心专长（擅长做的事）下，能够干什么，不能干什么。如果一个汽车服务企业面临的机会和它的资源、能力、核心专长是匹配的，那么企业就可以以此为依据制订企业战略。

第三节　汽车服务企业的战略制订、实施和控制

一、汽车服务企业的战略计划

1. 汽车服务企业战略计划的内容

汽车服务企业的战略计划必须有很强的环境适应性，即必须有充足的弹性，这就决定了战略计划系统必须有以下几方面的内容。

（1）对汽车服务企业总体战略的说明。说明要包括3个方面的内容：

1) 什么是汽车服务企业总体经营战略，包括总体战略目标和实现总体战略的方针政策。

2) 为什么做这些选择。

3) 实现此战略将会给汽车服务企业带来什么样的重大发展机遇。汽车服务企业总体战略应是概括性的和非限制性的。

(2) 汽车服务企业分阶段目标。汽车服务企业分阶段目标是总体战略的各个阶段目标。一般需要对分目标进行尽可能具体与定量的阐述，它是保证总目标实现的依据。汽车服务企业的分目标常常与具体的行动计划和项目捆在一起，它们都是达成汽车服务企业总目标的具体工具。

(3) 汽车服务企业的行动计划和项目。行动计划是汽车服务企业为实施其战略而进行的一系列重组资源活动的汇总。在战略计划阶段，这些行动计划常常包括开发及削减汽车服务等方面的活动。各种行动计划往往通过具体的汽车服务项目来实施。

(4) 汽车服务企业的资源配置。资源配置是制订汽车服务企业计划的基本决策因素之一。实施战略计划需要设备、资金、人力资源及其他重要资源。因此，对各种行动计划的资源配置的优先程度应在战略计划系统中得到明确的规定。所有必要的资源，在尽可能的情况下应折算为货币价值，并以预算和财务计划的方式来表达。

(5) 汽车服务企业的组织保证及战略子系统的相互协调。为了实现汽车服务企业的战略目标，必须有相应的组织结构来满足企业战略发展的需求。由于汽车服务企业战略需适应动态发展的环境，所以组织结构必须具备相当的动态弹性。另外，汽车服务企业战略计划系统往往包括若干子系统，必须明确各子系统间接口处的管理和控制，各子系统要相互协调。

(6) 汽车服务企业的应变计划。有效的战略计划系统要求一个汽车服务企业必须具备较强的适应环境的能力。要获取这种能力，就要有相应的应变计划作为保障，要看到各种可能条件在一定时间内都可能突如其来地发生变化。将应变计划作为整个战略计划系统的一部分，汽车服务企业就可以应对各种瞬息万变的环境，才可在错综复杂的竞争中独领风骚。

2. 汽车服务企业战略计划的作用及特点

汽车服务企业战略计划是一个系统性的计划，是将战略方针、目标、环境因素、内在条件等各要素融为一体，并用以指导汽车服务企业在一定时期内合理分配有限资源，如期达到目标的管理系统。它是指导战略管理展开的重要方面，也是推动全员管理的重要过程。汽车服务企业战略计划有以下基本特点：

1) 是对汽车服务企业未来经营方向的规划与筹措。
2) 注重对汽车服务企业自身条件的深刻了解。
3) 注重对环境的适应和创新。
4) 包含总体计划和若干子计划。
5) 由汽车服务企业内的少数高层管理人员直接领导制订。
6) 结合汽车服务战略目标和战略重点确定。
7) 计划必须明确、可行。

二、汽车服务企业的战略制订

1. 汽车服务企业的战略制订原则

（1）适应环境原则。来自环境的影响力在很大程度上会影响汽车服务企业的经营目标和发展方向。战略的制订一定要注重汽车服务企业与其所处的外部环境的适应性。

（2）全程管理原则。战略是一个过程，包括战略的制订、实施、控制与评价。在这个过程中，各个阶段互相支持、互为补充，忽略其中任何一个阶段，汽车服务企业战略管理都不可能成功，必须进行全程管理。

（3）整体最优原则。战略管理要将汽车服务企业视为一个整体来处理，要强调整体最优，而不是局部最优，或哪个部门最优。战略管理不强调企业某一个局部或部门的重要性，而是通过制订汽车服务企业的宗旨、目标来协调各单位、各部门的活动，使它们形成合力。

（4）全员参与原则。由于战略管理是全局性的，并且有一个制订、实施、控制和修订的过程，所以战略管理绝不仅仅是汽车服务企业领导和战略管理部门的事，在战略管理的全过程中，汽车服务企业全体员工都需参与。

（5）反馈修正原则。战略管理涉及的时间跨度较大，一般在5年以上。战略的实施过程通常分为多个阶段，因此需分步骤地实施整体战略。在战略实施过程中，环境因素可能会发生变化。此时，汽车服务企业只有不断地跟踪反馈，不断修正，才能保证战略的适应性。

（6）创新性原则。战略制订过程中要创新，不能是对原战略简单的修订，要研究汽车服务企业的环境、人员、汽车服务技术及管理等，要考虑汽车服务企业的环境、人员、汽车服务技术及管理的发展，在此基础上，运用创新的理论和技法，运用汽车服务企业管理的基本原理，制订新的汽车服务企业的战略。

2. 汽车服务企业的战略制订方式

不同类型与规模的汽车服务企业及其不同层次的管理人员，形成企业战略的过程和战略文件的形式会有不同。在小型汽车服务企业中，企业所有者兼任管理人员，其企业的战略一般都是非正式的，主要存在于管理者的头脑之中，或者只存在于与主要下级人员的口头交流之中。而在大型汽车服务公司之中，企业的战略是通过各层管理人员广泛参与，经过详细复杂的讨论和研究，有秩序、有规律地形成，并最终形成企业的战略文件。

根据不同层次管理人员介入战略分析和战略选择工作的程序，可以将战略制订的方式分为以下4种：

（1）自上而下的方式。自上而下的方式是先由汽车服务企业的高级管理人员制订企业的总体战略，然后层层分解，下属各部门根据自身的实际情况将汽车服务企业的总体战略具体化，将一个总目标分解为一个个具体易达到的子目标，形成系统的战略方案。

自上而下的方式最显著的优点是，汽车服务企业的高层管理人员能够牢牢把握整个企业的经营方向，并能对下属各部门的各项行动实施有效的控制。这种方式的缺点是要求企业的高层管理人员制订战略时必须深思熟虑，战略方案务必完善，并且还要对下属各部门提供详尽的指导。同时，这一方式也约束了各部门的手脚，难以调动中下层管理人员的积极性和创造性。

（2）自下而上的方式。自下而上的方式是一种先民主后集中的方式。在制订战略时，汽车服务企业最高管理层对下属部门不进行硬性的规定，而是要求各部门积极提交战略方案。企业最高管理层在各部门提交战略方案的基础上协调和平衡，对各部门的战略方案进行必要的修改后加以确认。

自下而上的方式的优点是，先民主后集中，能够充分调动各个部门和各级管理人员的积极性和创造性，集思广益。同时，由于制订的战略方案有广泛的群众基础，在战略实施过程中也容易得到贯彻和落实。此方式的不足之处是，各部门的战略方案难以协调，影响了整个战略计划的系统性和完整性。

（3）上下结合的方式。上下结合的方式是在战略制订的过程中，汽车服务企业最高管理层和下属各部门的管理人员共同参与，并行制订，通过上下各级管理人员的沟通和协商，共同制订出适宜的战略。

上下结合的方式的主要优点是，可以产生较好的协调效果，制订出的战略更加具有操作性。

（4）战略小组的方式。战略小组的方式是指汽车服务企业的负责人与其他的高层管理者组成一个战略制订小组，共同处理企业所面临的问题。在战略制订小组中，一般都是由总经理任组长，而其他的人员构成则具有很大的灵活性，由小组的工作内容而定，通常是吸收与所要解决的问题关系最密切的人员参加。

战略小组的方式目的性强，效率高，特别适用于制订汽车服务开发战略、汽车市场营销战略等特殊战略。

在以自上而下、自下而上和上下结合的方式制订战略时，也可成立战略小组，这便于战略制订的管理。

3. 汽车服务企业的战略制订程序

汽车服务企业制订战略的一般程序如下：

（1）分析汽车服务企业外部环境。调查、分析和预测汽车服务企业的外部环境是企业战略制订的基础。通过环境分析，战略制订人员应该认清汽车服务企业所面临的主要机会和威胁，考察现有和潜在竞争对手的现状和未来的行动方向，了解未来一段时期社会、政治、经济等外部环境的动向，以及企业由此而面临的机遇和挑战。

（2）识别和鉴定汽车服务企业现行的战略。在企业运营过程中，随着外部环境变化和企业自身发展，汽车服务企业战略也应做相应调整和转换。要制订新的战略，首先必须识别汽车服务企业的现行战略是否适用于当前形势，识别和鉴定汽车服务企业现行的战略是制订新战略的前提。只有确认现行战略已经不适用时，才有必要制订新的战略。同时，也只有在认清现行战略缺陷的基础上，才能制订出较为适宜的新战略方案。

（3）测定和评估汽车服务企业自身素质。汽车服务企业可以通过内部分析来测定和评估本企业的各项素质，摸清本企业自身的状况，明确自身的优势与劣势。

（4）列举战略方案供选用。根据汽车服务企业的发展要求和经营目标，依据本企业所面临的机遇和机会，用列举法列出所有可能达到经营目标的战略方案，以供选用。

（5）评价和比较战略方案。汽车服务企业根据股东、管理人员以及其他利益相关团体的价值观和期望目标，确定战略方案的评价标准，并依照标准，用比较法对各项备选方案加以评价和比较，并听取股东、管理人员、员工代表等各方面的意见。

（6）确定战略方案。在评价和比较方案的基础上，汽车服务企业可选择一种最满意的战略方案作为正式的战略方案。有时，为了增强汽车服务企业战略的适应性，往往选择一种或多种方案作为后备的战略方案。

三、汽车服务企业的战略实施

1. 汽车服务企业的战略实施阶段

战略实施阶段是将汽车服务企业已制订的战略或人们头脑中的战略转化为企业实际的行动，一般包含4个相互联系的阶段。

（1）战略发动阶段。战略发动阶段主要是要调动本企业大多数员工实施新战略的积极性和主动性，这就要求对汽车服务企业管理人员和员工进行培训，向他们输入与新战略相关的新思想、新观念，提出新口号和新概念，消除一些不利于战略实施的旧观念和旧思想，以使大多数人逐步接受新的战略。

（2）战略计划阶段。战略计划阶段是将汽车服务企业的经营战略分解为几个战略实施阶段，每个战略实施阶段都有分阶段的目标及各阶段相应的政策措施、部门策略、方针和计划等。要定出分阶段目标的时间表，对各分阶段目标进行统筹规划、全面安排，并注意各个阶段之间的衔接，对于远期阶段的目标方针可以概括一些，但是对于近期阶段的目标方针则应该尽量详细一些。

（3）战略运作阶段。汽车服务企业战略的实施运作主要与下面6项因素有关，即：各级领导人员的素质和价值观念；企业的组织机构；企业文化；资源结构与分配；信息沟通；控制及激励制度。

汽车服务企业要根据企业经营战略，设计与之相适应的组织结构；调整可以利用的人、物和信息等资源，进行再分配；构建相应的企业文化，建立控制与激励机制、信息沟通机制。

（4）战略控制与评价阶段。汽车服务企业战略是在外部和内部变化的环境中实践的，因此要加强对执行过程的控制与评价，适时评价、调整战略，以适应内外部环境和条件的变化。

2. 汽车服务企业的战略实施模式

汽车服务企业可以使用以下5种不同的模式实施战略。

（1）指挥型。指挥型是指企业领导根据企业目标制订出满意的战略，高层管理人员指挥下层管理人员去执行战略，而自己并不介入战略实施的问题中。指挥型模式的缺点是不利于调动企业员工的积极性，但在稳定的小型汽车服务企业中实施效果较明显。

（2）变革型。变革型是指高层管理人员本人或在其他方面的帮助下，为实施企业战略而进行一系列变革，如建立新的组织结构、新的信息系统等。

（3）合作型。合作型是指负责制订战略的高层管理人员启发其他的管理人员运用头脑风暴法去考虑战略制订与实施的问题。管理人员可以充分发表自己的意见，提出各种不同的方案。这时，高层管理人员的角色是协调员，确保其他管理人员所提出的所有好的想法都能够在战略方案框架内得到充分的运用。

(4) 文化型。文化型是指负责战略制订与实施的高层管理人员首先提出自己对企业使命的看法，然后鼓励企业员工根据企业使命去设计自己的工作活动。高层管理人员的角色就是指引总的方向，而在战略执行上则放手让每个人做出自己的决策。

(5) 增长型。增长型是指为了使企业获得更好的增长，在企业战略框架下，企业高层管理人员鼓励中下层管理人员在企业总体战略下制订实施自己的目标方案。增长型战略集中了来自实践第一线的管理人员的智慧与经验。

四、汽车服务企业的战略控制

1. 汽车服务企业的战略控制概念

汽车服务企业战略控制是指在汽车服务企业战略的实施过程中，检查企业为达到目标所进行的各项活动的进展情况，评价实施企业战略后的企业绩效，并把它与既定的战略目标与绩效标准相比较，发现差距，分析产生偏差的原因，纠正偏差，使企业战略的实施更好地与企业当前所处的内外环境、企业目标协调一致，使企业战略得以顺利实现。

2. 汽车服务企业的战略控制内容

对汽车服务企业战略的实施进行控制的主要内容有以下几个方面：

(1) 设定绩效标准：根据汽车服务企业战略目标，结合企业内部人力、物力、财力及信息等具体条件，确定企业绩效标准，作为战略控制的参照系。

(2) 绩效监控与偏差评估：通过一定的检测方式、手段、方法，监测企业的实际绩效，并将汽车服务企业的实际绩效与标准绩效对比，进行偏差分析与评估。

(3) 设计纠正偏差的措施：通过设计顺应条件变化的纠正偏差措施，保证汽车服务企业战略的圆满实施。

(4) 监控外部环境的关键因素：外部环境的关键因素是汽车服务企业战略赖以存在的基础，这些外部环境关键因素的变化意味着战略前提条件的变动，必须给予充分的注意。

(5) 激励战略控制的执行主体：通过激励可以调动执行主体自我控制与自我评价的积极性，保证切实有效地实施汽车服务企业战略。

3. 汽车服务企业的战略控制方式

(1) 按控制时间分类：

1) 事前控制。在汽车服务企业实施战略之前，要设计好正确有效的战略计划，计划要得到企业高层管理者的批准后才能执行，批准的内容往往也就成为考核经营活动绩效的控制标准。这种控制多用于重大问题的控制，如任免重要人员、签订重大合同、购置重大设备等。

2) 事后控制。在汽车服务企业进行战略活动之后，把战略活动的结果与控制标准相比较。这种控制方式工作的重点是要明确战略控制的程序和标准，把日常的控制工作交由职能部门人员去做，即在战略计划部分实施之后，将实施结果与原计划标准相比较，由企业职能部门定期将战略实施结果向高层管理者汇报，由高层管理者决定是否采取纠正措施。

3）过程控制。汽车服务企业高层管理者要控制企业战略实施中关键性的过程或全过程，随时采取控制措施，纠正实施中产生的偏差，引导企业沿着战略的方向进行经营。这种控制方式主要用于对关键性战略措施进行控制。

（2）按控制主体的状态分类：

1）避免型控制。避免型控制即采用适当的手段，使影响汽车服务企业战略实施的不适当行为没有产生的机会，从而达到不需要控制的目的。

2）开关型控制。开关型控制又称事中控制或行与不行的控制。其原理是：在战略实施的过程中，按照既定的标准检查战略行动，确定行与不行，类似于开关的开与止，所以称为开关型控制。

开关型控制的具体操作方式有以下 3 种：

① 直接领导，指管理者对战略实施进行直接领导和指挥，发现差错及时纠正。

② 自我调节，指执行者通过非正式的、平等的沟通，按照既定的标准自行调节自己的行为，以便合作者之间配合默契。

③ 共致远景，指组织成员对目标、战略宗旨认识一致，在战略行动中表现出一定的方向性、使命感，从而达到殊途同归、和谐一致的目的，并最终实现目标。

（3）按职能部门分类。汽车服务企业的战略控制可以分为财务控制、维修控制、销售规模控制、质量控制和成本控制等。

4. 汽车服务企业战略控制系统的组成及控制过程

（1）汽车服务企业战略控制系统的组成。汽车服务企业战略控制系统由战略控制、战术控制和作业控制等基本系统组成。

1）战略控制系统。战略控制系统是以汽车服务企业高层领导为主体，关注与外部环境有关的因素、企业基本的战略方向和企业内部的绩效，关注企业的长远目标和年度目标。

2）战术控制系统。战术控制系统是指汽车服务企业的主要下属单位，包括战略经营单位和职能部门两个层次，关注的是企业战略计划的实施与执行，即检查下属单位在实现企业战略的策略及中期计划目标的过程中的工作绩效，以是否达到了汽车服务企业总体战略作为它们规定的目标。战术控制主要由汽车服务企业总经理和下属单位的负责人进行。

3）作业控制系统。作业控制系统是对具体负责作业的工作人员的日常活动的控制，关注的是员工履行规定的职责和完成作业目标的情况，作业控制由各级主管人员进行。这样，在公司级或经理级，控制的重点是使公司内各种活动保持整体的平衡，在这一层次，战略控制和战术控制是最重要的控制。在事业部级，控制主要是维持和改进经营单位的竞争地位，在此，战术控制应占主导地位。在各职能部门中，控制的作用是开发和提高以职能为基础的显著优势和能力，由于其时限较短，在这一层次上，作业控制和战术控制是最重要的控制。

（2）汽车服务企业战略控制过程。无论是哪一类型的控制，控制的过程基本上都是一样的，就是将实际工作绩效与评价标准进行对比，如果两者的偏差没有超出容许的范围，则不需采取任何修正行动。反之，如果实际工作绩效与评价标准的偏差超出了规定的界限，则应找出产生差距的原因，并采取纠正措施，以使实际工作绩效回到标准范围之内。预期的结果，即长期或短期目标，在战略制订中就已经确立了。评价标准只是一个参照物，用来衡量企业是否达到了它的目标。评价工作绩效发生于将控制系统的输出与评价标准相比较的时候。如果输出与评价标准不符，则必须采取纠正措施。这些措施包括的范围很广，如改变预期目标、改变战略、改变企业的组织结构或者变更管理班子等。另一方面，如果控制系统表明汽车服务企业的活动正在达到评价标准，就无须采取纠正措施。

作 业

1. 简述汽车服务企业战略管理的定义。
2. 简述汽车服务企业战略的性质和特点。
3. 简述汽车服务企业的总体战略。
4. 简述汽车服务企业的经营战略。
5. 可从哪几方面分析汽车服务企业的经营环境？
6. 可从哪几方面分析汽车服务企业的内部环境？
7. 简述汽车服务企业的战略制订原则。
8. 简述汽车服务企业的战略制订程序。
9. 简述汽车服务企业的战略实施模式。
10. 简述汽车服务企业的战略控制。
11. 查找文献，阅读一两篇介绍汽车服务企业战略管理的文献，介绍其主要内容。
12. 去汽车服务企业，调研汽车服务企业的战略管理，写一篇调研报告，并与同学交流。

第四章　汽车服务企业经营管理

汽车服务企业经营管理是在汽车服务经营方面的管理活动。通过汽车服务经营活动，汽车服务企业获得经济收益，其经济收益是企业主要或全部的经济收益，因此，汽车服务企业经营管理是企业获得经济收益最重要的管理工作。汽车服务企业的总经理要时刻重视、时刻关注企业经营，还应有副总经理分管经营管理工作。汽车服务企业经营管理主要由汽车销售、维修、美容等经营部门具体负责。本章依次介绍汽车服务企业经营计划、经营流程管理、经营评价与控制、经营中顾客满意管理。

汽车服务企业要在诚信和守法的基本经营原则下，以取得最大经济效益为目标，开展汽车服务企业经营管理，力求通过采用先进的汽车服务技术和设备、引进人才等方法，取得最大经济效益。

第一节　汽车服务企业经营计划

汽车服务企业经营计划是针对本企业的整车销售、汽车配件销售、车辆维修、汽车美容、汽车租赁等汽车服务经营项目制订的计划。它是汽车服务企业服务经营的纲领性文件，是企业发展可行性的综合性计划。

一、汽车服务企业经营计划的特点和作用

1. 汽车服务企业经营计划的特点

汽车服务企业经营计划是一种纲领性、决策性计划。企业要按照国家有关政策，采用科学的方法，进行市场调研、市场预测，从长远目标出发，进行科学的市场分析，做出科学的决策及实施方案。汽车服务企业经营计划在企业管理中有着纲领性、决策性的职能，关系着企业战略目标的具体实现。

（1）汽车服务企业经营计划是管理性计划。企业的经营计划是全企业性的，贯穿于企业各个方面，企业一切经营活动都需纳入经营计划管理中，包括整车销售、配件销售、车辆维修等。企业各个职能部门都应有自己的经营目标和经济责任；计划的贯彻实施要落实到企业的全体员工，企业经营计划的目标要分解到企业每个基层单位，落实到每个员工，并要明确考核目标，讲究经济效益。

(2) 汽车服务企业经营计划是一种开发性计划。企业根据汽车服务行业特点，从满足市场需求、取得好的经济效益出发，使企业在市场经济下持续稳定地发展，在市场竞争中立于不败之地，不断地开发市场，开发新服务项目，扩大汽车服务领域或范围。因此，汽车服务企业经营计划不但要考虑当前汽车服务的进展，还必须有新市场、新服务的开发及与其相适应的技术革新、技术培训、设备更新等方面的内容。

(3) 汽车服务企业经营计划是一种业务沟通、协调运作计划。汽车服务企业的经营计划除了作为企业内部目标管理的工具外，也是与供应商进行业务沟通、协调运作的基础性文件。供应商据此安排其相应的汽车及配件的生产与物流计划，协调整体性的市场运作。在一定场合，经双方确认的经营计划还是一份双方合作的法律文件，可作为汽车厂商向汽车销售服务企业提供返利和财务支持的依据。

(4) 汽车服务企业经营计划的实施贯穿于汽车服务经营的全过程。从确定汽车服务经营方针开始，通过编制经营计划，下达计划目标参数，逐级逐项分解落实完成措施，检查与控制计划完成过程，反馈执行信息，考核、评价经济活动，到下期计划的经济预测与资料汇集等各个阶段，形成闭环控制，使计划贯穿于汽车服务经营的全过程。

2. 经营计划的作用

(1) 经营计划能使汽车服务经营有备无患。市场总是变化无常的，汽车服务企业的任何经营活动都必须适应市场的变化，只有制订了经营计划，一旦遇到市场变化，企业才可按照应急计划的安排，做出及时调整，克服市场变化和不确定性因素带来的经营困难，做到有备无患，最终达到汽车服务经营目标。

(2) 经营计划能保证汽车服务经营上的经济合理。计划工作能以明确的目标替代不协调的分散活动，以和谐的汽车服务项目、工作流程组织汽车服务，以深思熟虑的决策替代仓促、草率的判断。这样，能使汽车服务企业各个环节的经营管理和谐一致，提高汽车服务效率，降低消耗，实现汽车服务经营上的经济合理。

(3) 经营计划能将注意力集中在汽车服务经营目标上。市场总是充满着诱惑，各种机会不断出现，没有一个经营计划的指导，汽车服务企业的经营活动很容易受到外界的影响而偏离目标。反之，在汽车服务企业整体经营计划指导下，各层次、各部门的工作能够围绕计划目标展开，避免工作的盲目性，保证汽车服务企业整体经营目标的完成。

(4) 经营计划便于进行汽车服务经营控制工作。有了经营计划，就便于制订分项经营目标和标准，使汽车服务工作落实到人。同时，管理者也有了管理目标和检查依据，并以此对照检查汽车服务工作进行的情况，及时发现问题并加以纠正，便于经营控制。

二、汽车服务企业经营计划的分类

汽车服务企业经营计划的分类方法很多，从不同的角度可以把经营计划分为以下几种。

(1) 按汽车服务经营的内容分类：可分为整车销售计划、配件销售计划、汽车维修服务计划、美容服务计划、汽车俱乐部服务计划等。

(2) 按计划包含内容的数量分类：可分为汽车服务单项计划和汽车服务综合计划。把各个汽车服务单项计划有机地联结在一起便构成了汽车服务综合计划。

（3）按计划的用途分类：可分为汽车服务战略性计划（长期经营计划）和汽车服务战术性计划。汽车服务长期计划一般为战略性计划。

（4）按计划的期限分类：可以分为汽车服务长期计划、中期计划和短期计划。一般视5年以上的计划为长期计划，3年左右的计划为中期计划，年度计划为短期计划。

汽车服务长期计划与短期计划是相互联系的，长期计划是年度计划编制的依据，年度计划是编制一些季度、月计划的依据；年度计划、月计划又是长期计划的补充。

究竟需要制订什么计划，每个汽车服务企业的经营规律、经营项目和汽车服务环境不同，做出的选择也会不同。

三、汽车服务企业经营计划的内容

汽车服务企业的经营计划作为未来一个经营周期中进行管理和绩效考核的纲领性文件，主要有汽车服务项目市场推广计划、汽车销售计划、汽车维修计划、汽车服务项目投资计划、汽车服务项目开发计划、汽车服务经营财务计划等。汽车服务企业经营计划没有标准格式，可根据汽车服务企业经营的需要，用第一章中介绍的类比法、创新法等，自行设计。

1. 汽车服务项目市场推广计划

汽车服务企业为了扩大市场影响，挖掘潜在客户，提高已有客户对本企业的认知，提高本企业的市场份额，需要开展系统、多样的汽车服务项目市场推广活动。

汽车销售服务企业为销售车辆可以选择的市场推广活动有平面广告（报纸、杂志）、电视广告、广播广告等。汽车服务项目的市场推广计划见表4-1。表4-1中，打√和有日期处，表示要举行汽车服务项目的市场推广活动，如，1月和3月15日举行汽车服务项目的电视广告活动。汽车服务项目为本企业销售的二手纯电动车、汽车美容产品、汽车检测、车辆事故第三方鉴定等。

表4-1 汽车服务项目的市场推广计划

活动	活动时间											
	1月	2月	3月	4月	5月	6月	7月	8月	9月	10月	11月	12月
平面广告（报纸、杂志）	√											
电视广告	√		15		1							
广播广告		√										
网络广告	√											
路牌广告												√
宣传品广告				√								
新车型推介	√											
车展	1				1					1		
试乘试驾							√					
企业与客户互动						1						
媒体报道										√		

(续)

活动	活动时间											
	1月	2月	3月	4月	5月	6月	7月	8月	9月	10月	11月	12月
报纸稿件报道	√											
车辆免费保养服务											√	
公益活动									√			
其他								√				
活动统计												

2. 汽车销售计划

汽车销售计划主要是根据近几年本地区汽车市场上某品牌汽车的销售情况和汽车销售市场发展预期，在考虑竞争对手与汽车销售市场的情况下，合理确定未来一段时期内（一年或一季度）本企业销售某品牌汽车的计划。

表4-2为某品牌的混合动力汽车销售计划，包括每月的销售量、销售量分解；销售量分为销售目标、实际销售量及销售完成情况；销售量分解为展厅、网上和其他销售，展厅和网上销售分解为正常销售、活动销售，其他销售分解为展会销售和推广销售，并分别有销售目标和实际销售量。

表4-2 某品牌的混合动力汽车销售计划

月份	销售量			销售量分解										
				展厅销售				网上销售				其他销售		
				正常销售		活动销售		正常销售		活动销售		展会销售		推广销售
	目标	实际	完成情况	目标	实际	目标	实际	目标	实际	目标	实际	目标	实际	目标	实际
1															
2															
…															
12															
合计															

3. 汽车维修计划

汽车维修计划是根据本企业服务范围内的某品牌汽车的保有量和汽车维修的统计数据，预计下一年在本企业服务范围内的某品牌汽车的保有量、维修服务总台次、维修工时和汽车配件消耗量等的计划。本企业服务范围内某品牌的纯电动汽车维修计划见表4-3，根据2019年、2020年和2021年本企业服务范围内某品牌纯电动汽车的保有量，以及本企业维修某品牌纯电动汽车的档案数、总台次、工时等，制订2022年、2023年本企业维修某品牌纯电动汽车的服务计划。

表 4-3　本企业服务范围内某品牌纯电动汽车维修计划

序号	项目	实际			预测	
		2019 年	2020 年	2021 年	2022 年	2023 年
1	某品牌纯电动汽车的保有量					
2	维修某品牌纯电动汽车的档案数					
3	维修某品牌纯电动汽车的总台次及工时					
4	维修某品牌纯电动汽车的主要项目					
5	维修某品牌纯电动汽车的主要配件数					
6	维修某品牌纯电动汽车的产值及利润					
7	维修某品牌纯电动汽车的市场份额（%）					

4. 汽车服务项目投资计划

汽车服务项目投资计划是下一年度内新增汽车服务项目的投资、新增设备的投资、新增流动资金及其他新增资金（如新增人员工资等成本）等。新增汽车服务项目的投资是指新增加或开发的汽车服务项目的投资，包括场地装修、汽车服务启动资金等。如果有新增汽车服务项目投资的，还需要制订汽车服务项目进度计划。新增汽车服务设备的投资是根据汽车服务企业自己的业务发展规划，先确定汽车服务设备是否能满足正常运作的需要，再考虑增加汽车服务设备，并增加汽车服务设备投资。新增汽车服务流动资金是根据业务发展规划和现金流量图，估算出需新增的汽车服务流动资金，一般含增加整车库存、汽车配件库存所需资金。新增汽车服务项目年度投资计划见表 4-4。

表 4-4　新增汽车服务项目年度投资计划

投资项目名称	投资原因	投资金额	预计收益	备注
电动汽车充电桩销售安装一站式服务				
电动汽车电池销售维护一站式服务				
……				
合计				
填表人		审核人		审核日期

5. 汽车服务项目开发计划

汽车服务项目开发计划就是对现有汽车服务项目升级换代、增加新的汽车服务项目等做出的安排，如增加发动机电控冷却系统、双离合器、主动控制悬架、无人驾驶汽车控制系统的维修服务项目计划。汽车服务项目开发是汽车服务企业生存与发展的重要环节。

6. 汽车服务技术改造计划

汽车服务技术改造计划包括汽车服务技改目的、技改重点、技改措施和技改资金等多方面的内容。目的是增强汽车服务企业的环境适应能力，提高汽车服务能力和质量。

7. 汽车服务经营财务计划

汽车服务经营财务计划是企业所有业务收入与费用开支的汇总。收入包括新车销售收入、二手车业务收入、汽车维修收入、汽车配件收入、延伸业务收入及其他收入等。开支包括人工费用、营销费用、办公费用及其他维持业务正常运作的开支费用。据此估算出汽车服务企业来年的销售收入及资金支出情况,分析利润率、投资收益率,确定计划细节及其可行性,并根据现金流量做好资金的合理利用工作,取得资金的最大收益。

四、汽车服务企业经营计划的编制

1. 编制汽车服务企业经营计划应遵循的原则

汽车服务企业经营计划非常重要且复杂,编制时必须坚持正确的指导思想,在进行这一智慧活动中,应坚持以下原则。

(1) 关键性经营原则。关键性经营原则指经营目标要明确,突出经营重点和重点解决关键性经营问题,要有汽车服务亮点和特色,包括汽车服务重点项目及相关的人员、资金、设备和场地等配套,不能只注重全面,主次不分,力量分散,造成关键问题得不到很好的解决,企业的资源不能有效地利用,达不到好的汽车服务经营效果。

(2) 强制性与灵活性经营原则。强制性与灵活性经营原则是指编制的汽车服务企业经营计划必须强制严格执行,不允许轻易改变或废除,一旦发现计划与现实发生偏差而影响经济效益,就必须及时调整和修订。

(3) 系统性经营原则。系统性经营原则是指经营计划由多种不同形式的计划组成,而分计划的编制所依据的条件和影响因素又不同,因而多种计划之间有可能产生矛盾和不协调,这就要求汽车服务企业分解整体目标,使各项计划之间相互协调,相互配合,相互促进,形成一个有机整体。

(4) 现实性和鼓励性经营原则。现实性和鼓励性经营原则是指以平均现金定额为依据,实事求是、量力而行、留有余地,所编制的汽车服务企业经营计划必须能够保证经过主观努力是可以达到和按期完成的。另外,企业要有更高的经营目标,通过更高的经营目标,调动和激发员工的积极性。计划必须与员工的物质利益紧密结合,让员工受益,使人人关心汽车服务企业经营计划的实现,把实现企业的汽车服务成果、创造最佳经济效益,变成激发员工创造性劳动的强大动力。

(5) 连续性经营原则。连续性经营原则是指汽车服务企业的经营活动是连续不断地进行的,前期计划的执行情况及其分析是编制当期计划的依据,近期计划的编制要考虑到为未来计划提供条件,短期计划的编制要成为实现长期计划目标的组成部分。任何分割过去、现在和未来的联系、提出不切实际的指标,或者急功近利而不顾长远利益的经营计划都是不可取的,计划指标增幅要切合实际。

(6) 经济利益原则。经济利益原则是指要提高汽车服务企业经济利益,并处理好国家、企业、个人三者在经营中的经济关系,结合推行汽车服务企业内经济责任制,明确责、权、利,汽车服务经营活动与员工收入紧密结合,要逐步提高员工收入。

(7) 创新性经营原则。创新性经营原则是以提高汽车服务企业经营效益为目标,提出新的汽车服务企业经营计划。要将创新的原理和方法用于汽车服务企业经营计划的制订,并考虑企业经营能力和经营发展能力,要发现原汽车服务企业经营计划的不足之处,并找出新的解决问题的方法。要研究本企业及相关汽车服务企业的经营计划。要引入新的汽车服务经营理念和方法。

2. 汽车服务企业经营计划的编制

（1）编制汽车服务企业经营计划的准备阶段。这一阶段的主要工作就是全面调查汽车服务企业内外的情况，做好编制汽车服务企业经营计划的准备。在准备阶段，应注意收集企业的外部条件、内部条件和汽车服务行业发展趋势的资料，包括：

1）国家的政治经济形势及各项政策和经济法令。

2）行业或汽车生产厂商下达的年度指令性或指导性计划，以及根据计划指标签订的长、短期汽车服务合同。

3）汽车服务市场需求情况，包括汽车服务企业的服务产品在市场中占有情况的调查、同类汽车服务企业的分布、竞争能力、潜在汽车服务市场、配件供应、用户对企业提供的汽车服务的反馈等。

4）车辆及汽车配件的资源条件，包括车辆及汽车配件生产企业的生产能力和生产条件、供应能力、质量等。

5）汽车服务企业中长期发展规划及实施进度。汽车服务企业的战略、年度计划应保证中长期发展规划的实现，要注意很好地衔接和平衡。

6）汽车服务企业内部情况掌握，包括企业内部人、设备等资源条件的变化，汽车服务组织，服务项目，上一年度实际达到的汽车服务水平和能力等。

7）汽车服务市场预测。汽车服务企业经营计划的制订，关键在于对未来整车和汽车配件销售、维修等汽车服务市场进行预测和经营项目的可行性分析。

（2）统筹安排，确立汽车服务企业经营目标。这一阶段的主要工作是依据准备阶段提供的各类调查资料，结合汽车服务企业的各项有关汽车服务能力、经济定额的指标，首先确定汽车服务企业的经营目标水平，然后计算经济效益，最后确立汽车服务企业的经营目标。所定目标应先进、合理、积极、可靠并有余地。

（3）拟订汽车服务企业经营计划。汽车服务企业的经营计划是由一系列密切联系、互为依据的专业计划组成的。例如，汽车服务企业的利润计划决定着汽车销售计划，汽车销售计划决定着汽车维修服务计划，汽车维修服务计划决定着汽车配件供应计划、劳动工资计划和成本计划，最终又决定着利润计划。因此，经营计划中各项专业计划的编制不能单独、孤立地进行，而要按照编制汽车服务企业经营计划的统一部署和计划编制程序，搞好计划资料的提供关系，搞好计划指标上下左右的衔接，搞好各项计划之间的综合平衡工作。拟订汽车服务企业经营计划一般有以下3种做法：

1）由下而上地编制。先编制各部门的汽车服务企业经营计划，然后再平衡汇编汽车服务企业经营计划。

2）由上而下地编制。先编制汽车服务企业的经营计划纲要，然后再编制各部门的汽车服务企业经营计划。

3）上下结合进行编制。企业与各部门的汽车服务企业经营计划同步进行编制。

这3种做法各有利弊，计划管理基础较好的企业宜采用第三种方法。这种上下结合、纵横交叉的做法有利于充分了解和搜集各种信息资料，调动多方面的积极性，有利于计划的综合平衡，有利于缩短计划编制周期，提高计划编制的工作质量。

汽车服务企业经营计划的编制过程实际上是综合平衡的过程。综合平衡是汽车服务企业进行汽车服务企业经营计划编制的一项重要手段，也是管理计划的基本方法。对于一个汽车4S店来说，在编制计划过程中，除了各专业计划要做到项目、进度、资金、工作量和指标之间的平衡以及上下左右的相互衔接外，企业领导和综合计划部门要重点做好以下平衡：确保以经济效益为中心，搞好利润计划、整车销售计划与汽车维修计划、汽车配件供应计划，以及辅助汽车服务企业做好经营计划之间的平衡；确保以增收节支为中心，搞好汽车服务费用计划、成本计划和资金计划之间的平衡。

汽车服务企业经营计划的平衡是一项复杂的工作，不但要贯穿编制计划的全过程，而且在执行过程中还要根据汽车服务经营活动的不断变化，在动态中寻求新的平衡，确保汽车服务企业经营目标的全面实现和取得良好的经济效益。

在编制汽车服务企业经营计划的初期，要组织汽车服务企业全体员工，特别是有一定管理经验的员工，集思广益，多方征集意见，通过筛选比较，集中精力研究后，提出计划方案。经初步评价后，选出最接近汽车服务企业条件，且符合汽车服务企业经营目标要求的方案，供汽车服务企业经营计划的最终评价和决策。

（4）汽车服务企业经营计划的评价与决策。对初步拟订的汽车服务企业经营计划进行全面的评价，征求各部门经理、员工代表等的意见，最终决定企业和各部门的汽车服务企业经营计划。

五、汽车服务企业经营计划的实施和控制

1. 汽车服务企业经营计划的实施

（1）根据汽车服务企业年度经营计划，编制落实汽车服务企业季度经营计划和月经营计划。月经营计划是要实施的作业计划，具体详细。本月经营计划比本季度经营计划更具体详细，本季度经营计划比下季度经营计划更具体详细。

可采用滚动实施计划法。滚动实施计划法是在本月经营计划或本季度经营计划实施后，检查、反馈经营计划的实施情况，再根据环境变化和具体情况的变化，对下月经营计划或下季度经营计划进行适当的修改或调整，再向前滚动推移，将月经营计划、本季度经营计划、下季度经营计划等有机结合起来，前期经营计划的实施，为后期经营计划的实施打下基础，后期经营计划的实施是在前期经营计划实施的基础之上，每次经营计划的检查、反馈、修改或调整，都会使经营计划向前良性滚动、逐步前移。滚动实施计划法具有连续、灵活、适应性好、递进的特点。

（2）运用汽车服务企业内部经济责任制和经济核算制等经济办法，落实好汽车服务企业经营计划中的各项计划指标和工作任务。把每个部门、每个汽车服务单位和每个员工所担负的经济责任和自己的经济利益联系起来，促进汽车服务企业经营计划目标的实现。

（3）开展多种形式的劳动竞赛、合理化建议和汽车服务技术革新活动，激发企业员工熟练汽车服务技能、培养汽车服务创新意识和精神、增强竞争意识和主人翁责任感，并以此作

为完成和超额完成汽车服务企业经营计划的强大精神动力,提高员工执行汽车服务企业经营计划的主动性。

2. 汽车服务企业经营计划的控制

汽车服务企业经营计划的执行过程同时也是控制过程。所谓计划的控制,就是企业所属各基层单位和部门,对照计划指标等与实际执行结果进行对比和分析,发现偏差,查明原因,采取措施,加以纠正。

汽车服务企业经营计划控制的形式有日常检查、定期检查和专题检查等。

汽车服务企业经营计划的执行和控制一般采用企业内部经济责任制与经营目标控制相结合的方法进行。企业内部经济责任制是将经济目标分配到部门、班组,直至员工。经营目标控制就是在经营目标实施的过程中进行严格监督、检查,及时掌握经营目标实际完成情况,并采取措施,解决存在的问题,保证经营目标的实现。汽车服务经营目标控制的程序如下:

1)制订汽车服务经营目标控制标准。汽车服务经营目标控制标准大体可分为汽车服务数量控制标准、汽车服务质量控制标准、汽车服务程序控制标准、汽车服务进度控制标准和汽车服务原材料消耗控制标准等。

2)搜集、整理有关汽车服务经营目标实施情况的数据。为了取得这些数据,企业要建立健全各种定额和原始数据记录制度,经过整理后的数据要及时向各有关方面传递,并及时反馈信息。

3)定期检查和评价。检查可采取多种形式,按检查的内容可分为自检、专项定期检查、重点检查和对某一单位的全面检查等,要针对每一种检查做出相应的评价。

4)采取措施解决汽车服务经营目标实施中的问题,保证汽车服务经营目标的实施。

5)采用汽车服务经营日报、经营月报、经营简报、年终经营总结等多种形式,在一定的范围内公布和通报相关情况。定期召开汽车服务经营活动的评价和分析会议,对目标实施情况进行评审,并让汽车服务企业经营计划的执行人知道评审意见,如有必要,反馈经营计划的执行人对评审意见的看法,其评审结果可作为经济责任制考核和奖励的依据。

第二节 汽车服务企业经营流程管理

汽车服务企业经营流程是汽车服务企业经营管理的一个重要部分,它使汽车服务按规定的服务程序,有序开展,并取得良好的汽车服务效果,忙而不乱。汽车服务企业的经营流程管理主要是经营流程的规范化,包括制订、学习和贯彻汽车服务经营流程规范,检查汽车服务经营流程规范的实施及效果。不同的汽车服务项目,有不同的汽车服务经营流程。汽车服务企业经营流程管理包含汽车服务经营过程的管理。

一、整车销售业务流程管理

整车销售业务流程如图 4-1 所示。

1. 接待

接待环节最重要的是主动与礼貌。汽车销售人员在看到有客户来访时,应立刻面带微笑主动上前问好。如果还有其他客户随行，应用目光与随行客户交流。目光交流的同时，汽车销售人员应做简单的自我介绍，并礼节性地与客户握手，之后再询问客户需要什么帮助。语气要尽量热情诚恳。

2. 需求咨询

需求咨询是为了收集客户需求的信息。汽车销售人员需要尽可能多地收集来自客户的所有信息，以便充分挖掘和理解客户购车的准确需求。汽车销售人员的询问必须耐心友好，这一阶段很重要的一点是适度与信任。

汽车销售人员在回答客户的咨询时对服务的适度性要有很好的把握，既不要服务不足，更不要服务过度。这一阶段应让客户随意发表意见，并认真倾听，以了解客户的需求和愿望，从而在后续阶段做到更有效的销售。汽车销售人员应在接待开始时便拿上相应的宣传资料，供客户查阅。

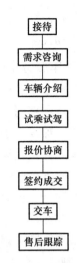

图 4-1　整车销售业务流程

3. 车辆介绍

在车辆介绍阶段最重要的是有针对性和专业性。汽车销售人员应具备所销售车辆的专业知识，同时需要充分了解竞争车型的情况，以便在对自己车辆进行介绍的过程中，不断进行比较，以突出自己车辆的卖点和优势，从而提高客户对自己车辆的认同度。

4. 试乘试驾

在试车过程中，应让客户集中精神对车辆进行体验，避免多说话，以便让客户获得对车辆的第一体验和感受。

5. 报价协商

报价协商通常就是指价格协商。汽车销售人员应注意在价格协商开始之前保证客户对于汽车价格、汽车性能、优惠、售后服务等各方面的信息已充分了解。

6. 签约成交

在成交阶段不应有任何催促的倾向，而应让客户有更充分的时间考虑和做出决定，但汽车销售人员应巧妙地加强客户对于所购汽车的信心。在办理汽车销售合同等相关文件时，汽车销售人员应努力营造轻松的签约气氛。签约后，顾客交所购车辆的预付款，汽车销售人员向车辆生产企业订车，并告知预计取车日期，或去车库取车，汽车销售人员将汽车销售合同等存档，至此，汽车销售成交。

7. 交车

在交车前，汽车销售人员要对车进行清洗，车身要保持干净，确保车辆毫发无损。交车时，汽车销售人员要填写交车清单，并得到用户认可和签字。交车后，汽车销售人员要向用户交代用车注意事项，以及后续车辆保险等工作。

8. 售后跟踪

汽车出售以后，要经常回访顾客，及时了解顾客对所购车辆的评价及其使用状况，提醒顾客及时进行汽车保养等。售后跟踪的信息要反馈给本部门的领导及相关人员，形成管理的闭环。

二、汽车网络销售业务流程管理

汽车网络销售业务流程如图4-2所示。汽车网络销售从客户浏览汽车网络销售的网页开始，因此，汽车网络销售业务流程的管理，要从网购汽车的客户进入汽车网络销售的网页开始。

1. 网购引导

网购引导是引导客户进入汽车销售的网页。汽车网络销售的网页应友好地面向网购汽车的客户及潜在的网购汽车客户，方便客户获取需要的信息。网购汽车客户是正在进行网购汽车的客户。潜在的网购汽车客户为当前不网购汽车的客户，但有可能今后网购汽车或在网上进行汽车性能、价格、外观等比较、学习的客户。只要进入汽车网络销售网页的客户，都应视为网购汽车的客户，都应欢迎浏览汽车网络销售的网页。

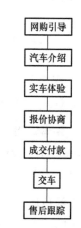

图4-2　汽车网络销售业务流程

网购汽车客户可通过以下方式进入汽车网络销售的网页：

1）自由浏览进入本企业的汽车网络销售网页。企业的汽车网络销售网页应在互联网上公开发布，并与百度、搜狐、新浪等国内大型网站链接，公开网址及网名，网名尽量与企业的名称一致，便于客户搜索。

2）通过已知的网址及网名进入本企业的汽车网络销售网页。可通过本企业的实体店广告汽车网络销售的网址、网名及网页，也可通过电视、交通广播网、汽车杂志、汽车展销会、大型商场、大型商业活动、微信、QQ等广告汽车网络销售的网址及网名。

3）通过商业网站进入本企业的汽车网络销售网页。将本企业的汽车网络销售网页挂靠在商业网站的平台上，如挂靠在淘宝、京东、苏宁等商业网站的平台上，借助这些大型商业网站平台销售汽车。

汽车网络销售网页内容主要包括：企业概况、汽车类型及性能、产品手册、汽车价格、网购汽车的流程、网购汽车的订单跟踪、联系企业的方式、关联的汽车实体店及其分布、付款方法及流程、交车的方法及流程、汽车保险及流程、汽车贷款及流程、试乘试驾、汽车维修及保养流程、网购汽车的投诉方法及流程、企业文化、客服中心、车辆救援、电动车充电服务、售后跟踪、网购汽车违约的处理方法及流程、节日等网购汽车的优惠活动等。

2. 汽车介绍

可从汽车的外观、结构和尺寸、性能、使用等方面介绍车辆。汽车的性能主要有动力性、经济性、制动性、操纵稳定性、平顺性、通过性、排放性等，要使用客户可接受的语言，还要考虑多数客户不具有汽车的专业知识。介绍车辆的方式主要有4种：

1）展示汽车的图片及文字。可给出不同方位的汽车外观图、车灯图、后视镜图、车内座椅及空间图、车内仪表及显示屏图、转向盘图、档位图、燃油车的发动机及传动系统图、电动汽车的电机及蓄电池图、电动汽车的增程器图、汽车的控制系统图、货车的车箱图、客车的行李箱图,给出汽车长、宽、高及轴距等几何尺寸,给出汽车的重量及载重量,给出汽车的最高车速、制动距离、百公里油耗、电动汽车的续驶里程、电动汽车的充电时间等性能参数。

2)网上直播汽车。汽车销售人员在网络视频中站在汽车旁,介绍汽车的结构、性能、价格、购车流程、售后服务等,回答客户的问题。

3)视频介绍汽车。视频展示汽车的结构、性能、使用、维护及保养。

4)QQ、微信介绍汽车的结构和性能参数等,回答客户的问题。

3. 实车体验

引导客户到附近的汽车实体企业看车、试乘试驾,并回答客户的问题。客户有实体车体验要求时,引导客户进行实体车体验;客户没有实体车体验要求时,这个流程可以省略。

4. 报价协商

网上给出汽车的价格,则无须报价协商。网上只给出汽车的价格范围,或需要另加配置时,往往要协商价格,汽车销售人员可通过QQ、微信、电话等报价,再与客户商订汽车的价格。在报价协商中,要以售出汽车为目标,在价格上双方共赢,共同满意。

5. 成交付款

成交后,网上签订合同,再付款,或直接付款。付款的方式,可采用支付宝、微信、数字人民币支付,也可通过手机银行、网银支付。优先考虑便于客户付款的方式。成交前,应主动告知客户交车的时间、地点和方式等。

6. 交车

交车的方式主要有以下两种:

1)汽车实体企业交车。如在官方认定的汽车4S店交车,这与整车销售业务流程管理中交车的形式及管理相同。

2)送车上门交车。根据客户给出的地址及联系方式,按大宗商品运输的方式和要求,用专用运输汽车的平板车,或其他方式送车上门,将完好的汽车送交客户,并按交车清单交车,清点随车附件。

在送车上门交车中,要确保汽车毫发无损。交车时填写交车清单,并得到客户认可和签字。要向客户交代用车注意事项,后续汽车保险等工作。未经客户同意,不得将车开到客户给出的地址,不得提前去除汽车发动机、行李舱盖上等处的保护膜,不得去除座椅上的保护膜,确保新车交给客户。交车后,可通过网络帮助客户做好汽车保险等工作,做好客户用车服务。

7. 售后跟踪

售后跟踪的方式主要有以下两种:

1)汽车实体企业售后跟踪。由汽车实体企业交车的,可由汽车实体企业进行交车售后跟踪,这与整车销售业务流程管理中售后跟踪的形式及管理相同。

2)网上售后跟踪。汽车网络销售企业,通过网络售后跟踪已售出的汽车,支持客户用好、保养好车,请客户在网上给出购车的建议和意见,做客观的好评。

在汽车网络销售业务流程管理中，要将汽车网络销售企业、销售网络、客户等作为系统全面管理，要将售后跟踪的信息反馈给本部门的领导及相关人员，形成管理的闭环。在汽车网络销售中，企业与客户通过网络联系，这是汽车网络销售的主要特点，企业要结合汽车网络销售的特点，多从便于客户网络购车方面，考虑汽车网络销售业务流程的管理。

汽车网络销售，将汽车实体企业销售及相关的汽车保险、贷款购车等移至网络，扩大了汽车销售范围，缩减了汽车实体企业销售的场地、人员等，可将汽车4S店的主要精力集中在汽车的保养和维修上，这有利于降低汽车4S店运营的成本，提高汽车服务质量，因此，汽车网络销售是应倡导的汽车服务，应推动和加强管理。

三、汽车维修业务流程管理

汽车维修业务流程分为预约维修、接车制单、维修作业、交车准备、结账交车和跟踪回访，如图4-3所示。

1. 预约维修

汽车预约维修是客户在维修车辆前，预先约定汽车维修的内容和时间等。客户通过电话、微信和QQ等方式预约维修。预约维修是接车工作的一部分。

图4-3 汽车维修业务流程

在预约维修中，企业的预约接待人员要记录客户姓名、电话以及维修车辆的品牌、车辆维修的内容和时间等信息。

为了在客户到来后能够如约开展车辆维修，预约接待人员同客户做好预约之后应及时通知接车员（预约接待人员也可能就是接车员），以便在客户到来之前做好必要的准备工作。

2. 接车制单

接车制单是由接车员接收客户需要维修的车辆，并签订车辆的维修合同，制定维修单。接车就是汽车维修企业接收业务，企业的经济来源从此开始。

接车维修管理步骤如下：

1）迎接客户。顾客来到汽车维修企业后，接车员要主动迎接、热情服务，注重形象与礼仪，尊重客户，体现出高水平的业务素质。

2）了解客户车辆需要维修的内容。

3）签订维修合同。汽车维修合同是客户委托维修企业进行车辆维修的合同文本。维修合同的主要内容有客户信息、车辆信息、维修企业信息、维修作业任务信息、附加信息和客户签字。

客户信息包括客户名称、联系方式等；车辆信息包括号牌号码、车型、颜色、底盘号、发动机号、行驶里程等；维修企业信息包括企业名称、电话，以便客户联系方便；维修作业信息包括车辆进厂时间、预计车辆维修完工时间、车辆维修项目、工时费、预计配件材料费；附加信息是指客户是否自带配件、客户是否带走旧件等。客户要在维修合同上签字。

4）接车员根据维修合同，制定维修单。维修单可与维修合同合为一体。

5）接车员接收车辆。签订维修合同后，接收车辆。接收车辆时，要检查车辆外观是否有划痕，车辆的内饰是否有脏污，随车工具、附件是否齐全，车内是否有贵重物品等。

3. 维修作业

（1）维修作业的一般流程管理。当接车员与客户签订好维修合同后，所承修的车辆就从客户手中接过来了，车辆维修的派工也由此开始。接车员将维修单给维修部，维修部按维修单组织车辆的维修，其维修流程作业管理的方式有简化和精细化两种。

1）简化的维修流程作业管理方式。该方式是接车员根据维修合同中的维修项目，将维修单随同承修车辆直接交给维修团队或维修人员进行维修，接车员兼职做了维修任务分配的工作。

2）精细化的维修流程作业管理方式。该方式是接车员将维修合同随同承修车辆交给维修部经理，再由维修部经理将维修单随同承修车辆分配给维修团队，维修团队负责人将维修任务分配给维修人员，维修人员进行车辆的维修。

这两种维修作业管理模式各有特点，至于维修企业应采用哪种模式，可根据企业实际情况自定。如客户开车出远门前来企业对汽车的轮胎气压、机油量等进行检查，无维修作业，可采用简化的维修作业管理方式，接车员直接安排相关人员进行检查。又如客户的汽车损坏严重，则可采用精细化的维修流程作业管理方式。

（2）维修作业团队的管理。不同的汽车维修企业或汽车4S店，有不同的汽车维修作业组织或团队。维修作业组织或团队可根据汽车的类型和结构组建，并按相应的技术进行维修作业和管理。

按汽车的类型和结构，汽车维修作业团队可分为燃油汽车、纯电动汽车、混合动力汽车和无人驾驶的智能电动汽车维修作业组。燃油汽车维修作业组可按发动机、底盘、电器及控制系统分类维修作业，纯电动汽车维修作业组可按电机及电池、底盘、电器及控制系统分类维修作业，混合动力汽车维修作业组可按增程器、电机及电池、底盘、电器及控制系统分类维修作业，无人驾驶的智能电动汽车维修作业组可按电机及电池、底盘、电器及控制系统、网络智能控制系统分类维修作业。

考虑燃油汽车、纯电动汽车、混合动力汽车和无人驾驶的智能电动汽车均有车身，在功用和构成方面共性较多，可以组建一个不分燃油汽车、纯电动汽车、混合动力汽车和无人驾驶的智能电动汽车的车身维修作业团队，负责车身的钣金和漆面维修等，再分别成立车身钣金和漆面维修作业团队或漆面维修作业组，进行相应的维修作业和管理。

（3）维修作业管理的注意事项。为保证维修的效率和质量，在维修作业管理中，应注意以下几方面工作。

1）维修人员接到维修单后，应当及时、全面、准确地完成维修项目，不应超范围进行维修作业。如发现维修内容与车辆的实际情况不完全相符，需要增加、减少或调整维修项目时，应及时通知接车员，由接车员联系客户，获得客户同意后，方可更改维修内容，并办理签字手续。

2）由于新车型、新技术不断出现，特别是无人驾驶的智能电动汽车的应用，对维修人员的综合技术素质要求越来越高，维修人员应当具备比较丰富的汽车理论知识与实践经验，须受过专业培训并取得维修资格后方可上岗。在维修作业中，维修人员应当严格按照车辆维修技术标准或规范进行，最后填写维修单。

3）维修作业时，应当注意文明维修。维修人员在作业中应当爱惜客户的车辆，注意车辆的防护与清洁卫生。如果条件允许，可给车辆加上翼子板护垫、座椅护套、转向盘护套、脚垫等防护用具。

4）维修作业时，应当注意安全维修。除了燃油、燃气易燃外，如果电动汽车的电压高于100V，易产生触电的安全事故。维修电动汽车时，维修人员要佩戴绝缘手套，并摘除身上所有金属物品，维修作业的安全措施要写入维修作业制度，并督促维修人员执行。

5）维修作业时应当注意维修团队间的合作，以保证总的汽车维修进度和质量。

4. 交车准备

汽车维修作业结束后，将车辆交付给客户前，有必要做一系列交车准备工作。交车准备工作包括质量检验、车辆清洁、准备旧件、完工检查、通知客户取车等。

1）质量检验。维修人员将车辆维修完毕后，需进行检验并填写质量检验记录。如果涉及发动机、电机及电池、转向系统、制动系统等维修项目，要试车并填写试车记录。必要时，还要在汽车综合性能检测线上进行检测，确保维修质量。

2）车辆清洁。客户的车辆维修完毕之后，由车辆清洗组进行必要的车内外清洁，以保证车辆交付给客户时是一辆维修完好、内外清洁、符合客户要求的车辆。

3）准备旧件。如果维修合同中显示客户需要将旧件带走，维修人员则应将旧件擦拭干净，包装好，放在车上或客户指定的位置，并通知接车员。

4）完工检查。承修车辆的所有维修项目结束并检验合格之后，接车员根据维修合同和企业的车辆保养维修类完工检查标准，进行完工检查。完工检查的主要工作是核对维修项目、工时费、配件材料数量，材料费是否与估算的相符，完工时间是否与预计相符，故障是否完全排除，车辆是否清洁，旧件是否准备好等。

5）完工检查后，接车员通知客户取车。

5. 结账交车

结账交车是与客户结算汽车维修费用，将维修后的车辆交给客户。结账交车由接车员完成。结账交车的流程：客户验车→结算→交车。

1）客户验车。根据维修合同，接车员指导和协助客户验车。有汽车性能等检测报告的，应向客户展示汽车性能等检测报告。

2）结算。接车员根据维修合同及企业维修价格表，制定结算单；客户根据结算单，到财务部交费。客户对结算单有疑问，接车员要解释结算单中相关内容，尊重客户的知情权，消除客户的疑虑，让客户明白消费，提高客户满意度。

结算单是客户结算汽车维修费用的依据，结算单中包括客户信息、客户车辆信息、维修企业信息、维修项目及费用信息、附加信息、客户签字等。客户信息包括客户名称、联系方式等；车辆信息包括号牌号码、车型、底盘号、发动机号、上牌日期、行驶里程等；维修企业信息包括企业名称、地址、邮编、开户银行、账号、税号、电话等信息，以便客户联系；维修项目及费用信息包括进企业时间、结算时间、维修项目及工时费、使用配件材料的配件号、名称、数量、单价、总价等。客户要在结算单上签字，这意味着客户对维修项目以及费用的认可。

结算单一般一式两联，客户带一联，另一联由维修企业的财务部门留存。财务人员负责办理收款、开发票、开出门证等手续。

3）交车。客户结算后取车，接车员看过结算的修车发票后，将车交给客户，并告知使用中的注意事项和下次车辆保养的时间。在完成交车手续后，接车员应亲自将客户送出门。客户根据修车发票和出门证，开车离开汽车服务企业。

6. 跟踪回访

当客户提车离厂后，汽车维修企业的市场部应在一周之内进行跟踪回访，了解客户对车辆维修质量、客户接待、收费情况、维修时间等方面的意见。这有利于汽车维修企业发现不足、改进汽车维修工作，形成汽车维修管理的闭环，提高客户的满意度。

四、电动汽车充电桩业务流程管理

在电动汽车的销售中，涉及电动汽车充电桩的销售及售后的安装，电动汽车充电桩的安装涉及客户所在小区的车位、小区的物业和小区所在地的供电公司等。

电动汽车充电桩业务从客户购买电动汽车的充电桩开始。电动汽车充电桩的服务企业可采用一站式全程服务，即由充电桩的销售或安装企业完成充电桩的全部安装工作，让客户放心、安全地使用充电桩。电动汽车充电桩业务流程如图4-4所示。

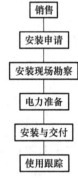

图4-4　电动汽车充电桩业务流程

1. 销售

电动汽车的充电桩是电动汽车的附件。住宅小区和企事业单位常安装由多个充电桩组成的电动汽车充电站，并将建设电动汽车充电站的任务承包给充电桩的安装公司，由充电桩的安装公司购买充电桩，再完成充电桩的安装，或承包给充电桩的生产或销售企业，由其完成充电桩的安装；也有的住宅小区和企事业单位自己向充电桩的生产或销售公司购买充电桩，并委托其安装。个人客户在购买电动汽车时，有的电动汽车销售企业同时向客户赠送充电桩（多送慢充电的充电盒），也有的客户自己购买充电桩，还有的客户仅单独购买充电桩。

充电桩的生产和销售企业不论是将充电桩销售给住宅小区或企事业单位，还是将充电桩销售给安装电动汽车充电站的承包商，或是将充电桩销售给购买电动汽车的个人，都要注意所销售的充电桩应与客户所使用的电动汽车或混合动力汽车匹配，包括电压、电流、功率、接口、通信协议等，所销售的充电桩要符合充电桩的国家标准。本企业有充电桩的安装服务时，要告知客户充电桩的安装服务内容及收费标准；如果没有充电桩的安装服务或需客户自己解决充电桩的安装问题时，要告知客户充电桩的安装和使用注意事项。以上所说的客户包括自己购买或委托充电桩安装公司购买充电桩的住宅小区、企事业单位和个人，也包括受赠充电桩的住宅小区、企事业单位和个人。

2. 安装申请

充电桩的安装申请表是安装充电桩的委托书。客户购买电动汽车的充电桩后，有充电桩安装需求的，填写充电桩的安装申请表并签字，充电桩安装申请表的内容主要包括：申请单位或申请人，电动汽车的类型，电动汽车的生产企业，充电桩的型号，充电桩的生产企业，购买充电桩的日期及发票号码，安装充电桩的地点、联系人、联系人电话和地址，本企业的充电桩安装负责人签字，本企业盖章，充电桩的安装费用和备注等。

如果客户没有充电桩安装需求，不需要提交充电桩的安装申请表，但充电桩的销售企业要对客户电动汽车的充电情况进行跟踪，为客户用好充电桩及所购买的电动汽车或混合动力汽车服务。

对于个人客户，如在购买电动汽车时一并购买了充电桩，销售电动汽车的企业应做好充电桩的安装工作，力争让自己的员工完成充电桩的安装，并力争免费安装，以吸引客户。这样不仅能保证客户用好充电桩，还能保证客户用好所购的电动汽车或混合动力汽车，提高客户的满意度，并从中获得充电桩的销售利润。

3. 安装现场勘察

建设电动汽车的充电站时，需要安装的充电桩数量较多，安装充电桩前，充电桩安装公司要进行充电桩的安装现场勘察，先确认是否具备安装充电桩的条件，包括固定的停车位、电力条件、安全性等，并向客户索取电力公司审批安装充电桩所需材料，包括充电桩的发票和充电桩技术参数说明书、小区物业同意安装充电桩的证明、车位产权证明等，再根据电动汽车的车位，绘制充电桩的安装位置及安装结构图，绘制充电桩的电路图，标明充电桩及动力插座位置。

4. 电力准备

充电桩的电力准备涉及供电企业，受委托的充电桩安装公司要向供电公司申请动力电，并由供电公司在充电桩附近安装动力插座及专用电表。

在向供电公司申请动力电时，受委托的充电桩安装公司要向供电公司提交充电桩的动力电申请表，并提交充电桩发票和充电桩技术参数说明书、小区物业同意安装充电桩的证明、车位产权证明等材料，涉及个人客户时，要提交客户的身份证。

5. 安装与交付

销售电动汽车的企业或充电桩的安装公司，要安排具有安装充电桩资质的专业技术人员安装充电桩。

安装充电桩前，安装人员要根据充电桩的安装申请表等，核对安装充电桩的客户信息，充电桩发票和充电桩技术参数说明书、充电桩的安装场地、安装位置及安装结构图，充电桩的电路图和充电桩实物等，查看动力插座的预设位置。

安装充电桩时，安装充电桩的技术人员要带好并使用相关的设备和材料，按充电桩的结构、安装位置和结构图、电路图、安装技术要求等，完成充电桩的安装，进行防火、防触电、防充电桩周围有易燃易爆物等的安全检查，打扫卫生，清洁安装现场；要在充电桩安装制度的约束下，做到安全、绿色、文明安装，尽量不要影响周围的环境和人。

安装充电桩后，向供电公司提出验收申请，供电公司验收合格后，由供电公司完成充电桩的动力插座及专用电表的安装工作，充电桩的安装公司和客户要予以配合。之后，充电桩的安装技术人员要从充电桩的使用角度，进一步做充电检验，包括检测充电的电压、电流和温度等。

检测充电桩符合要求后，充电桩的安装技术人员向客户交付充电桩，介绍充电桩的使用方法和要求，指导客户使用充电桩，并由客户进行充电实践，验证充电桩能否安全、正常工作；客户验收后，要在充电桩的安装申请表上签字；安装人员要向客户交代充电桩的安全使用等注意事项，交代充电桩的质保内容及年限、申请充电桩的维修及安全检查方法。以上内容可参见充电桩的使用说明书，如使用说明书中没有标明，应向客户提供相关材料。

6. 使用跟踪

通过电话、微信、QQ等，请客户评价充电桩的质量和安装质量，指导客户解决使用充电桩中的问题，提醒客户做好充电桩的安全保养和使用等。客户用好充电桩，是电动汽车充电桩销售业务的重要内容，不仅有利于提高客户的满意度，而且还会给销售电动汽车的企业带来正面评价。

五、车辆美容业务流程管理

车辆美容业务流程如图4-5所示。

1. 美容预约

一家正规专业、服务优质的汽车美容店应有一套预约流程，为顾客留下好的印象，以吸引顾客，留住顾客。

预约美容步骤如下：

1）顾客来电时，留下顾客联系方式及姓名。

2）初步了解顾客需求，准确告知顾客营业时间。

3）约定来店洽谈时应避开店内顾客高峰时间，以便有更多接待时间充分了解顾客的需求，预约的时间也应考虑顾客。

图4-5 车辆美容业务流程

4）预约结束后一定要发短信告知顾客汽车美容店的地址及店面标志。

5）及时告知店内当天、当时、当班的汽车美容业务员做好充分准备。

2. 接车美容

接车美容步骤如下：

1）顾客来到汽车美容店之后，负责接待的人员要主动迎接、热情服务，切忌顾客到店无人理、无人问的情况出现。

2）了解顾客的实际需求，并及时转至相关人员，直至顾客满意。

3）对于犹豫不决的顾客提供至少两套优质汽车美容服务方案，以供参考。

4）对于详细询问的顾客，要一一耐心解答汽车美容服务项目及其优点。

5）向顾客确认汽车美容服务项目的费用。

3. 美容作业

美容作业步骤如下：

1）按照顾客需求，准确地填写派工单，让顾客检查并确认。确认后，向汽车美容技师分派工作。

2）接到派工单后，汽车美容技师应严格按照顾客需求施工，并告知施工方法。汽车美容过程中，按照汽车美容操作技术标准和工艺流程进行操作。

3）汽车美容完成后，应经过汽车美容店专门负责质量检验员工的检验，确认符合汽车美容标准后，才能向顾客交车。

4）汽车美容店员工应确保交付到顾客手中的车车况良好，并确认顾客对交车过程和本店的汽车美容服务流程感到满意。

5）向顾客说明费用明细，还应询问顾客是否需要了解其他情况。尽量让顾客满意，让顾客成为回头客。

4. 美容服务跟踪

做好汽车美容服务跟踪，可保证双方关系的良好发展，只要汽车美容店反应迅速，即使顾客有某些抱怨或担忧，也可以及时地处理问题和化解矛盾。

汽车美容服务中，要着眼于本店与消费者的持续发展，这对汽车美容店的稳健经营至关重要，关系到顾客是否愿意再来本店消费，以及是否愿意介绍新顾客。

六、车辆租赁业务流程管理

车辆租赁业务流程如图4-6所示。

1. 接待

电话接待客户时，应说"您好"，并告知汽车租赁公司的名称，要认真、准确、翔实地解答客户的询问。

来访接待时，应先于客户说"您好"，主动打招呼，待客要温和、亲切。

2. 调配车辆

依客户需求，提供待租车辆。公司副总经理负责审批车辆调配事宜，并指定专人在计算机系统内记录车辆的调配信息。

3. 提交租车资料

（1）团体客户。所需提交资料包括：客户名称、电话、办公地址、联系人等。提交证件包括：营业执照（或社会团体法人登记证书）副本、原件；组织机构代码证书原件；法定代表人居民身份证复印件；公章或合同章；经办人居民身份证、机动车驾驶证复印件。

图4-6 车辆租赁业务流程

（2）自然人客户。提交资料包括：真实姓名、电话、经常居住地等信息。提交证件包括：居民户口簿或暂住证或外国人居留证原件；居民身份证或护照原件；机动车驾驶证原件；外国人工作证明，含外国人就业证、租房协议等。客户如无承租资格，应提供担保人。

（3）担保人。担保人为自然人的应提交下列资料和证件：担保人名称、电话、办公地址、联系人、注册资金不低于人民币 100 万元等；法人营业执照或社会团体法人登记证书副本原件；组织机构代码证书原件；法定代表人居民身份证原件和授权经办书或介绍信。

4. 资料审核

（1）法人客户。资料审核包括：法人营业执照是否真实存在、是否年检；营业执照法定代表人与其居民身份证是否相符；企业法人代码证书与营业执照名称是否相符；外国（地区）企业常驻代表机构登记证是否合法；注册地址是否与现办公地址相符（不符的需实地核实）；公章或合同章与营业执照名称是否相符。此外，承办人还应当登录所在市公安交通管理局网站审核以下内容：驾驶人资质；机动车驾驶证是否有效，身份信息是否相符；年内有无重大交通违法；违法积分是否低于 12 分；联系方式是否可靠、有效，等等。

（2）自然人客户。资料审核包括：居民身份证与户口簿信息是否相符；居民身份证与机动车驾驶证信息是否相符；市公安交通管理局网站上信息与其证件信息是否相符；年内重大交通违法情况、违法积分情况；单位、家庭电话等联系方式是否可靠、有效。

（3）担保人。担保人为自然人的资料审核包括：居民身份证与户口簿信息是否相符；联系方式（包括单位、家庭电话等）是否可靠、有效。担保人为法人的，应登录工商行政管理局网站核实法人营业执照是否真实存在、是否接受年检，法人营业执照法定代表人与其居民身份证是否相符，企业法人代码证书与营业执照名称是否相符，外国（地区）企业常驻代表机构登记证是否合法，注册地址是否与现办公地址相符（不符的需实地核实），公章或合同章与法人营业执照是否相符，联系方式是否可靠、有效。

5. 建立客户档案

将核实无误的新客户信息录入系统。老客户信息须定期重新核实，并在计算机系统内更新。

6. 签订合同

（1）汽车租赁合同文本资料包括：汽车租赁合同、租赁车辆租用告知书、特别约定、车辆交接单。

（2）汽车租赁合同签订流程：审核客户租车手续，录入系统；制作汽车租赁合同登记表；签订合同。

7. 收取租金

收取租金时，先录入计算机系统，生成汽车租赁付款单，再收取保证金、租金，交客户签字确认，开具正式发票和保证金收据。

租金标准严格执行公司统一的价格标准，避免出现价格差异。公司经理统一折扣底线，长租价格有折扣，短租价格无折扣。

收取费用低于汽车租赁合同标准的，须填报业务备案申请审批，如：保证金低于汽车租赁合同标准 50% 的，违约金低于汽车租赁合同标准的等情况，须审批。

8. 发车

租金以支票支付，到账后方可发车，租期从发车时间开始计算；以现金付款，可当时发车。业务人员要按照《车辆交接单》载明的事项和以下要求进行车辆交接：

1）向承租方交接并点验车辆钥匙、机动车行驶证、车辆服务卡、交通事故快速处理单、随车工具、备胎、灭火器和故障警示牌。

2）应主动将车辆外观的所有损伤，如划痕、凹痕和掉漆等指示给承租方，经双方确认后，在车辆交接单中的车辆图上进行相应标注。外观缺陷标注图例表示为：划痕"—"、凹痕"○"、掉漆"///"、破损"U"，应将其准确标注在车辆交接单上。

3）应主动向承租方讲解车辆性能，演示车辆安全操作事项。

4）向燃油汽车提供不少于10升的燃料，电动汽车要充满电。

5）业务人员应当逐项填写车辆交接单，填写内容要准确、齐全，车辆交接单须经汽车租赁双方核对确认并签字。

9. 车辆收回

正常收回：按车辆交接单——发车记录各项内容检查车辆外观、内饰、机械性能、随车工具的完好性，收回车辆钥匙和车辆行驶证，填写车辆交接单——交回记录，双方确认签字。在系统中完成"还车"流程操作。

受损车辆收回：收车时，遇车辆损坏，公司业务人员应负责收集保险材料并指导承租方报险。将出险车辆送到指定汽车修理厂，将保险材料移交给租后服务部，在保险公司定损后，公司业务人员按合同理赔比例，收取客户车损费用。如车辆伤情较轻、涉及赔偿金额较小，可在向租后服务部咨询价格、与客户协商后，酌情收取客户车损费用，将车辆送指定汽车修理厂修理，在系统中完成"还车"操作。

10. 结算

结算流程：业务人员编制退款计划，业务主管复核退款计划，业务人员预约退款，财务部审核、配款，财务部退款，业务人员结算合同，结算合同粘贴印花税，结算合同加盖合同终止章，已结算合同档案交至办公室保管。

七、汽车保险与理赔业务流程管理

汽车保险与理赔业务流程如图 4-7 所示。

1. 汽车保险业务流程管理

机动车辆保险，即汽车保险，简称车险，是指对机动车辆由于自然灾害或意外事故所造成的人身伤亡或财产损失负赔偿责任的一种商业保险。

机动车辆保险一般包括交强险（机动车交通事故责任强制保险的简称）和商业险，商业险主要分为两个主险种和九个附加险，两大主险包括车辆损失险和第三者责任险；附加险包括全车盗抢险、车上责任险、无过失责任险、车载货物掉落责任险、玻璃单独破碎险、车辆停驶损失险、自燃损失险、新增加设备损失险、不计免赔特约险。在投保中，被保险人在购买主险，也就是车辆损失险、第三者责任险后方可

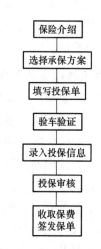

图 4-7 汽车保险与理赔业务流程

选择购买附加在两个主险上的各种附加险。此外，国家强制机动车所有人必须购买交强险。

（1）保险介绍。购置车辆后，车辆所有人开始选择保险公司，并购买汽车保险，成为被保险人或投保人。保险公司的业务员有如实告知义务，应向被保险人介绍保险种类、保险金额以及赔偿限额、赔偿处理程序及要求、服务体系以及承诺等，对保险条款做必要的解释，供车辆所有人参考，以利于购买合适的保险。

（2）选择承保方案。被保险人根据实际需要选择相关的保险类型，保险业务员可根据自己的业务知识，从专业的角度为被保险人设计承保方案，并评估被保险人可能面临的风险，确定合适的保险金额以及赔偿限额。

（3）填写投保单。当被保险人确定承保方案后，保险业务员应指导被保险人填写投保单，填写的内容包括：投保人的姓名、联系电话、地址、车辆种类、号牌号码、发动机号码及车架号、使用性质、吨位或座位、车辆行驶证、初次登记年月、保险价值、车辆损失险保险金额的确定方式、第三者责任险赔偿限额、附加险的保险金额或保险限额、车辆总数、保险期限、特别约定、投保人签章等。投保单是被保险人向保险人申请订立保险合同的依据，也是保险人签发保单的依据，要慎重填写，谨防错误，不得涂改，并提醒被保险人履行如实告知义务，对与保险风险有直接关系的情况，被保险人应当如实告知保险公司。

（4）验车验证。根据被保险人的投保单，验证相应的车辆和证件，并复印相关的证件，对车辆拍照。须复印的证件有：投保人的车辆行驶证、组织机构代码（被保险人为法人或其他组织的）、居民身份证（投保人为自然人的）、投保经办人的居民身份证、车辆合格证、新车购车发票和约定驾驶人的机动车驾驶证，等等。

（5）录入投保信息。由保险公司的工作人员将投保单中的投保信息等录入计算机，形成电子文件，供投保审核、出险时理赔等使用，同时存档投保单和相关证件的复印件。

（6）投保审核。投保审核是保险公司在业务经营过程中的一个重要环节，由保险公司资深的专业技术人员对投保人的申请进行风险评估，决定是否接受这一风险，并在接受风险的情况下，决定承保的条件，包括使用的条款和附加条款、确定费率和免赔额等，排除不必要的运作风险。

（7）收取保费，签发保单。投保审核完成后，被保险人缴纳保费，保险公司收取保费，开出发票，签发保单。至此，汽车保险业务流程结束，完成被保险人的投保。

2. 汽车理赔业务流程管理

汽车理赔是指汽车保险合同所约定的保险事故（或保险事件）发生后，被保险人（或投保人、受益人）提出保险金赔偿时，保险人按汽车保险合同履行赔偿或给付保险金的行为过程。汽车理赔以保险条款、交通管理部门颁发的交通事故处理办法以及相关的法律为依据，理赔工作是保险人履行保险合同义务的法律行为。汽车理赔业务流程如图4-8所示。

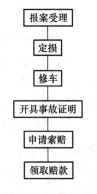

图4-8　汽车理赔业务流程

（1）报案受理。车辆发生事故后，由被保险人向保险公司和交警部门报案，被保险人向保险公司报案时，要求被保险人做以下工作：

1）出示保险单、车辆行驶证和机动车驾驶证。被保险人在事故现场电话报案时，理赔业务员可先在保险公司的计算机系统中核查被保险人的保险单,再到事故现场核查车辆行驶证和机动车驾驶证。

2) 被保险人要把自己及对方的车送到保险公司,或送到保险公司指定的维修公司等地方。

3) 填写车辆出险登记表。

做完以上三件事,给被保险人一式两联的车辆出险登记表和一张出险通知书。它们的用途是:车辆出险登记表其中一联交给保险公司的定损人员,另一联供填写出险通知书和领取赔款时使用。出险通知书填好后,连同修车手续一起交回保险公司。

(2) 定损。被保险人要拿着车辆出险登记表去理赔部找定损人员,并把其中的一联交给定损人员,由定损人员查验事实并核对各项单证,及时做出应否承担保险责任及承担多大责任的核定,并将核定结果告知被保险人或者受益人,确定车辆的修理项目和修理费用。定损时要注意,哪里坏了修哪里,修理费用要合适,只有加强对定损人员的技术培训,才能进行合适的定损。定损后,给被保险人一张定损单,并要求其保管好定损单。

(3) 修车:

1) 送车。被保险人送车时,要拿上定损单,把它和车一起交给保险公司指定的修理厂。修理厂要按照定损单上所列的定损项目修车,并给被保险人一张提车单,作为提车时的证明。

2) 交费提车。车修好后,被保险人可以凭提车单支付修理费后把自己的车提回,同时向修理厂索要修车发票、托修单、施工单、材料单等单据,这些单据都必须加盖修理厂的公章,否则无效。

(4) 开具事故证明。修完车后,被保险人可以拿着对方车的修车发票同对方车主一起去交警队结案。结案后,投保人可得到一张事故证明,凭借事故证明可以拿回自己的证件。

(5) 申请索赔。被保险人拿着上述的出险通知书、定损单、修车发票、托修单、施工单、材料单、事故证明等到保险公司,交给理赔部,申请索赔,理赔部工作人员按公司规定受理索赔申请。

(6) 领取赔款。理赔部工作人员受理索赔申请后,根据合同和公司规定,对其进行进一步审核,审核通过后,向被保险人发一份领取赔款通知。被保险人带上身份证和车辆出险登记表领回赔款,理赔部工作人员存档出险通知书、定损单、修车发票、托修单、施工单、材料单、事故证明等理赔材料。至此,理赔工作结束。

在处理理赔案过程中,要坚持实事求是的原则,正确确定保险责任、给付标准、给付金额;要重合同,守信用,正确维护保户的权益;要主动、迅速、准确、合理理赔,让保户感觉到保得放心,赔得心服。

八、二手车交易业务流程管理

二手车交易业务流程如图4-9所示。

1. 车辆合法性确认

二手车交易前,要进行车辆合法性确认,其主要内容有:

(1) 检查车辆识别码、发动机号是否与车辆行车执照记载符合,

图4-9 二手车交易业务流程

厂牌、型号、发动机功率、出厂日期是否与行车执照一致。

（2）检查车辆有无机动车登记证书；有无行驶证，行驶证是否按规定已经进行年检；有无车辆原始购车发票，有无购置附加税证，有无养路费缴纳凭证等。

（3）如为单位车辆，必须出具单位介绍信；如为个人车辆，必须出具个人身份证。

（4）检查车辆保险单及保险到期时间。

（5）检查是否有环保标志。

（6）查询车辆是否有交通违法记录。

2. 车辆评估

（1）识伪。看被评估的车辆是否是走私、盗抢、改拼装车辆；是否为国家行政机关罚、没收车辆，是否在抵押状态。

（2）车况的检查。检查车辆的外观、内装、发动机、底盘、电气及附属装置，有无事故发生，车辆部件的磨损程度。外观的检查包括：车辆是否发生碰撞受损、车门是否平整、油漆修补情况、油漆脱落情况和车辆的金属锈蚀程度；轮胎、玻璃的磨损程度及更换状况。内饰的检查包括：座椅的新旧程度、座椅是否下凹、座椅能否正常调节；车窗玻璃升降是否灵活；仪表是否原装、踏板是否有弹性。发动机的检查包括：观察发动机的外部状况，看机体外有无油迹；检查发动机油量，抽出机油尺查看机油是否混浊不堪或起水泡；揭开散热器看风扇传动带松紧是否合理等。底盘的检查包括：车架、钢板弹簧、传动轴中间轴承等是否损坏，检查车底部漏水、漏油情况。电气及附属装置的检查包括：检查灯光、空调、反光镜、收音机、CD机、随车工具等。

在二手车的动力性、制动性、排放性等车辆的性能指标检查及评估中，要使用测功机、与气体分析仪等仪器设备进行检查及评估，要使用汽车故障解码器检查汽车是否有故障，用漆膜仪检查漆面，减少人为的评价因素，这样能较好地反映二手车评估的质量和技术水平。

（3）价格评估参考。价格评估一般以评估报告的方式进行，要有两名具有二手车评估师资质的人签字（其中至少要有一名高级评估师），还要有评估机构的资质说明。

3. 车辆交易

（1）在车辆过户时实行经营公司代理制，过户窗口不直接对消费者办理。客户将车开到二手车市场，由二手车经营公司为其代理完成过户程序：评估、验车、打票。

（2）二手车经工商部门备案后才能办理车辆的过户或转籍手续，买卖双方需签订由工商部门监制的二手车买卖合同，合同一式三份，买卖双方各持一份，工商部门保留一份。

（3）等评估报告出来后，开始办理过户手续。办理好的过户凭证由买方保留，卖方最好也保留一份复印件，以备日后不时之需。

（4）有下列情况之一的不予办理过户：

1）申请车主印章与原登记车主印章不相符的。

2）未经批准擅自改装、改型，变更载重量、乘员人数的。

3）违章、肇事未处理结案的或公安机关对车辆有质疑的。

4）达到报废年限的；对已达到报废使用年限，但车辆技术状况较好，使用性质为自用的汽车，经特殊检验合格后，在达到报废使用年限后两年内，准予申办过户登记，但不准转籍。

5）未参加定期检验或检验不合格的。
6）新车入户不足三个月的（进口汽车初次登记后不满两年的，但法院判决的除外）。
7）人民法院通知冻结或抵押期未满的车辆。
8）属控购车辆无申报牌照证明章的。
9）进口汽车属海关监管期内，未解除监管的。

九、汽车服务企业经营流程及其管理的设计

经营流程及其管理设计的主要内容：经营主要顺序、流程的各步骤中员工的主要任务及要求。例如，在整车销售业务流程及其管理的设计中，要设计出相应流程图，给出各步骤中员工的主要任务及要求。

经营流程及其管理设计的主要方法：根据经营项目及其技术特点，设计经营流程及其管理。对于新经营的项目，可先进行调研，再根据经营项目的技术特点及本企业的情况，采用类比法设计，类比同类型的汽车服务经营项目的经营流程及其管理，设计本企业的经营流程及其管理，如有多个汽车服务企业的经营流程及其管理供参考时，用比较法进行比较，择优类比设计，一定要结合本企业的情况，不可照抄。对于已经营的项目，可进行企业内外经营情况的调研，要看到他人经营管理中的长处，发现自己的不足，再根据经营项目的技术特点及本企业的情况，移植好的经营流程及其管理方法，改进、创新经营流程及其管理。例如，在汽车维修业务流程及其管理的设计中，可根据汽车的结构及技术特点，结合本企业的汽车维修服务设备、场地和员工的技术水平，用类比法、比较法和移植法，进行改进、创新设计。

经营流程及其管理设计主要由经营流程部门完成。在设计过程中，可并行设计，请人事、物资、财务等部门参与设计，提出改进设计的意见，优化设计。

经营流程及其管理主要是经营技术的管理流程，一定要根据经营项目及其技术特点进行设计。

第三节　汽车服务企业经营评价与控制

一、汽车服务企业的经营评价

1. 汽车服务企业经营评价的内容

汽车服务企业经营评价的主要内容如下。

（1）经营绩效评价。汽车服务企业经营绩效是指一定经营期间的企业经营效益和经营者业绩。汽车服务企业经营效益水平主要表现在企业的盈利能力、资产运营水平、偿债能力和后续发展能力等方面。经营者业绩主要通过经营者在经营管理企业的过程中对企业经营、成长、发展所取得的成果和所做出的贡献来体现。

（2）顾客满意度评价。顾客满意度评价要评价汽车服务经营中老顾客的留存量，新顾客

的增加量，顾客的满意度及其比例，顾客的投诉量及其比例，重大汽车服务事件的顾客投诉等。

汽车服务经营评价，要考虑汽车服务企业能否持续经营，不能只评价目前经营状况，要考虑经营给企业带来发展、稳定，还是倒闭、破产。此外，还要考虑汽车服务总体经营评价和各项目的经营评价，在某些汽车服务经营项目上不盈利，不代表该经营项目对经营利润获取不起作用。例如汽车销售、维修后的免费洗车服务，虽然汽车服务企业没有直接从洗车服务项目中获利，但提供洗车服务可使顾客得到干净的车辆，从而提高顾客的满意度，支持了汽车销售、维修，洗车服务的利润和成本可计入汽车销售和维修费中。又如，汽车及美容产品销售人员向客户介绍车辆性能及美容产品是不收费的，顾客还可免费看新车的宣传片，免费试乘试驾，但这些费用已计入汽车及美容产品销售总服务费中，实际上由购车和购买汽车美容产品的客户承担。

2. 汽车服务企业经营评价的方法

（1）对比分析法。将目前的汽车服务经营与过去的汽车服务经营对比，将本企业的汽车服务经营与同城市、同行企业的汽车服务经营对比，与不同城市、同行企业的汽车服务经营对比，得到评价结论。

（2）统计分析法。用数理统计的方法，进行汽车服务经营分析，对目前汽车服务经营状况做出评价，预测未来汽车服务经营成果。

3. 汽车服务企业经营评价的程序

首先确立汽车服务经营评价项目和指标，获取汽车服务经营信息，选用合适的汽车服务经营评价方法进行评价，在此基础上，给出汽车服务经营评价结果，必要时，预测未来汽车服务经营成果。可进行自我经营评价，也可成立经营评价小组，或请企业外的专家给予经营评价。

二、汽车服务企业的经营控制

1. 汽车服务企业经营控制的内容

汽车服务企业的战略确定以后，根据企业的战略确定经营目标，制订经营计划，开展汽车服务经营的工作，实施相应的经营控制。汽车服务企业的经营控制是一项综合且具体的管理工作，涉及经营战略、利润和成本、资金等，其主要内容如下：

（1）控制经营方向，防止经营战略上出现失误。每个汽车服务企业在发展过程中，或多或少都有自己的战略目标，无不重视战略。企业成功与否，取决于战略成功与否。正确的汽车服务企业经营战略，会促使企业不断发展，而错误的汽车服务企业经营战略，则很有可能导致企业的失败。因此，汽车服务企业经营的战略非常重要，企业经营要根据企业的战略，控制经营方向，防止经营战略上出现失误。

汽车服务企业在经营战略上主要应防止出现以下失误：

1）防止企业经营盲目多元化。

2）防止企业经营太单一化。

3）防止企业扩张过快，致使其他各方面跟不上企业的快速扩张需要。

（2）控制经营利润和成本，防止长期亏本经营。汽车服务企业经营有利润，才能生存，经营获利是企业经营的目的。降低成本，是提高利润的主要措施。企业长期亏本经营，将难以弥补企业的资金缺口。因此，汽车服务企业要控制经营利润和成本，力争利润最大化，成本最小化，防止长期亏本经营，不干长期亏本的汽车服务项目。

（3）控制经营资金，防止资金出现危机。企业出现资金危机，将难以生存。资金是企业危机的主要因素。汽车服务企业在发展过程中，一定要防止资金出现危机。此外，要勤俭节约，不铺张浪费，事先做好储蓄，以应不测。

（4）控制服务质量和时间，防止粗糙服务、超时服务。服务质量和时间是赢得顾客、可持续经营的重要因素，汽车服务企业在经营中，要控制服务质量和时间，通过引进先进技术和设备提高服务质量，降低服务时间，吸引顾客，倡导高质量和速度经营，防止粗糙服务、超时服务，引起顾客量下降和汽车服务量下降。

（5）控制竞争力度，防止恶性竞争。汽车服务企业之间的经营竞争是正常的，是不可避免的，但"一定要战胜对手"的观念是错误的。汽车服务企业通过竞争，实现盈利和企业发展的双赢，才是企业制胜的法宝。如果一定要拼个你死我活，那样只会造成恶性竞争，大伤企业元气，企业在人、财、物方面将严重受挫。因此，为了企业生存和长远发展，要控制竞争力度，必要时可降低竞争力度，防止恶性竞争，避免两败俱伤。

（6）控制顾客满意度，防止只顾企业利益，不顾顾客利益。有顾客，才有经营。经营中，让顾客满意是为了留住顾客。因此，要控制顾客满意度，防止只顾企业利益，或只顾企业赚钱，不顾顾客的利益。汽车服务企业是通过汽车服务项目及其优质服务获利的，只顾自己的利益，不顾顾客的利益，这不是汽车服务企业可持续发展之计。

汽车服务企业在经营控制中，要避免不直接从事经营活动的其他部门也与经营相关，要防止企业文化、人才、技术、信息、设备、配件供应跟不上而影响企业的经营发展，还要防止企业在经营过程中不愿改变现状而阻碍经营发展。

（7）控制企业内部运作，防止经营失控。企业做大之后，经营部门的人数将大大增加，经营将更加复杂，各种各样的经营问题也将产生，在这种情况下，更要做好汽车服务企业内部管理工作，控制企业内部运作，有序开展汽车服务工作，及时解决经营中的问题，防止经营失控。

2. 汽车服务企业经营控制的方法

（1）按汽车服务企业经营控制的具体职能划分：

1）状态控制。状态控制是计划执行过程中的控制。它是通过调节与控制手段，消除实际状态与要求状态（即计划或标准等）的偏差而进行的一种控制。例如，在汽车服务过程中，调度员按服务作业计划所进行的各种调度工作就属于此种控制范畴。

2）补偿控制。补偿控制是为防止经营系统脱离所要求的状态，或为排除经营系统脱离所需状态的外围因素影响而进行的一种控制。例如，企业及时贷款，以满足及时补偿汽车服务资金周转的需要，就属于此种控制范畴。

3）适应控制。适应控制是为了适应新的外部环境或条件而进行的一种控制。例如，为适应汽车新技术发展和顾客对汽车服务新的要求,而学习新的汽车服务技术,增加汽车服务经营设备和项目就属于此种控制范畴。

(2)按汽车服务企业经营控制的阶段划分:

1)经营计划制订控制。经营计划制订控制是控制汽车服务企业经营计划的制订。搞好经营控制的首要任务就是编制好汽车服务企业经营计划,经营计划制订控制也是事前控制或预先控制。

2)经营过程控制。经营过程控制是在经营过程中,依据计划执行者与计划执行监测者的实际观察或检查而实施的一种控制,其目的在于保证经营行为按经营计划实现。经营过程控制也是事中控制。

3)经营结果控制。经营结果控制是计划执行终了,通过考核,将实际经营情况与经营计划(或标准)进行比较的一种控制。经营结果控制也是事后控制。事后控制的方法往往会造成经营损失,但可亡羊补牢。

上述三种控制是相互联系和互为前提的。在汽车服务经营中,主要采用经营计划制订控制和经营过程控制的方法。经营控制以预防为主,从经营计划制订时开始,预先控制的内容和措施就应写入经营计划,并在经营过程中实施和督察,及时纠正经营错误。

(3)按汽车服务企业经营控制的流程划分:

1)串行控制。串行控制是先经营计划控制,再经营过程控制,最后经营结果控制。这种控制的缺点是经营计划者不可能全面了解各部门在经营中的运作,难以全面考虑所有部门在经营中的问题而提前预防,往往是在经营中解决问题,或发现问题后再补救,易造成经营损失。串行控制也是与汽车服务经营有关的各部门一起进行的事中和事后控制。

2)并行控制。并行控制是在经营计划刚开始及过程中的第一步,便与汽车服务经营有关的人事、财务、物资等部门一起参与控制工作,直至经营项目结束,由经营部门负责,各部门共同制订经营计划,共同控制经营活动,经营结果向各部门通报。这样与经营有关的部门成为一个整体,能提前发现经营中的问题而采取预防措施,经营损失小。并行控制也是与经营有关的各部门共同进行的事前控制。汽车服务企业的管理与人事、财务、物资等各部门有关,在汽车服务企业经营控制中,应倡导并行控制。

第四节 汽车服务企业顾客满意管理

汽车服务企业是以盈利为目的的经济组织,并以盈利为宗旨实施汽车服务经营,汽车服务企业怎样才能实现企业盈利呢?首先必须赢得顾客,企业运作要以满足顾客的需求作为目的,以顾客的满意作为汽车服务企业经营与发展的战略,而利润则是顾客满意的一个结果。

一、汽车服务企业的顾客满意与顾客满意度

1. 顾客满意

顾客满意是指一个人通过对汽车服务的可感知的效果(或结果)与他的期望值相比较后所形成的感觉状态。

$$顾客满意 = 可感知效果/期望值$$

能否实现顾客满意与以下三个重要因素有关：

1）顾客对汽车服务的先期期望。

2）汽车服务的实际表现。

3）汽车服务表现与顾客期望的比较。如果可感知效果低于期望，顾客就会不满意。如果可感知效果与期望相匹配，顾客就满意。如果可感知效果超过期望，顾客就会高度满意、高兴或欣喜。

2. 顾客满意度

顾客满意度是指人们对汽车服务的满意程度，以及由此产生的他们今后是否继续购买汽车服务的可能性。满意度的高低取决于汽车服务期待与汽车服务实际体验之间的关系，即

$$顾客满意度 = 汽车服务实际体验/汽车服务期待$$

可从以下几方面来真正理解顾客汽车服务需求：表达出来的需求，真正的需求，没有表达出来的需求，核心需求满足后的附加需求，秘密需求等。值得注意的是，对诸多需求的满足，有需求的主次性和先后满足性，其次序性、结构性并非是刚性的，而是受许多内、外部因素影响的。因此，顾客汽车服务需求的研究是汽车服务企业必须高度重视的工作。

3. 顾客忠诚

（1）顾客忠诚。顾客忠诚是指顾客在对汽车服务满意的基础上，长期购买汽车服务的行为，是顾客意识和行为的结合。

顾客忠诚所表现的特征主要有以下 4 点：

1）再次选择该汽车服务企业。

2）主动向亲朋好友和周围的人员推荐该汽车服务企业。

3）几乎没有选择其他汽车服务企业的念头，能抵制其他汽车服务企业的诱惑。

4）发现汽车服务企业的某些缺陷，能以谅解的心情主动向企业反馈信息，求得解决，而且不影响再次来该企业寻求汽车服务。

（2）顾客满意与忠诚的关系。顾客满意先于顾客忠诚，并且有可能直接引起忠诚。对于汽车服务企业而言，顾客忠诚，并不是汽车服务企业要求顾客做到对其企业忠诚，而是汽车服务企业以卓越的服务理念，向顾客提供卓越的服务而感动顾客，使顾客成为汽车服务企业的伙伴、朋友，顾客自愿做到对企业忠诚。这种忠诚关系最终可以达到双赢，汽车服务企业和顾客都是受益者，汽车服务企业在服务经营上经济受益，顾客在所需汽车服务上受益。

二、汽车服务企业的顾客满意战略思想及理论

1. 顾客满意战略指导思想

顾客满意战略的指导思想是：汽车服务企业的全部经营活动都要从满足顾客的需要出发，从顾客的观点而不是从企业的观点来分析考虑消费者的需求，以提供满足顾客需要的汽车服务为企业的责任和义务。建立和完善汽车售后服务系统，以便利顾客为原则。

顾客满意战略就是要站在顾客的立场上考虑和解决问题，以满足顾客需要、使顾客满意为企业的经营目的，要把顾客的需要和满意放到所有考虑因素之首。

2. 顾客满意战略的3R理论

（1）留住老顾客（Retention）。满意的老顾客能最大限度地抵御竞争对手的降价诱惑，企业比较容易为满意的老顾客服务，相对于发展新顾客，留住老顾客的费用要低很多。

（2）推出汽车新产品和相关新服务（Related Sales）。满意的老顾客对汽车服务企业推出的汽车新产品和相关新服务最容易接受，在汽车服务多样化的今天，此举尤显重要。任何汽车服务企业只有不断地推出汽车新产品和相关新服务才能生存，而满意的老顾客往往是汽车新产品和相关新服务的最先消费者。他们的存在，大大节省了汽车服务企业推出汽车新产品和相关新服务的费用。

（3）用户宣传（Referrals）。在购买汽车服务决策的过程中，为了降低自己感觉中的购买风险，用户往往会向亲友收集信息，听取亲友的意见；同时，顾客购买汽车服务之后，总会情不自禁地将自己的感受告知他人。"满意"与"不满意"的顾客对企业招来或是阻滞新顾客影响重大，精明的汽车服务企业家总会巧妙利用"满意"的顾客作为其"业余营销员"，为自己的企业进行"口碑宣传"，从而带来大量新顾客。

三、汽车服务企业的顾客满意管理

顾客满意战略的核心思想是汽车服务企业的全部经营活动都要从满足顾客的需要出发，以提供满足顾客需要的产品或服务作为企业的责任和义务，以满足顾客的需要、使顾客满意作为企业的经营目的。因此，汽车服务企业推行顾客满意战略的关键是提高服务过程中顾客感知所得与感知所失之差的能力。为此，从管理的角度推行顾客满意战略，其基本程序一般包含如下几个步骤。

1. 汽车服务企业顾客满意现状调查与诊断

汽车服务企业实施顾客满意管理，必须把握顾客的期望、顾客服务感知模式、顾客的满意现状以及竞争者的有关情况，了解顾客的期望和进行顾客满意现状调查与诊断。

汽车服务企业进行顾客满意现状调查与诊断是导入顾客满意战略的基础。其目的是深入了解企业组织与管理现状。具体包括调查和研究组织的结构、组织的效率与活力、组织的管理流程、员工的观念、汽车服务观念与意识、汽车服务行为与服务心态、服务培训、服务传播与相互沟通等方面。只有了解了汽车服务企业组织与管理现状，才能制订针对性策略，优化企业结构与企业管理流程，以满足顾客满意战略的需要。

汽车服务企业顾客满意现状调查与诊断的基本方法主要是深度访谈企业各层级、各部门，以及进行有关企业内外针对性专题问卷调查及有关客户资料的分析。调查与诊断从组织结构、汽车服务观念与意识、服务行为与服务心态、服务培训、服务传播与沟通等多个方面进行。

2. 基于顾客满意战略的汽车服务企业组织结构优化

创造顾客满意，需要一个以顾客满意为目标、协调高效、应变能力强的汽车服务组织体系。汽车服务企业的组织结构，要有利于上下级之间单向沟通、部门与部门之间互动协调以及组织内的监控和信息反馈，要改善顾客满意现状，必须在组织结构上做出适当安排，通过扁平化、网络化和适当的组织弹性，提高对顾客需求做出反应的效率，进而实现企业整体顾客满意现状的改善。

3. 汽车服务企业顾客满意度动态测评模型及其运用

汽车服务企业顾客满意度测评为企业提供了对顾客满意服务状况迅速、有益和客观的反馈。通过测评，企业决策人员可以清楚地了解目前汽车服务工作做得如何，以及如何改善和提高。汽车服务企业应根据自己所开展业务的具体特点和竞争的实际状况，建立一套适合本企业的测评模型，这将大大有助于建立健全满意服务标准，并指导企业的汽车服务工作。

4. 汽车服务企业顾客满意动态监控体系的建立与维护

汽车服务企业建立顾客满意动态监控体系的主要目的是通过专业的动态调查、监控手段，收集、监控企业自身顾客满意服务状况及竞争对手满意服务状况，提供企业顾客满意服务与竞争对手满意服务的动态分析报告，以供企业进行顾客满意管理。在实施过程中，汽车服务企业可设立专门机构对企业的顾客满意服务进行动态监控。如果企业没有相应的专业机构或人员，也可以委托专业第三方进行，但企业必须有专人对该监控体系的运作方案和实施情况进行审核和监督。

5. 汽车服务企业顾客满意服务标准的确立与执行

高品质顾客服务包括汽车服务程序和汽车服务提供者两个方面。其中汽车服务程序涵盖了满意汽车服务工作的所有程序，提供了满足顾客需要、令顾客满意的各种机制和途径；汽车服务提供者则是代表服务过程中人性的一面，涵盖提供满意汽车服务的过程中与顾客接触所表现的态度、行为和语言技巧。为了保证汽车服务的质量，制订汽车服务岗位满意服务的规范和汽车服务标准是十分必要的。特别要注意的是，满意汽车服务标准并不是恒定不变的，而是动态的，随着客户对汽车服务要求的提高，必须对满意汽车服务标准做出阶段性更新和提升。

四、汽车服务企业提高顾客满意水平的途径

1. 要充分认识到顾客购买汽车服务具有价值

怎样既能使顾客满意又能赚钱？就是要满足顾客的需求，并能获利，让顾客感觉钱花得值。在这里，"钱"代表着价格，"值得"代表着顾客所享受到的汽车服务的价值。关键在于要使顾客所享受到的汽车服务的价值高于或至少等于顾客所花费的总成本。

顾客购买的总价值由车辆及其配件的价值、汽车服务价值、人员价值和形象价值构成，其中每一项价值因素的变化均对总价值产生影响。

（1）车辆及其配件的价值是由车辆及其配件的功能、特性、品质、品种与式样等所产生的价值，是顾客需要的中心内容。

（2）汽车服务价值是指伴随车辆及其配件的出售，汽车服务企业向顾客提供的汽车维修、保险、质量保证等服务。

（3）汽车服务人员价值是指汽车服务企业员工的经营思想、知识水平、业务能力、工作

效益与质量、经营作风、应变能力等所产生的价值，比如中级工、高级工、技师或高级技师、行业技术能手在汽车服务中产生不同的价值，并存在汽车服务差异。

（4）汽车服务企业形象价值是指汽车服务企业及其汽车服务在社会公众中形成的总体形象（品牌形象）所产生的价值，这是一种无形资产。

顾客购买的总成本不仅包括货币成本，而且还包括时间成本、精神成本、体力成本等非货币成本。

1）一般情况下顾客购买汽车服务时，首先要考虑的是货币成本的大小，这是构成顾客购买总成本大小的主要因素，表现为汽车服务的价格。

2）时间成本是顾客为了得到该汽车产品或享受该项汽车服务所花费的所有时间。

3）精力成本是指顾客购买汽车服务时，在精神、体力方面的耗费与支出。

顾客总价值和顾客总成本之差就是顾客让渡价值。因此，汽车服务企业在制订经营策略时，应综合考虑构成顾客总价值与顾客总成本的各项因素之间的相互关系，用较低的成本为顾客提供具有更多顾客让渡价值的汽车服务。

不同顾客群体对汽车服务价值的期望与对各项成本的重视程度是不同的。例如，对于工作繁忙、收入较高的消费者而言，时间成本是最重要的因素；而对于收入偏低的顾客而言，货币成本是他们在购买时首先考虑的因素。因此，汽车服务企业应根据不同顾客群的需求特点，有针对性地设计增加顾客总价值、降低顾客总成本的方法并分类服务，从而提高顾客的满意水平。

因为顾客让渡价值最大的汽车服务一直是顾客优先选购的对象，所以汽车服务企业应有针对性地设计和增加顾客让渡价值。当顾客让渡价值大于或等于零时，顾客就会感到获得了超值的享受或觉得"钱花得值"，因而也就会感觉到满意。顾客让渡价值的真谛就是"值得的东西再贵也是便宜的，不值得的东西再便宜也是贵的"。

2. 汽车服务应永远超前于顾客预期

汽车服务要永远超前于顾客对它们的预期要求。这就要求：一方面，应把汽车服务标准提高到顾客现有预期之上，使顾客不仅满意，而且由衷地高兴；另一方面，要在顾客预期之前就引入新的汽车服务形式，积极主动为顾客服务，不仅向顾客提供他们想要的东西，而且要提供连他们自己都没有意识到会喜欢的东西。

3. 鼓励顾客抱怨，并为顾客提供反馈信息的机会

汽车服务的提供者应建立信息反馈机制，并千方百计为顾客提供信息反馈的渠道。通过信息反馈机制，可以解决顾客如何与汽车销售、维修人员进行交流，顾客又通过什么途径获取服务信息的问题；汽车服务企业也可以及时了解顾客对企业满意的程度以及对企业的意见；企业还可以利用这种沟通的方式掌握顾客的相关信息，形成顾客数据库，以针对顾客特点更好地开展业务。这样就形成一个企业与顾客互动的过程，对提高顾客满意水平、促进企业的发展与进步具有重要意义。

汽车服务企业还应积极鼓励顾客抱怨，坚持让顾客抱怨的原则是使顾客不放弃汽车服务企业的服务，及不影响其他顾客接受汽车服务企业的服务的关键。没有抱怨并不意味着质量没有问题，也许顾客只是懒得说，或许是没有抱怨的渠道；而最糟糕的可能就是顾客已对企业完全失去了信心。因此，要注意倾听所有顾客的抱怨。在处理顾客抱怨的过程中，尽量向顾客了解为什么服务不能满足顾客的需要，顾客想要什么样的服务。如果能得到这些信息，就意味着向理解顾客的需要和期望迈进了一步。同时，如果处理得当，还可以发展同顾客的关系。曾经抱怨过的顾客，在企业为其解决问题而做出努力后，可以转变为一个满意甚至是忠诚的顾客。

4. 提高顾客让渡价值

消费者在购买服务后是否满意，取决于与购买者的期望值相关联的供应品的功效，可以说，满意水平是可感知效果和期望值之间的函数。要提高顾客的满意水平，应从提高汽车服务的可感知效果入手。顾客让渡价值在某种意义上等价于可感知效果。因为，顾客在选购汽车服务时，往往从价值与成本两个方面进行考虑，从中选出价值最高、成本最低，即顾客让渡价值最大的汽车服务作为优先选购的对象。因此，提高顾客让渡价值是提高顾客满意水平的主要手段。提高顾客让渡价值有两个可供选择的途径：尽量增加总的顾客价值；减少总的顾客成本。由于总的顾客成本不可能无限制地缩减，因而作用有限。所以更积极的方法是增加总的顾客价值。

（1）增加总的顾客价值：

1）增加汽车服务价值：

① 汽车服务项目的开发应注重市场调研及客户需求的识别，应面向市场，以顾客需求为中心。企业可通过市场调研，倾听顾客的声音，挖掘出消费者的潜在需求，进而结合自身情况进行市场细分，确定目标市场（即目标消费群），然后根据目标市场进行汽车服务项目的开发。

② 重视汽车服务的质量。质量是企业的生命，提高汽车服务质量是提高汽车服务价值、维护汽车服务企业信誉的主要手段。汽车服务企业应建立有效的质量保证体系，满足顾客的需要和期望，并保护企业的利益。

2）提高汽车服务价值：

① 注意汽车服务的定位与汽车服务差异化，在顾客心目中创造出有别于竞争者的差异化优势。

② 为顾客提供全过程和全方位的优质汽车服务，做到细致、周到、充满人情味。全过程汽车服务是从车辆销售前消费者产生消费欲望的那一刻起，到车辆使用价值耗尽为止的整个过程，都对消费者细心呵护，使消费者与自己的品牌紧密相连，让消费者在每一层面都感到完全满意。全方位汽车服务是指为汽车消费者提供所需的全面服务，也称保姆式服务，即像保姆一样照顾消费者。

3）提高汽车服务人员价值。汽车服务企业员工直接决定着企业为顾客提供汽车服务的质量，决定着顾客购买总价值的大小。汽车服务企业员工的技能、顾客导向和服务精神对于顾客理解企业、购买汽车服务来说是相当关键的因素。企业每个员工的态度、精神面貌、服务等都代表着企业的形象，都直接或间接地影响着顾客满意度。那些得到了热情、全面、耐心、细致服务的顾客，将会对企业所提供的汽车服务留下良好印象，有可能再次购买并向其他人推荐，可以说，与顾客的真实接触瞬间是顾客满意实现的关键。因此，汽车服务企业要努力提高汽车服务人员的价值。

4）提高汽车服务企业形象价值。良好的汽车服务企业形象具有经济价值、市场价值和人力资源价值，因此，必须做好企业形象管理。汽车服务企业形象通过车辆质量水平、车辆品牌特征和品牌汽车服务三个方面表现出来。运用这三个要素营建并保持坚实的顾客关系，关键是在同所有与企业有关的人员进行交往过程中表现出一致性。做好汽车服务企业形象管理，还需妥善处理危机事件，维护企业形象。一旦危及汽车服务企业形象的事件发生，一定要妥善处理，尽量缩小影响面。

（2）降低总的顾客成本：

1）降低货币成本。顾客总成本中最主要的成本就是价格，低价高质的汽车服务是赢得顾客的最基本手段。要想赢得市场，必须严格控制成本，对本企业的汽车服务的各个环节进行成本控制，设身处地地以顾客的目光来看待成本的高低和价格的可接受度。

2）降低时间成本。首先，通过各种有效渠道发布汽车服务信息，减少顾客搜集信息所需的时间，使顾客可以比较轻易地获得选购汽车服务前所需的资讯。其次，维修技术服务要尽量缩短停厂维修周期，减少配件材料缺货现象，这能大大降低顾客的时间成本，提高顾客所获得的让渡价值。

3）降低精力和体力成本：①可以通过加大宣传力度，使顾客可以轻易得到所需的汽车服务资料，减少在搜寻信息方面花费的精力与体力；②合理布局汽车服务企业网点，使顾客可以就近得到汽车服务；③为顾客提供一条龙、一站式汽车服务，最大限度地减少需要顾客完成的工作，减少顾客精力与体力的付出。

5. 确立"顾客第一"的观念

实施顾客满意战略，推行顾客满意经营，首先必须确立"顾客第一"的观念。坚持"顾客第一"的原则，是市场经济的本质要求，也是市场经济条件下汽车服务企业争取顾客信赖，掌握市场主动权的法宝。现代汽车服务企业生产经营的目的是为社会大众服务，为顾客服务，不断满足各个层次消费者的需要。

"顾客第一"和"利润第一"，一度曾是相互对立的两种经营观念。随着商品经济的发展、买方市场的形成、市场发育的完善和营销观念的深入，人们意识到"顾客第一"和"利润第一"实际上是统一的。任何一个汽车服务企业都是以追求经济效益为最终目的的，然而，如何才能实现自己的利润目标，从根本上说，就是必须首先满足顾客的需求、愿望和利益。所以，汽车服务企业在经营活动的每一个环节，都必须眼里有顾客，心中有顾客，全心全意地为顾客服务，最大限度地让顾客满意。这样，才能使企业在激烈的市场竞争中站稳脚跟，进入"义利合一"的境界，得到持久的发展。

6. 树立"顾客总是对的"的意识

在企业与顾客这种特定的关系中，只要顾客的"错"不会构成企业重大的经济损失，那么就要将"对"让给顾客，这是企业具有顾客满意意识的重要表现。"得理也让人"，既是顾客满意经营观念对员工服务行为的一种要求，也是员工素质乃至企业素质的一种反映。所以，顾客满意经营观念要求员工必须遵循3条原则：一是应该站在顾客的角度考虑问题，使顾客满意，并成为可靠的回头客；二是不应把对汽车服务有意见的顾客看成"麻烦顾客"，应设法消除他们的不满,获得他们的好感;三是应该牢记,同顾客发生任何争吵或争论,企业绝不会是胜利者,因为你会失去顾客,也就意味着失去利润。

因此,汽车服务企业在处理与顾客的关系时,必须树立"顾客总是对的"的意识,这是与顾客建立良好关系的关键所在。尤其是在处理与顾客的纠纷时,无论是企业的普通员工,还是企业的管理者,都应时刻提醒自己必须遵循上述三条黄金准则,站在顾客的立场上,想顾客之所想,急顾客之所急,从而对自己提出更高的要求。实际上"顾客总是对的"并不意味着顾客在事实上的绝对正确,而是意味着顾客得到了绝对的尊重。顾客感受到自己是"上帝"的时候,就是企业提升知名度和美誉度的时候,也就是企业能拥有更多的忠诚顾客、更大的市场、发展壮大的时候。

7. 建立"员工也是上帝"的思想

"顾客是上帝"已成了企业家的口头禅。然而,从顾客满意战略的观点来看,员工也是上帝。汽车服务企业只有做到员工至上,员工才会把顾客放到第一位。一个不满意的员工,绝不会使他所服务的顾客得到满意的感受。实质上,"员工至上"与"顾客至上"并不矛盾,在确保顾客满意的理论中,它们是统一的、相辅相成的,共同的目标都是使顾客满意。

"员工也是上帝"的思想告诉人们,一个企业家,只有做到善待员工,员工才会善待顾客,满意的员工能够创造顾客的满意。

因此,现代汽车服务企业要想使自己的员工让汽车消费者百分之百的满意,首先必须从满足员工求知的欲望、发挥才能、享有权利和实现自我价值等需要出发,关心、爱护和尊重员工,调动员工的积极性,激发员工的主人翁精神和奉献精神,树立员工的自尊心,使他们真正成为推进企业顾客满意战略、创造顾客满意的主力军。企业家必须用自己希望员工对待顾客的态度和方法来对待自己的员工。

8. 建立以顾客满意为核心的企业文化

在汽车服务企业运作过程中,不仅管理者和一线员工的行为影响顾客满意度,企业中任何一个成员的行为都影响着整个服务系统的运行效率和顾客对服务的认知。因此,在建立相应管理制度的同时,必须构建以顾客为中心的企业文化,并通过"内部营销"的手段,将企业管理层的经营理念、经营思想和各种制度措施传播至每一个员工,让企业文化和管理制度相辅相成,规范和引导全体成员的行为,使顾客在享受企业服务的每一个环节都能切实感受到汽车服务企业的真诚关怀,从而实现顾客满意。

9. 为顾客提供个性化的汽车服务

不同顾客有不同的消费心理,顾客的个性需求是提高顾客感知价值,进而提高让渡价值的重要手段。汽车服务企业可在进行顾客调查的基础上,建立顾客信息数据库,开展客户关系管理,利用顾客数据库探索满足顾客需求的途径,并按顾客满意的要求选择适当的方式改造企业的经营理念、汽车服务方式等。同时汽车服务企业可运用顾客数据,分析顾客的消费心理和个性需求,创造能满足顾客个性需求的汽车服务及接近顾客的渠道,利用明显的区别优势吸引未来的新顾客,而且要尽可能地阻止老顾客转向其他汽车服务企业。

10. 提供优质汽车服务

感知服务质量是影响顾客满意的一个重要因素,当顾客预期被清楚地了解后,能否提供符合顾客要求的高质量汽车服务对创造顾客满意具有决定性意义。因此，汽车服务企业应从汽车服务系统设计开始，系统地进行汽车服务质量规划与控制，不断改善汽车服务质量，向顾客提供优质汽车服务。

作　业

1. 简述汽车服务企业经营计划的特点和作用。
2. 简述汽车服务企业经营计划的分类。
3. 汽车服务企业经营计划的内容有哪些。
4. 简述编制汽车服务企业经营计划应遵循的原则。
5. 简述编制汽车服务企业经营计划的程序。
6. 简述整车销售业务流程管理。
7. 网购汽车的客户可通过哪些方式进入汽车网络销售的网页？
8. 简述汽车维修业务流程管理。
9. 简述燃油、新能源汽车维修团队的组建及作业管理。
10. 简述电动汽车充电桩的一站式全程服务。
11. 简述汽车服务企业经营评价的主要内容。
12. 简述汽车服务企业经营控制的主要内容。
13. 简述顾客满意经营战略的3R理论。
14. 简述汽车服务企业的顾客满意管理的基本程序。
15. 汽车服务企业顾客满意经营战略的实施有哪几个方面的注意点？
16. 简述汽车服务企业经营流程及其管理设计的主要方法。
17. 查找文献，阅读一两篇介绍汽车服务企业经营管理的文献，介绍其主要内容。
18. 去汽车服务企业，调研汽车服务企业的经营管理，写一篇调研报告，并与同学进行交流。

第五章　汽车服务企业质量与技术管理

汽车服务企业质量与技术管理是汽车服务质量和技术方面的管理活动。汽车服务质量是指在汽车销售、维修、检测、车辆救援等汽车服务中的质量，是汽车服务企业的生命，是汽车服务及创建品牌汽车服务的基础，是创造顾客满意和忠诚的重要因素之一，直接关系着企业的持续盈利能力和可持续发展。因此，汽车服务企业质量管理是汽车服务企业日常经营管理中不容忽视的一项重要内容，应放在汽车服务经营活动的首位，即汽车服务质量第一。汽车服务技术是开展汽车维修、美容等汽车服务经营活动并取得高质量汽车服务的基础。本章依次介绍汽车服务质量的概念、质量管理的方法、质量管理体系和技术管理。

第一节　汽车服务质量的概念

一、汽车服务质量

1. 汽车服务质量的概念

汽车服务质量是顾客对汽车服务的感知与自己的期望相比较后的满意度。顾客对汽车服务期望的类型有：汽车的动力性能、经济性、制动性、舒适性、可靠性、美学及汽车服务的经济性和时间性等。

汽车服务质量建立在差异理论的基础上，顾客对自己期望的汽车服务和感知的汽车服务相比较，形成主观结果，期望值与感知之间的差距是汽车服务质量的量度。同一汽车服务项目，不同的顾客，会有不同的汽车服务的期望，也会有不同的感知。如果顾客感知的汽车服务的水平符合或高于预期水平，则顾客有较高的满意度，认为有较高的汽车服务质量；反之，则会认为汽车服务的质量较低。从这个角度看，汽车服务质量来自顾客预期的汽车服务质量同感知的汽车服务质量的比较，是由顾客对汽车服务的感知决定的。

2. 汽车服务质量的构成

汽车服务质量包括技术质量和功能质量。技术质量常用合格与不合格、质量高或低来评价，功能质量常用差、好或优秀等来评价。

汽车服务的技术质量是汽车服务的技术性能，也是顾客在汽车服务过程结束后的"所得"，又称为汽车服务的结果质量，主要涉及汽车维修和检测技术，例如：汽车故障诊断及排除、汽车保养、传动轴和车轮动平衡及动平衡精度、发动机维修后的功率和耗油量、电动汽车维修后控制系统的可靠性、电动汽车电池寿命的检测、汽车制动距离和排放的检测等。技术质量涉及的是技术方面的有形内容，很多技术有国家标准或规范供汽车服务中执行，如用测功机等仪器设备对发动机功率、汽车制动力、传动系统效率等进行评价较客观，受人为的因素影响小，检测后有发动机功率、汽车制动力、传动系统效率等检测数据和结果，并向顾客提供检测报告，顾客通过检测仪器设备和检测报告感知汽车检测服务的质量，故顾客容易感知汽车服务的技术质量，且汽车服务的技术质量的评价比较客观。

汽车服务的功能质量是汽车服务的消费感受，涉及汽车服务人员的仪表仪态、汽车服务的态度及文明性、汽车服务的方式和方法、汽车服务程序、汽车服务效率、汽车服务的时间及守时性、汽车服务的舒适性等。相比之下，功能质量更具有无形的特点，一般是不能用客观标准来衡量的，因此，顾客对汽车服务的功能质量，难以做出客观的评价，顾客的主观感受在汽车服务的功能质量评价中占据主导地位。

有国家技术标准或规范的汽车服务项目，用国家技术标准或规范评价汽车服务的质量，这主要用于汽车服务的技术质量管理。没有国家技术标准或规范的汽车服务项目，汽车服务企业可自己制定标准，规范汽车服务流程和服务态度等，提出汽车服务的要求，用于汽车服务的技术和功能质量的管理。

与汽车服务技术质量有关的国家标准和规范主要有：汽车动力性台架试验方法和评价指标（GB/T 18276—2017），汽车发动机性能试验方法（GB/T 18297—2001），电动汽车动力性能试验方法（GB/T 18385—2005），商用车辆和挂车制动系统技术要求及试验方法（GB 12676—2014），汽车修理质量检查评定方法（GB/T 15746—2011），汽车维护、检测、诊断技术规范（GB/T 18344—2016），汽车维护工艺规范（DB35/T 164—2013），压缩天然气汽车维护技术规范（JT/T 512—2011）等。

汽车服务企业可根据汽车服务的内容和要求，从技术质量和功能质量两个方面，制定本企业的汽车服务质量规范，并执行相关的国家标准和规范。

二、汽车服务质量的特性

汽车服务质量的特性主要有可感知性、可靠性、时间性、技术保证性和相对性，顾客主要通过这5个方面的特性衡量汽车服务质量，形成自己对汽车服务质量的判断。

1. 汽车服务质量的可感知性

汽车服务质量的可感知性有时也称为有形证据或有形展示，主要指汽车服务企业的"有形部分"。汽车服务是无形的，但店址、企业标识、售车大厅、维修厂房、汽车服务设施、汽车服务设备、汽车服务人员、服装、汽车服务态度、汽车服务文明举止、环境、尾气和废旧润滑油的处理、顾客量、市场沟通资料、价目表、汽车技术性能要求、汽车服务流程等工作制度、质量制度、安全措施和设备、计算机和网络等信息系统等却是有形的。汽车服务企业的所有有形事物和人都为无形的汽车服务提供证据，顾客可以感知这些有形事物和人，并通过这些有形事物和人来推测汽车服务质量。

2. 汽车服务质量的可靠性

汽车服务质量的可靠性是指汽车服务企业可靠、准确无误地完成所承诺的汽车服务。顾客要求可靠的汽车服务，不可靠的汽车服务绝对是劣质的汽车服务。如果汽车服务企业不重视汽车服务细节，汽车服务工作经常出错，就必然会失去顾客的信任，损害自己可靠汽车服务的市场形象。汽车服务可靠性要求汽车服务企业"在准确的时间、准确的地点、用正确的方式为顾客提供完善的汽车服务"。任何一个汽车服务环节的工作出现差错，都会使提供给顾客的汽车服务可靠性降低。兑现对顾客所做出的汽车服务承诺，是可靠汽车服务的重要内容。

3. 汽车服务质量的时间性

汽车服务质量的时间性是指为顾客提供及时、准时和省时的汽车服务，在时间上满足顾客的要求。及时是当顾客需要某种汽车服务时，能够及时地提供；准时是要求某些汽车服务的提供在时间上是准确的；省时是要求顾客为了得到所需的汽车服务所耗费的时间能够缩短。及时、准时和省时三者是相关的、互补的。尽可能地缩短顾客等候时间，让顾客等待时间太长，或让其无合理的理由、无原因地等待，会对汽车服务质量带来不良影响。当出现汽车服务差错时，迅速解决问题，会给汽车服务质量感知带来积极影响。

4. 汽车服务质量的技术保证性

汽车服务质量的技术保证性是指汽车服务人员的专业知识、技术职称、汽车服务设备、汽车服务技能和礼节能使顾客产生信任和安全感。对顾客来说，汽车服务人员的友好态度和胜任能力二者缺一不可。汽车服务人员缺乏友善的态度自然会使顾客感到不快。而如果他们对专业知识懂得太少也会令顾客失望，并觉得汽车服务质量无法保证。在汽车服务设备中，计算机、网络等信息系统提供现代信息的汽车服务保证，轮胎和传动轴动平衡设备提供轮胎和传动轴高动力学平衡性能的汽车服务保证，故障解码器提供快速、准确判别汽车故障的汽车服务保证，发动机试验台、转鼓试验台、悬架振动试验台、平顺性测试仪提供鉴别汽车性能的汽车服务保证。

5. 汽车服务质量的相对性

汽车服务质量的相对性是指汽车服务质量的高低是相对于不同的顾客而言的。顾客不同，需求不同，质量观不同，质量要求也就不同，只有满足需求的汽车服务才会被认为是质量好的汽车服务。此外，随着顾客使用汽车、顾客对汽车及汽车服务认知的提高，及时代发展和技术进步，顾客的需求会不断提高。因此，在一定时期内高质量的汽车服务，过了一定时间，可能变成一般质量的汽车服务，也可能变成不合格的汽车服务，如随着汽车排放标准的提高，汽车及汽车服务的要求随之提高，不符合排放标准的汽车及汽车服务将被淘汰。

三、汽车服务质量差距

由于汽车服务质量存在感知性，因此，对同一汽车服务，存在质量评价差距。在汽车服务中，存在以下 5 种汽车服务质量差距。

1. 差距1——汽车服务企业管理层感知差距

汽车服务企业管理层感知差距是指管理者不能准确地感知顾客对汽车服务质量的评价，

从而产生的质量评价差距。产生这种差距的主要原因有：

① 管理层从汽车服务市场调研和需求分析中所获得的信息不准确。
② 管理层从汽车服务市场调研和需求分析中获得的信息准确，但理解有偏差。
③ 本企业没有做过汽车服务市场需求分析工作。
④ 与顾客接触的一线员工向管理层报告的信息不准确，或根本没报告。
⑤ 企业内部机构重叠，妨碍了与顾客接触的一线员工向上级报告汽车服务市场需求信息。

2. 差距2——汽车服务质量标准差距

汽车服务质量标准差距是汽车服务企业所制订的具体质量标准与管理层对顾客的质量预期的认识之间出现的差距。这种差距产生的原因有：

① 企业制订的质量标准中存在失误，或者缺乏有关质量标准。
② 管理层对制订质量标准重视不够，对制订汽车服务质量标准的工作支持不够，组织不力。
③ 整个企业没有明确的汽车服务目标，造成没有质量标准。

3. 差距3——汽车服务传递差距

汽车服务传递差距是指汽车服务产生与传递过程没有按照汽车服务企业所设定的汽车服务标准来进行。造成这种差距的主要原因有：

① 汽车服务标准定得太复杂、太僵硬。
② 一线员工没有认可这些具体的汽车服务质量标准，例如：在提高汽车服务质量中，必须要求员工改变自己的汽车服务习惯，员工就可能极不愿意认可这样的汽车服务质量标准。
③ 新的汽车服务质量标准违背了现行的企业文化。
④ 汽车服务运营管理水平低下，有汽车服务质量标准，却不执行，缺乏监督和检查。
⑤ 缺乏汽车服务质量标准的培训学习和贯彻。
⑥ 企业的技术设备和管理体制无助于一线员工按具体的汽车服务质量标准进行汽车服务，使本企业的汽车服务水平不能达到标准。

4. 差距4——汽车服务市场沟通差距

汽车服务市场沟通差距是指在市场宣传中所做出的承诺与汽车服务企业实际提供的汽车服务不一致。造成这种差距的原因有：

① 企业没能将汽车服务市场营销传播计划与汽车服务运营活动相结合。
② 企业没能协调好传统的汽车服务市场营销和汽车服务运营的关系。
③ 企业通过信息传播宣传介绍了汽车服务质量标准细则，但实际的汽车服务水平滞后，或达不到这些汽车服务质量标准，让顾客认为企业进行了虚假汽车服务营销。
④ 企业存在力图夸大自己的汽车服务质量的冲动。

5. 差距5——汽车服务质量感知差距

汽车服务质量感知差距是指顾客体验和感觉到的汽车服务质量与自己预期到的汽车服务质量不一致。造成这种差距的原因有：

① 顾客实际体验到的汽车服务质量低于其预期的汽车服务质量或者存在汽车服务质量问题。

② 汽车服务口碑较差。

③ 企业形象差。

④ 汽车服务失败。

汽车服务质量差距可用汽车服务质量差距模型表示，汽车服务质量差距模型见图 5-1，该模型说明了汽车服务质量的形成过程，其上半部分与顾客有关，而下半部分则与汽车服务提供者有关。

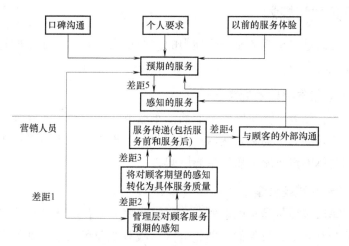

图 5-1　汽车服务质量差距模型

顾客所期望的汽车服务质量是顾客过去的汽车服务体验、个人要求和口碑沟通、汽车服务宣传的结合。管理层对顾客的汽车服务预期的感知决定了企业将要执行的汽车服务标准，然后汽车服务人员根据汽车服务标准为顾客提供汽车服务，在此过程中，向顾客传递汽车服务。而顾客则根据自身的汽车服务体验来感知企业传递的汽车服务质量。

四、汽车服务质量与企业竞争优势的关系

汽车服务质量是企业获取成功的关键，汽车服务企业的竞争优势建立在汽车服务质量和价值基础之上。对于有价值的汽车服务，汽车服务质量是竞争优势的前提。

技术质量是汽车服务质量的决定性要素，如果汽车服务企业具有其他企业无法比拟的技术优势，那么，这种技术优势将为企业高的技术质量服务打下基础。技术质量良好是汽车服务质量中理所当然的重要内容，它必须处于顾客可以接受的水平。这里所说的可接受水平取决于两个要素：一是汽车服务企业的经营战略；二是顾客的需要和期望。如果技术质量下降了，整个感知汽车服务质量也会下滑。创建技术质量优势对汽车服务企业来说是有难度的，但这是企业要努力做好的工作。

提高功能质量可为顾客提供更好的汽车服务，并使企业在竞争中赢得胜利。汽车服务企业应在保证一定功能质量的基础上，努力提高技术质量。

第二节 汽车服务企业质量管理的方法

汽车服务企业质量管理的方法有汽车服务质量规划、标杆管理、汽车服务蓝图化与过程管理、质量差距管理、全面质量管理等。在汽车服务企业质量管理中，可以综合运用这些管理方法。此外，这些管理方法也适用于汽车服务企业经营管理。

一、汽车服务质量规划

汽车服务质量规划是汽车服务质量管理中的一个重要内容，它能帮助管理者采用恰当的质量策略以应对激烈的竞争。

1. 汽车服务质量指导原则的确定方法

质量管理人员应首先确定汽车服务企业的汽车服务任务，明确本企业应为哪些细分市场汽车服务，应解决顾客的哪些问题。然后，汽车服务管理人员根据汽车服务任务，为汽车服务工作确定一系列具体的汽车服务质量指导原则。

2. 顾客期望的汽车服务质量

顾客期望的汽车服务质量是指顾客所期望的汽车服务质量。优质的汽车服务是指顾客感觉到的汽车服务质量符合或超过他们的期望。汽车服务企业可从本企业及同类汽车服务企业的汽车服务中获取顾客期望的汽车服务质量标准。

3. 汽车服务过程和汽车服务结果的质量规划

汽车服务过程和汽车服务结果的质量规划是指对汽车服务流程、各流程汽车服务质量、汽车服务结果及跟踪汽车服务做出的质量要求和检查。

面对面的汽车服务是汽车服务人员和顾客相互接触、相互交往、相互影响的过程，顾客感觉中的汽车服务质量不仅与汽车服务结果有关，而且与汽车服务过程有关。管理人员不仅要研究本企业应为顾客提供哪些汽车服务，更应研究本企业如何提高汽车服务质量。在汽车服务行业中，相互竞争的企业都可使用类似的技术，为顾客提供相同的汽车服务，但汽车服务的质量结果不一定相同。因此，要取得竞争优势，管理人员必须在研究企业内外汽车服务过程和结果的基础上，规划本企业的汽车服务过程和汽车服务结果。

4. 汽车服务人员的服务质量培养规划

在大多数情况下，顾客感觉中的汽车服务质量是由汽车服务人员和顾客相互交往的过程决定的。如果汽车服务人员不能为顾客提供优质的汽车服务，就没有企业的优质汽车服务。管理人员可通过对全体员工进行长期、有针对性、有计划的汽车服务质量培养，形成以合适的高质量的汽车服务文化为核心的汽车服务企业文化，激励全体员工主动做好汽车服务工作。

5. 汽车服务环境和设备质量保证规划

管理人员必须根据优质汽车服务的需要，确定汽车服务工作中应使用的设备、技术和汽车服务操作体系，并通过培训工作，使汽车服务人员掌握必要的设备使用技能，以满足提高汽车服务质量的要求；通过环境和设备的规划和建设、汽车服务人员培训，确保汽车服务质量达标。

6. 顾客参与汽车服务过程规划

汽车服务质量不仅与汽车服务人员有关，而且与顾客的行为和态度有关，可以说顾客是"兼职汽车服务人员"。要获得优质汽车服务，必须使顾客参与汽车服务过程，通过一系列鼓励措施（如较低的汽车售价、汽车美容价格），激励顾客积极参与汽车服务活动，通过顾客问卷答题、与顾客对话等活动，使顾客参与汽车服务过程规划。

二、汽车服务标杆管理

1. 汽车服务标杆管理的内涵

汽车服务标杆管理定义为："一个将汽车服务与最强大的竞争对手或汽车服务行业领导者相比较的持续过程。"

汽车服务标杆管理的基本环节是以最强的竞争企业或汽车服务行业中领先和最有名望的企业在汽车服务方面的绩效及实践措施为基准，树立学习和追赶的目标，或将本地区最优秀的汽车服务企业视为学习的标杆企业，通过资料收集、比较分析、跟踪学习、重新设计并付诸实施等一系列规范化的程序，将本企业的实际状况与这些基准进行定量化评价和比较，找出自己的不足，从而提高自身汽车服务水平和汽车服务质量，改善经营管理水平，增强企业竞争力。

2. 汽车服务标杆管理的作用

汽车服务标杆管理最大的作用是为汽车服务企业提供了一个清楚地认识自我的工具，便于发现解决问题的途径，从而缩小自己与领先者的距离。

首先，有助于汽车服务企业正确认识到与行业领先者相比，自己究竟做得怎么样，有何差距，从而正确为自己定位，为企业进行质量管理设立了管理基准，提供了比较的参照系。通过实施标杆管理，汽车服务企业可以确切地知道企业的绩效和质量水准应当达到而且可以达到什么水平，同时也明确了企业目前的汽车服务水平与应该并且可以达到的最佳结果之间，为什么会存在如此之大的差距。

其次，有助于汽车服务企业看清自己的优势与劣势。在与基准标杆进行比较时，可以帮助企业发现自身的缺点和不足，有助于企业扬长避短。

再次，标杆汽车服务企业为本企业提供了各种已经被实践所证明的、正确的行动计划和方案，有助于本企业博采他人之长为自己所用，缩短摸索经验的时间。随着经济全球化的发展以及科学技术的进步，谁也没有足够的时间和资源，谁也没有必要亲身经受各种失败和错误。于是，通过标杆管理，借鉴他人的优点来弥补自身的不足，学习他人的长处来求得生存，便成为一种十分有效的生存之道。

最后，有助于汽车服务企业明确判定各种质量改进活动的先后顺序与轻重缓急。在与标杆企业进行比较的过程中，能够帮助本企业发现质量管理与提升的关键因素，以及哪个汽车服务实践活动最先进行,哪个汽车服务实践活动最适合企业的发展。

3. 汽车服务标杆管理的类型

根据标杆伙伴选择的不同,通常可将汽车服务标杆管理分为内部标杆管理、竞争标杆管理、职能标杆管理和流程标杆管理4类。

(1) 汽车服务企业内部标杆管理。汽车服务企业内部的标杆是企业内部的单位或部门,如将汽车维修部门的机电1组树立为榜样班组。汽车服务企业内部标杆管理的方法是确立内部标杆及管理的主要目标,然后推广到企业的其他部门。在企业内部树立标杆的优点在于:由于不涉及汽车服务秘密的泄露和其他利益冲突等问题,容易取得标杆伙伴的配合,数据采集等过程困难比较小,因此简单易行,成本较低,时间较短,是所有标杆管理类型中最快、成本最低的一类。其缺点在于:视野狭隘,范围局限在企业内,不易找到最佳汽车服务实践,很难实现创新性汽车服务突破。除非用作外部标杆管理的基准,单独执行内部标杆管理的企业往往持有内向视野,容易产生封闭思维。因此在实践中,汽车服务企业内部标杆管理应该与外部标杆管理结合起来使用。

(2) 汽车服务行业竞争标杆管理。汽车服务行业竞争的标杆是行业内部的直接竞争对手。竞争标杆管理的目标是与有着相同市场的汽车服务企业的标杆在汽车服务的绩效与实践方面进行比较,直接面对竞争者。竞争标杆管理是从总体上关注本企业如何竞争发展,明确和改进本企业战略,提高本企业战略运作水平。竞争标杆分析需要收集各竞争者的财务、市场状况等有关信息进行相关分析,提出自己的最佳战略。其优点在于:由于同行业竞争者之间的汽车服务项目和汽车服务流程相似,面临的市场机会相当,竞争对手的作业能力一般会直接影响本企业的目标市场。因此,竞争对手的信息对于本企业在进行策略分析及市场定位上有很大的帮助,收集的资料具有高度的相关性和可比性,有助于本企业系统地分析竞争对手与汽车服务环境。最佳汽车服务实践的转移也比较简单,不需要经过大的调整就可以直接应用于本企业。其缺点在于:正因为标杆伙伴是直接竞争对手,信息具有高度商业敏感性,难以取得竞争对手的积极配合,很难获得真正有用或者准确的资料,从而极有可能使标杆管理流于形式或者失败。另外,拘泥于同行范围之内寻求最佳实践,视野仍狭窄,而且由于同一行业的汽车服务企业会倾向于以同样的方式来做同样的工作,导致服务内容易出现"近亲繁殖"的问题,难以突破和创新,难以标新立异。

(3) 引进不同行业先进职能标杆管理。以非汽车服务的某行业领先者或某些企业的优秀职能操作为基准,找出最好的运作方法并引进汽车服务企业,进行标杆管理。这是移植法的应用,其理论基础是任何行业均存在一些相同或相似的功能或流程,如物流、人力资源管理、营销手段等,这类标杆管理的合作者常常能相互分享一些技术和市场信息。优点在于:由于不是直接的竞争者,没有直接的利害冲突,因此合作者往往较愿意提供和分享技术与市场信息。另外,跳出汽车服务行业的框架约束,企业视野开阔,容易创新和寻求真正的最佳实践,随时掌握最新经营方式。其缺点在于:投入较大,信息相关性较差,最佳实践需要较为复杂的调整转换过程,实施较为困难。

(4) 引进不同汽车服务流程标杆管理。引进不同汽车服务流程标杆管理是以最佳汽车服务工作流程为基准进行的标杆管理,从具有类似流程的汽车服务企业中发掘最有效的操作程序,使企业通过改进汽车服务流程提高业绩。这类标杆管理可以跨不同类型、不同汽车服务项目的汽车服务企业进行,一般要求对标杆企业整个工作流程和操作有很详细的了解。

在标杆管理中,汽车服务企业最好的选择就是根据需要实施综合标杆管理,即根据企业自身条件和标杆管理项目的要求,将各种标杆管理方式相结合,取长补短,以取得高效的标杆管理。

4. 汽车服务标杆管理的程序

汽车服务标杆管理作为一种科学系统的管理方法,其成功实施依赖于一整套特定的步骤和程序。标杆管理最重要的两个步骤就是"学习"和"实施"。具体说来,一个完整的内外部综合的标杆管理的程序通常分五步。

(1) 计划。计划阶段有以下主要工作。

① 组建汽车服务标杆管理项目小组,该小组担当发起和管理整个标杆管理流程的责任。

② 明确汽车服务标杆管理的目标。

③ 通过对汽车服务项目的衡量评估,确定标杆项目。

④ 选择标杆伙伴。

⑤ 制订数据收集计划,如进行问卷调查,安排参观访问,充分了解标杆伙伴并及时沟通。

⑥ 开发测评方案,为标杆管理项目赋值,以便于衡量比较。

(2) 汽车服务企业内部数据收集与分析。这一阶段包括以下工作。

① 收集并分析汽车服务企业内部公开发表的信息;遴选内部标杆管理合作伙伴。

② 通过汽车服务企业内部访谈和调查,收集汽车服务企业内部一手研究资料。

③ 根据需要,组建汽车服务企业内部标杆管理委员会来实施内部标杆管理。

④ 通过进行汽车服务企业内部标杆管理,为进一步收集汽车服务企业外部标杆管理数据打下基础。

(3) 汽车服务企业外部数据收集与分析。这一阶段包括以下工作:

① 利用各种渠道收集外部企业公开发表的信息。

② 通过调查问卷和实地访问收集外部一手研究资料。

③ 将收集的有关最佳实践的数据,与自身绩效相比较,识别推动取得更好绩效的因素,提出最终标杆管理报告。标杆管理报告要揭示标杆管理过程的关键收获,以及对标杆管理的调整、转换、创新的见解和建议。

(4) 调整。根据本企业已实施标杆管理的报告,确认正确的纠正性行动方案,制订详细实施计划,再组织本企业内部实施,并不断对实施结果进行监控和评估,及时进行调整,最终达到增强本企业竞争优势的目的。

(5) 持续改进。汽车服务标杆管理是持续的管理过程,不是一次性行为。因此,为便于以后继续实施标杆管理,汽车服务企业应维护好标杆管理数据库,制订和实施持续的绩效改进计划,以不断学习和提高。

5. 汽车服务标杆管理的实施

在汽车服务标杆管理的实施过程中,需要具体考虑汽车服务企业规模和经营状况,因地制宜地制订出一套切实可行的标杆管理解决方案,特别需要关注以下几个方面的问题。

首先,要重视信息管理。信息管理在标杆管理法中起着基础性的作用。对汽车服务企业信息的科学管理与系统管理,有助于及时准确地获得内部的各种财务数据及绩效数据;标杆企业的选择需要依据所收集的优秀企业的详细业绩数据和产生业绩的过程信息,进行科学的对比分析,这样才能找准标杆,学到先进的经验。

其次,要将模仿与创新并举。汽车服务标杆管理中最容易出现的偏差是不顾主客观条件,盲目进行模仿。标杆管理方法的根本点,就是模仿与创新并举的循环往复过程。仅模仿汽车服务标杆的管理而远离创新,不会从根本上提高企业的核心竞争力。

最后,还要特别注意发挥员工的主观能动性。标杆管理的最终实践者是一线员工,因此汽车服务企业必须让一线员工认识到实施标杆管理的重要性和必要性。只有让员工理解并认同标杆管理的重要性和必要性,标杆管理在实施过程中才会更好地发挥作用,才能提高汽车服务质量。

三、汽车服务蓝图化与过程管理

20 世纪 80 年代初,美国学者提出在服务业使用服务蓝图技术来描绘服务体系,分析评价服务质量,并在美国服务业中得到实际应用。该技术通过对服务流程、顾客行为、服务企业员工行为以及服务接触、服务证据等方面进行描述,将复杂、抽象的服务过程通过框图简单化、具体化。服务蓝图技术可用于汽车服务企业的质量和经营等管理,并形成相应的管理模式。

1. 汽车服务蓝图的内涵

汽车服务蓝图就是把汽车服务过程的每个部分按步骤画出流程图来,这个流程图就是汽车服务蓝图。

汽车服务蓝图借助于流程图,通过分解汽车服务组织系统和结构,鉴别用户与员工以及体系内部的汽车服务接触点,在汽车服务流程分析的基础上研究汽车服务传递的各个方面,将汽车服务过程、员工的角色和汽车服务、顾客的角色和作用等有形证据直观地展示出来。

经过汽车服务蓝图的描述,汽车服务被合理地分解成汽车服务的步骤、任务和方法,使汽车服务过程中所涉及的人都能客观地理解和处理它,并能有机结合。更为重要的是,顾客同企业及汽车服务人员的接触点被识别,从而可以从这些接触点出发,来改进汽车服务质量,提高顾客满意度,并可持续进行汽车服务。

2. 汽车服务蓝图的组成

整个汽车服务蓝图被 3 条线分成 4 个部分,自上而下分别是顾客行为、前台接触员工行为、后台接触员工行为,以及支持过程,见图 5-2。

(1) 顾客行为。汽车服务蓝图最上面的一部分是顾客行为,这一部分紧紧围绕着顾客在购车、维修和评价汽车服务过程中所采取的一系列步骤、所做的一系列选择、所表现的一系列行为,以及它们之间的相互作用来展开。

(2) 前台接触员工行为。接下来是前台接触员工行为,它是指直接向用户提供汽车服务并可以被用户看得见的员工行为，如汽车销售人员、配件销售人员、维修接车员、车辆保险人员等的行为。这部分紧紧围绕前台员工与顾客的相互关系展开。

（3）后台接触员工行为。再接下来是后台员工行为，它围绕支持前台员工的活动展开，发生在汽车服务体系的后台，主要为前台汽车服务员工提供技术、知识等保障汽车服务，必要时有些后台员工，如车辆维修人员、车辆美容人员、信息管理人员也为用户直接提供汽车服务。

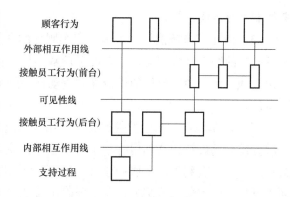

图 5-2　汽车服务蓝图的组成

（4）汽车服务的支持过程。这一部分覆盖了在传递汽车服务过程中所发生的，支持接触员工的各种内部汽车服务步骤，以及它们之间的相互作用；覆盖了所有保障汽车服务体系正常运行的辅助工作，主要是指那些与提供汽车服务相关，但属于汽车服务体系本身不可控的外部相关部门的行为。

隔开 4 个关键行动领域的 3 条水平线，最上面的一条线是外部相互作用线，它代表了顾客和汽车服务企业之间直接的相互作用，一旦有垂直线和它相交叉，汽车服务（顾客和企业之间的直接接触）就发生了；中间的一条水平线是可见性线，它把所有顾客看得见的汽车服务活动与看不见的分隔开来，通过分析有多少汽车服务发生在可见性线以上及以下，就可明了为顾客提供汽车服务的情况，并区分哪些活动是前台接触员工行为，哪些活动是后台接触员工行为。第三条线是内部相互作用线，它把接触员工的活动同汽车服务支持活动分隔开来，是内部顾客和内部汽车服务人员之间的相互作用线，如有垂直线和它相交叉则意味着发生了内部汽车服务。

另外，在某些汽车服务蓝图的最上部有有关汽车服务证据方面的内容，它表示顾客在整个汽车服务体验过程中所看到的或所接受到的汽车服务的有形证据，如汽车服务企业标志、车辆销售大厅、销售车辆、员工的制服、员工的仪表和汽车服务动作、购车合同、发票等。而在有的汽车服务蓝图中，又通过职能分界线，进一步把内部支持活动划分成管理职能的活动和执行职能的活动。

3. 汽车服务蓝图的作用

汽车服务蓝图具有直观性强、易于沟通、易于理解的优点，其作用主要表现为以下几个方面：

（1）通过建立汽车服务蓝图，促使企业从顾客的角度更全面、更深入、更准确地了解自身所提供的汽车服务，使企业更好地满足顾客的需要，有针对性地安排汽车服务和汽车服务过程，提高顾客满意度。

（2）通过建立汽车服务蓝图，研究可见性线上下区域内的那些前、后台接触员工行为，掌握各类员工为顾客提供的各种接触信息。这有助于企业建立完善的汽车服务操作程序，有助于明确职责、落实岗位责任制，有助于明确培训工作的重点，有针对性地提高员工汽车服务技能和服务质量等。

（3）汽车服务蓝图揭示了组成汽车服务的各要素和提供汽车服务的步骤，这样有助于明确各部门的职责和协调运作，有助于理解内部支持过程和非接触员工在汽车服务提供过程中的角色和作用，激发他们的积极性和主动性，从而为前台接触员工提供高质量的汽车服务创造条件。

（4）汽车服务蓝图中的外部相互作用线指出了顾客的角色，以及在哪些地方顾客能感受到服务质量的好坏，这不但有利于汽车服务企业有效地引导顾客参与汽车服务过程并发挥积极作用，而且有利于汽车服务企业通过设置有利的汽车服务环境与氛围来影响顾客满意度。而可见性线则促使汽车服务企业谨慎确定哪些员工将和顾客相接触，由谁向顾客提供汽车服务证据，哪些东西可以成为汽车服务证据，从而促进合理的汽车服务设计，明确质量控制活动的重点。

（5）汽车服务蓝图有助于质量改进。例如，从汽车服务蓝图可以判断过程是否合理、充分、有效率，还有哪些地方需要调整和改变，所进行的这些改变将如何影响顾客、直接及不直接与顾客接触的员工以及汽车服务过程，这些考虑有助于识别失败点和汽车服务活动链的薄弱环节，从而为质量改进指明方向。

（6）汽车服务蓝图为内、外部营销建立了合理的基础。例如，汽车服务蓝图可为营销部门和广告部门有针对性地选择必要的交流信息、做好汽车服务市场调查及用户满意度调查工作，或是为寻找顾客特别感兴趣的卖点提供方便。

4. 汽车服务蓝图的制订

建立汽车服务蓝图的步骤如下：

第1步骤：识别欲建立汽车服务蓝图的汽车服务过程，明确对象、建立蓝图的目的和质量管理目标。

第2步骤：从顾客的角度用流程图的形式来表示汽车服务过程。在这一步，首先要明确顾客是谁，明确顾客的汽车服务需求，这一点非常重要。然后用图表列出顾客的购车、维修等汽车服务和评价汽车服务的过程中所采取的或所经历的选择或行动。

第3步骤：图示前、后台接触员工行为。首先画出外部相互作用线和可见性线，然后图示从一线员工的角度所理解的汽车服务过程，区分前台（可见）员工行为和后台（不可见）员工行为。建立蓝图的人员必须了解一线员工的所作所为，以及哪些活动是完全暴露在顾客面前的，而哪些活动是顾客看不见的。前、后台员工的行为均要重视，尤其是前台员工的行为，代表着企业的形象。

第4步骤：图示内部支持活动。画出内部相互作用线，这样可以识别接触人员活动和内部支持活动之间的联系。这一步还使内部支持活动对顾客的直接与间接影响变得清晰易见。从与顾客联系的角度看，某些内部汽车服务过程可能具有重要意义，而有些则没有明显的联系，应予以去除。

第5步骤：在每一个顾客行动步骤中加入汽车服务证据。最后一步，可以在汽车服务蓝图中，加入表示顾客在整个汽车服务体验过程的各步骤中所看到的或所接受到的汽车服务的有形证据。

四、汽车服务质量差距管理

汽车服务质量差距模型除了为分析汽车服务质量的形成和汽车服务质量问题产生的原因提供了分析工具外,还为汽车服务质量管理提供了直接思路。

汽车服务质量差距管理是质量管理者在差距分析的基础上,有针对性地提出管理和改进措施以提高汽车服务质量。

1. 汽车服务企业管理层感知差距(差距1)的改进

汽车服务企业管理层感知差距(差距1)产生的原因如果是管理不善,就必须提高管理水平,或者是让管理者更深刻地理解汽车服务和竞争的特性。在很多情况下,后一种情况更具有适用性,因为感知差距产生的原因并不一定是缺乏竞争力,而是管理者缺乏对汽车服务竞争的深刻认识。任何解决方法都离不开更好地开展市场调研活动,唯有如此才能更好地了解顾客的需求和期望。汽车服务企业开展市场调研活动仅从汽车服务市场和与顾客的接触中获取信息是远远不够的,还必须提高内部信息的管理质量。

2. 汽车服务质量标准差距(差距2)的改进

汽车服务企业应在深入分析顾客需求的基础上对企业发展的问题进行重新排列。同时,应该邀请具体的汽车服务提供者参与标准的制订工作,管理者在制订计划时必须将这一点考虑进去,即不能将与顾客接触的员工从计划制订流程中剔除出去。最理想的方法是计划制订者、管理者和与顾客接触的员工相互协商,共同制订有关的汽车服务质量标准。而且要注意,质量标准不能制订得过于缺乏弹性,否则员工在执行标准时就会缺少灵活性,而且风险也会加大。员工与管理层经过充分沟通与协商后制订的汽车服务标准,比那些僵硬的目标设置和计划程序要有效得多,更切合汽车服务实际。

3. 汽车服务传递差距(差距3)的改进

可能导致汽车服务传递差距的原因主要是管理与监督不力、员工对顾客需要或期望感知有误以及缺乏技术、经营方面的支持。

缩小汽车服务传递差距要依赖于科学的汽车服务质量标准,同时,对员工进行有效培训,执行汽车服务质量标准,使员工认识到汽车服务水平必须达到汽车服务质量标准,必须与企业长远的战略或盈利目标相适应。另外,管理者可对所有员工的工作进行适当分类,使其各司其职,避免让单个员工承担繁杂的工作而影响汽车服务质量。如果技术或经营系统,包括决策和其他管理系统,与员工之间不能相互适应,可能是员工本身的原因,但也有可能是经营、技术或管理系统的问题,比如一些规模小的汽车服务企业的技术或管理系统对质量改进行为的支撑力度不够,或者这些系统难以使员工达到汽车服务质量标准。在这种情况下,要么改变这些系统,以使其能够对质量改进起到坚强有力的支撑作用,要么从另外一个角度入手,提高内部营销和员工培训的水平,使其能适应技术或管理系统的特性。

4. 汽车服务市场沟通差距(差距4)的改进

这类差距的解决途径是建立汽车服务经营部门与市场部门的协调机制,加强内部沟通,经营活动与市场推广活动保持协调一致。

例如，每一次市场推广活动的推出必须考虑到汽车服务的产生和传递，而不是各行其是。通过这种机制的建立，企业至少可以达到两个目的：第一，市场推广中的承诺和宣传可以更加现实、准确；第二，外部沟通中所做的承诺可以顺利兑现，而且可以承诺得相对多一些，因为双方相互合作，承诺的兑现就有了坚实的基础。在此基础上，企业要时刻注意利用更科学的计划手段来改善市场沟通的质量。当然，管理监督系统的合理运用对此也会有所帮助。

5. 汽车服务质量感知差距（差距5）的改进

汽车服务质量感知差距是顾客所感知的或实际体验的汽车服务质量与其所预期的不一致。这种情况的出现原因比较复杂，但主要是因为汽车服务企业在与顾客的沟通上或顾客的期望管理上出现偏差，因此，其管理途径主要是建立健全与顾客的沟通机制，改善汽车服务企业的形象，明确表达汽车服务承诺，做好汽车服务承诺，对不利的顾客互动进行适当干预。

差距分析能够引导管理者发现顾客和汽车服务提供者对汽车服务质量的感知差距究竟出在哪儿，原因是什么，应当怎样解决这些问题，从而提高顾客感知的汽车服务质量。

五、汽车服务全面质量管理

全面质量管理是一个企业以质量为中心，以全员参与为基础，目的在于通过让顾客满意和本企业所有成员及社会受益而达到长期成功的管理途径。其思想来自美国通用电器公司质量管理部部长菲根堡姆（A. V. Feigenbaum）博士，他在1961年首先提出全面质量管理的理念，这一理念经历了近60年的发展，广泛应用于各类企业的质量管理工作中，对当前汽车服务企业的质量管理依然具有十分重要的价值。他倡导将全面质量管理用于汽车服务质量管理，形成汽车服务全面质量管理。

1. 汽车服务全面质量管理的概念

汽车服务全面质量管理强调执行质量管理是企业全体人员的责任，应该使全体人员都具有质量的概念和承担质量的责任。

汽车服务全面质量管理的核心思想是在企业的各部门中做出质量发展、质量保持、质量改进计划，从而以较为经济的水平进行汽车服务，使用户或消费者获得最大的满意度。它主要包括3个层次的含义：运用多种手段，系统地保证和提高汽车服务质量；控制质量形成的全过程，而不仅是某个汽车服务过程；质量管理的有效性应当是以质量成本来衡量和优化。因此，全面质量管理不仅停留在汽车服务过程本身，而且已经渗透到了质量成本管理的过程之中，通过让顾客满意和本企业所有成员以及社会受益而达到长期成功。

2. 汽车服务全面质量管理的特点

汽车服务全面质量管理强调全面的综合治理，它不仅强调各方面工作各自的重要性，而且更强调各方面工作共同发挥作用时的协同作用，具有以下几个方面的特点。

（1）以适用性为标准。全面质量管理要求汽车服务的质量必须符合用户的要求，始终以用户满意为目标。从这个角度来看待全面质量管理，则将涉及所有参与到汽车服务过程中的资源和人员。

（2）以人为本。汽车服务全面质量管理是一种以人为中心的质量管理，必须十分重视整个过程中所涉及的人员。为了做到以人为本，企业必须做到：高层领导全权委托、重视和支持质量管理活动；给予每个人均等机会，公正评价结果；让全体员工参与到质量管理的过程中，并均担负一定的质量责任；缩小领导者、技术人员和现场员工的差异。

（3）突出改进的动态性。汽车服务全面质量管理的另一个显著特点就是突出改进的动态性。由于顾客的需求是不断发生变化的，顾客的需求通常会随着汽车服务质量的提高而变得更高，这就要求我们有动态的质量管理概念。汽车服务全面质量管理不但要求质量管理过程中要有控制程序，而且要有改进程序。

（4）综合性。汽车服务全面质量管理还有一个特点就是综合性。所谓综合性指的是综合运用质量管理的技术和方法，并且组成多样化的、复合的质量管理方法体系，从而使汽车服务企业的人、设备和信息有机结合起来。

3. 汽车服务全面质量管理的八大原则

（1）汽车服务以顾客为中心。汽车服务全面质量管理的第一个原则是汽车服务以顾客为中心。在当今的经济活动中，任何一个汽车服务企业都要依存于他们的顾客，通过满足或超标准满足自己顾客的需求，获得继续生存下去并可持续发展的动力和源泉。

（2）汽车服务企业必须充分发挥领导的作用。汽车服务全面质量管理的第二个原则是汽车服务企业必须充分发挥领导的作用。一个汽车服务企业从总经理层到员工层，都必须参与到质量管理的活动中来，其中，最为重要的是企业的决策层必须对质量管理给予足够的重视。我国的《质量管理法》规定，质量部门必须由总经理直接领导，这样才能够使汽车服务企业的所有员工和资源都融入全面质量管理之中。

（3）汽车服务企业全员参与。汽车服务全面质量管理的第三个原则就是强调全员参与，这是全面质量管理思想的核心。

（4）重视汽车服务过程和方法。汽车服务全面质量管理的第四个原则是过程方法，即将注意力集中到汽车服务质量管理的全过程。

（5）系统管理汽车服务质量。汽车服务全面质量管理的第五个原则是系统管理汽车服务质量，即系统组织企业所有部门都参与到汽车服务质量提高活动中来，最大限度地满足顾客的质量需求。

（6）汽车服务持续改进。汽车服务全面质量管理的第六个原则是持续改进。实际上，仅仅做好一次汽车服务并不困难，但要把一件简单的汽车服务成千上万次都做好，绝非易事。因此，持续改进是全面质量管理的长久思想。

（7）汽车服务质量以事实为基础。汽车服务全面质量管理的第七个原则是以事实为基础，即全面质量管理必须以质量事实为依据，背离了质量事实基础就没有了任何意义。

（8）汽车服务互利共赢的供方关系。汽车服务全面质量管理的第八个原则就是互利共赢的供方关系，汽车服务企业和汽车及配件供应方之间保持互利关系，可增进两个企业创造价值的能力，从而为双方的进一步合作提供基础，谋取更大的共同利益。因此，全面质量管理实际上已经渗透到汽车及配件供应商的管理之中。在汽车服务企业和汽车及配件供应方实现互利共赢时，要考虑顾客的利益。

4. 汽车服务全面质量管理的 PDCA 循环

戴明博士最早提出了 PDCA 循环的概念，所以又称为"戴明环"。汽车服务全面质量管理的思想基础和方法依据就是 PDCA 循环。或者说，根据汽车服务的特点，将 PDCA 循环应用于汽车服务企业的质量管理，形成汽车服务 PDCA 循环，这种循环是能使任何一项汽车服务活动有效进行的合乎逻辑的工作程序。

在汽车服务 PDCA 循环中，"计划（P）—执行（D）—检查（C）—处理（A）"的管理循环是现场汽车服务质量保证体系运行的基本方式，它反映了不断提高汽车服务质量应遵循的科学程序。汽车服务全面质量管理在汽车服务 PDCA 循环的规范下，形成了 4 个阶段和 8 个步骤，汽车服务 PDCA 循环见图 5-3。

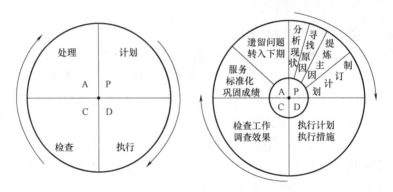

图 5-3　汽车服务 PDCA 循环示意图

（1）P：计划（Plan）。计划包括制订汽车服务质量目标、活动计划、管理项目和措施方案。计划阶段需要了解企业目前的工作效率、追踪目前流程的运行效果和收集流程过程中出现的问题点；根据搜集到的资料进行分析并制订初步的解决方案，提交高层领导批准。

计划阶段包括以下内容：

1）分析现状。通过对现状的分析，找出存在的主要汽车服务质量问题，尽可能以数字量化的形式进行说明。

2）寻找原因。在所搜集到的资料的基础上，分析产生汽车服务质量问题的各种原因或影响因素。

3）提炼主因。从各种原因中找出影响汽车服务质量的主要原因。

4）制订计划。针对影响汽车服务质量的主要原因，制订汽车服务技术、组织措施等方案，并具体落实到执行者。

（2）实施（Do）。在实施阶段，就是将制订的计划和措施，具体组织实施和执行。将初步解决方案提交给企业高层进行讨论，在得到企业高层的批准之后，由企业提供必要的资金和资源来支持计划的实施。

在实施阶段需要注意的是，不能将初步的解决方案全面展开，而只在局部范围内先进行试验，再推广。这样，即使设计方案存在较大的问题，损失也可以降到最低程度。

（3）检查（Check）。将执行的结果与预定目标进行对比，检查计划执行情况，看是否达到了预期的效果。按照检查的结果，来验证是否按照原来的汽车服务标准进行；或者看原来的汽车服务标准规范是否合理等。

按照汽车服务质量标准规范运作后，分析所得到的检查结果，寻找汽车服务质量标准本身是否存在偏移。如果发生偏移现象，要重新策划，重新执行。

（4）处理（Administer）。对检查结果进行总结和处理：对于成功的经验加以肯定，并予以标准化；或制订汽车服务指导书，便于以后进行汽车服务工作时遵循。对于失败的教训也要总结，以利于进步。对于没有解决的问题，应放到下一个汽车服务 PDCA 循环中去解决。处理阶段包括以下两方面的内容：

1）总结经验，进行汽车服务质量标准化。总结经验教训，估计成绩，处理差错。把成功的经验肯定下来，制订成汽车服务质量标准；把差错记录在案，以资借鉴，防止今后再度发生。

2）将遗留问题转入下一个循环。将遗留问题转入下一个管理循环，作为下一阶段的计划目标。

六、ISO 9000 质量管理体系认证

1. ISO 9000 的概念

ISO 是 International Organization for Standardization 的英语简称，翻译成中文就是"国际标准化组织"。

ISO 是世界上最大的国际标准化组织。它成立于 1947 年 2 月 23 日，其前身是 1928 年成立的"国际标准化协会国际联合会"（ISA）。

ISO 通过它的 2856 个技术机构开展技术活动。其中技术委员会（TC）共 185 个，分技术委员会（SC）共 611 个，工作组（WG）共 2022 个，特别工作组共 38 个。ISO 的 2856 个技术机构技术活动的成果（产品）是"国际标准"。

"ISO 9000"是国际标准化组织中"品质管理和品质保证技术委员会"制订的一系列标准的统称，主要涉及企业运行中质量保证模式以及质量保证体系的要素定义、设计原则、标准和运营指南，是"全面质量管理"思想在质量管理运作中最重要的应用之一。

目前，进行 ISO 质量管理体系认证，已成为众多汽车服务企业提升汽车服务质量的重要手段。

2. 推行 ISO 9000 的一般步骤

简单地说，推行 ISO 9000 有如下 5 个必不可少的过程：知识准备—立法—宣传、贯彻—执行—监督、改进。在具体实践中，可以根据汽车服务企业的实际情况，对上述 5 个过程进行规划，按照一定的推行步骤，逐步导入 ISO 9000 管理体系。推行 ISO 9000 的一般步骤如下：

① 企业原有质量体系识别、诊断。

② 任命管理者代表、组建 ISO 9000 推行组织。

③ 制定目标及激励措施。

④ 各级人员接受必要的管理意识和质量意识训练。

⑤ ISO 9000 标准知识培训。
⑥ 质量体系文件编写（立法）。
⑦ 质量体系文件大面积宣传、培训、发布、试运行。
⑧ 内审员接受训练。
⑨ 若干次内部质量体系审核。
⑩ 在内审基础上进行管理者评审。
⑪ 质量管理体系完善和改进。
⑫ 申请认证。

汽车服务企业在推行 ISO 9000 之前，应结合本企业实际情况，对上述各推行步骤进行周密的策划，并给出时间和活动内容的具体安排，以确保达到更有效的实施效果。企业经过若干次内审并逐步纠正后，若认为所建立的质量管理体系已符合所选标准的要求，便可申请外部认证。

3. 认证注册的一般程序

汽车服务企业 ISO 质量管理体系认证的实施和监督一般可分为以下 4 个阶段。

（1）提出申请。申请者自愿选择一家认证机构，按照规定的内容和格式向认证机构提出书面申请。书面申请的内容包括：企业名称、总部地点、多场所的名称和地点、员工总人数、生产班次、产品名称、申请认证的范围及专业类别、申请认证的标准、删减条款的细节、体系开始运行的时间、申请认证的时间、内部审核和管理评审的情况、其他特殊要求、是否转换认证、在此之前在其他机构有没有获得认证注册或被暂停/撤销认证、联系人等。

认证申请书的附件包括：
① 营业执照的复印件。
② 主管机关的生产或汽车服务许可证的复印件。
③ 质量、公安、环保、卫生等机关的许可证的复印件。
④ 质量手册和程序文件。
⑤ 记录清单。

在认证申请书的附件中，质量手册和程序文件的内容应能证实其质量管理体系满足所申请的质量管理体系标准的要求。

负责受理申请的认证机构，应在收到认证申请之日起 60 天内做出是否受理申请的决定，并书面通知申请者；如果不受理申请，应说明理由。

（2）体系审核。体系审核是指认证机构指派审核组对申请的质量体系进行文件审查和现场审核。文件审查的目的主要是审查申请者提交的质量手册的规定是否满足所申请的质量保证标准的要求；如果不能满足，审核组需向申请者提出，由申请者澄清、补充或修改。只有当文件审查通过后方可进行现场审核。现场审核的主要目的是通过收集客观证据，检查评定质量体系的运行与质量手册的规定是否一致，证实其符合质量保证标准要求的程度，做出审核结论，向认证机构提交审核报告。

审核组的正式成员应为注册审核员，其中至少应有一名高级审核员；必要时可聘请技术专家协助进行审核工作。

（3）审批发证。认证机构审查由审核组提交的审核报告，对符合规定要求的予以批准认证，并向申请者颁发体系认证证书，证书有效期为三年；对不符合规定要求的亦应书面通知申请者。

认证机构应公布证书持有者的注册名录，其内容应包括注册的质量保证标准的编号及其年代号和所覆盖的产品范围。注册名录可向注册单位的潜在顾客和社会有关方面提供对注册单位质量保证能力的信任，使注册单位获得更多的订单。

（4）认证监督制度。认证机构要求获得质量管理体系认证的企业必须接受如下监督管理：

① 标志的使用。体系认证证书的持有者应按体系认证机构的规定使用其专用的标志，不得将标志使用在产品上，防止顾客误认为产品获准认证。

② 通报。证书的持有者如要改变其认证审核时的质量管理体系，应及时将更改情况上报认证机构。认证机构根据具体情况决定是否需要重新评定。

③ 监督审核。认证机构至少每年对证书持有者的质量管理体系进行一次监督审核，以使其质量管理体系继续保持。

④ 监督后的处置。通过对证书持有者的质量管理体系进行监督审核，如果证实其体系继续符合规定要求，则保持其认证资格。如果证实其体系不符合规定要求，则视其不符合的严重程度，由认证机构决定暂停其使用认证证书和标志或撤销其认证资格，收回其认证证书。

⑤ 换发证书。在证书有效期内，如果遇到质量管理体系标准变更，或者质量管理体系认证范围发生变更，或者证书的持有者变更，证书持有者则可以申请换发证书，由认证机构决定是否进行必要的补充审核。

⑥ 注销证书。在证书有效期内，由于体系认证规则或体系标准变更或其他原因，证书的持有者不愿保持其认证资格的，体系认证机构应收回其认证证书，并注销认证资格。

第三节　汽车服务企业质量管理体系

为了有效进行汽车服务质量管理，汽车服务企业需要建立汽车服务企业质量管理体系。

一、建立汽车服务企业质量管理体系的基本原则

1. 质量管理原则是基础

汽车服务质量管理原则包括汽车服务质量管理的指导思想和汽车服务质量管理的基本方法，提出了企业在汽车服务质量管理中应处理好与顾客、员工和供方三者之间的关系。汽车服务质量管理原则构成了汽车服务企业质量管理体系建立与实施的基础。

2. 领导作用是关键

高层管理者通过其领导作用及所采取的各种措施，可以创造一个员工充分参与和重视汽车服务质量的内部环境，汽车服务质量管理体系只有在这样的环境下才能确保其有效运行。领导的作用，特别是高层管理者的作用是汽车服务质量管理体系建立与实施的关键。高层管理者应做出有关建立和实施汽车服务质量管理体系，并持续改进其有效性方面的承诺，带头

做好汽车服务质量管理工作。

3. 全员参与是根本

全员参与是汽车服务质量管理体系建立与实施的根本，因为只有全员充分参与，才能使他们发挥才干，为企业带来收益，才能确保高层管理者所做出的各种承诺得以兑现。企业应采取措施，确保在整个企业内提高满足顾客要求的意识，确保每一位员工认识到所在岗位的重要性以及如何为实现质量目标做出贡献。

4. 注重实效是重点

汽车服务质量管理体系的建立与实施一定要结合本企业汽车服务的特点，将重点放在如何结合实际、如何注重实效上，注重汽车服务质量的管理过程、管理结果、管理适用性和有效性。

5. 持续改进求发展

顾客的需求和期望在不断变化，加之市场的竞争、科技的发展等，这些都促使汽车服务企业持续改进。因此，持续改进是汽车服务企业永恒的管理行动。持续改进的目的在于提高顾客和其他相关方的满意度。汽车服务企业应通过各种途径促进汽车服务质量管理体系的持续改进，不断提高顾客和其他相关方满意的程度，进而建立和实施一个行之有效的高效汽车服务质量管理体系。

二、建立汽车服务企业质量管理体系的基本步骤

一般来讲，建立汽车服务企业质量管理体系需经过以下 7 个步骤：

1. 学习标准

汽车服务企业质量管理体系的建立需要全员参与，对于全体员工的培训，要从意识入手，树立以顾客为关注焦点的思想，满足顾客要求、提高顾客满意度的思想，以及持续改进汽车服务质量管理体系有效性的思想，使全体员工对汽车服务质量管理体系的建立持积极向上的态度，这样将对体系在企业中的贯彻和实施起到良好的推动作用。

对全体员工进行标准培训是培训中必不可少的内容，但由于员工从事的岗位不同，可根据其职能、责任和权限的不同，在范围、深度等方面对其进行差异化培训。对内部审核员的培训要全面、深入，不仅要让其熟悉标准所涵盖的全部内容，还要对标准的每一项条款结合本企业的性质、特点、经营情况进行深入的理解，这就对内部审核员的受教育程度、相关行业的工作经验、个人的工作能力等方面提出更高的要求。

对处在重要工作岗位上的人员，如汽车销售和维修部门经理、技术主管、质检员等的培训，应根据标准具体的章节，逐条培训，使其深入理解标准在自己职责范围内的应用。对一般岗位的培训可集中讲解，也可根据岗位特点在部门范围内分开讲解，对他们的培训可适当浅显一些，让其了解本岗位标准的表述即可。

培训的重点主要放在企业所建立的汽车服务质量管理体系对相关岗位的规定和要求上，让其知道自己岗位的重要性和如何做才能符合相关文件的规定和要求。这就要求标准培训多样化，可以请从事质量认证的咨询老师讲解，也可参加公开的培训课程，还可由企业内部人

员讲解，或聘请高校教师授课，另外也可以结合体系的策划，在策划过程中进行体验，加深理解。

对高层领导的培训是非常重要的。高层领导需要了解质量管理的思想、领导作用，使其知道在汽车服务质量管理体系的实施和保持过程中，需直接参与哪些工作，如何对汽车服务质量管理体系进行策划，如何推动汽车服务质量管理体系的持续改进，如何团结全体员工共同做好质量工作，协调各个部门进行质量工作。

2. 明确质量方针，确定质量目标

在汽车服务质量方针提供的质量目标框架内制订汽车服务质量方针和质量目标。应根据汽车服务企业宗旨、发展方向，确定与企业宗旨相适应的质量目标，以及相关职能和层次上的质量目标。汽车服务质量目标应是可评价的。

3. 策划质量管理体系

汽车服务企业应依据质量方针、质量目标，应用过程方法对组织应建立的汽车服务质量管理体系进行策划，并确保汽车服务质量管理体系的策划满足质量目标要求。在汽车服务质量管理体系策划的基础上，企业必须进一步对汽车服务实现过程进行策划，以确保这些过程的策划满足所确定的汽车服务质量目标和其他相应的要求。

4. 确定职责和权限

汽车服务企业应依据汽车服务质量管理体系策划以及其他策划结果，确定各部门、各过程及其他与质量工作有关人员应承担的相应职责，赋予其相应的权限，并确保其职责和权限能得到有效实施。

高层管理者还应在管理层中指定一名管理者代表，代表高层管理者负责汽车服务质量管理体系的建立和实施。

5. 编制汽车服务质量管理体系文件

汽车服务企业的质量管理部门应依据汽车服务质量管理体系策划以及其他策划结果，确定汽车服务质量管理体系文件的框架和内容，在汽车服务质量管理体系文件的框架里确定文件的层次、结构、类型、数量、详略程度，规定统一的文件格式，编制汽车服务质量管理体系文件。质量体系文件如《交车程序及要求》《车轮动平衡要求》《喷漆作业质量要求》等，这些文件在网上有参考文本可查。

编制汽车服务质量体系文件应遵循5W1H原则，即"Who、When、Where、What、Why、How"。描述一件事情要具备"谁来做、什么时候做、在哪里做、做什么事、为什么做、怎么做及要求"等要素，至少要明确"谁在什么时候，怎样做什么事"。质量文件的多少和繁简完全取决于汽车服务过程和活动的复杂性、过程接口的数量、员工的素质（包括受教育程度、培训经历、技能水平、经验）等诸多因素。

6. 发布和实施汽车服务质量管理体系文件

汽车服务质量管理体系文件在正式发布前应认真听取多方面的意见，并经高层管理者签署发布。汽车服务质量管理体系文件的正式发布实施，就意味着质量文件所规定的汽车服务质量管理体系正式开始实施和运行。部分质量要求可张贴在车间的墙上。

7. 学习汽车服务质量管理体系文件

在汽车服务质量管理体系文件正式发布或即将发布实施之前，认真学习汽车服务质量管理体系文件，对汽车服务质量管理体系的真正建立和有效实施至关重要。各部门、各级人员都要通过学习，清楚地了解汽车服务质量管理体系文件对本部门、本岗位的要求以及与其他部门、岗位的相互关系的要求，只有这样才能确保汽车服务质量管理体系文件在整个企业内得以有效实施。

三、汽车服务企业质量管理体系的运行

汽车服务企业质量管理体系的运行主要反映在两个方面：一是企业所有质量活动都要依据质量策划的安排以及汽车服务质量管理体系文件的要求实施，二是企业所有质量活动都要提供实证，证实汽车服务质量管理体系的运行符合要求并得到有效实施和保持。汽车服务质量管理体系的运行包含以下几个方面：

1. 全员参加

汽车服务质量管理体系文件发布与实施要有一定的时间间隔，对企业全体员工的培训与体系实施的时间间隔，可由汽车服务企业本身的规模和实际情况决定。各部门负责人应在文件发布后集中力量组织各岗位的培训，培训要全面，各岗位人员应全部参加，杜绝个别人尤其是各岗位的负责人对建立体系的懈怠情绪，对于培训不积极者应采取必要的措施，以保证培训的效果。培训质量是质量管理的重要部分。企业管理者应加强引导、培训、督促和检查力度。汽车服务质量管理体系的建立不是某个人的事情，也不是某个领导的事情，它需要全体员工团结努力，共同参加。

2. 记录汽车服务质量管理体系实施的证据

汽车服务质量管理体系的实施要留下证据。质量记录是体系实施的主要证据，如汽车车身漆面维修过程及检验单（表5-1）、车辆入库检验单和交车检验单等。记录不是唯一的证据，如汽车漆面维修照片、录像便是事实证据。质量记录证据要按规定程序收集、整理和保存，作为汽车服务档案，以备认证审核员认证、审查，必要时，质量记录证据要请顾客签字确认。

3. 进行汽车服务质量管理体系审核

汽车服务企业在汽车服务质量管理体系运行一段时间后，应按策划的时间安排，进行内、外部审核，以确认汽车服务质量管理体系是否符合策划的安排，是否符合质量管理体系要求（GB/T 19001—2016），以及企业所确定的汽车服务质量管理体系的要求是否得到有效实施和保持。

内部审核是企业自我评价、自我完善的一种重要手段，是汽车服务质量管理体系持续改进的措施之一。企业应按策划的时间间隔坚持实施内部审核。汽车服务质量管理体系内部审核每年至少要进行一次，一般应安排在企业认证审核前两个月，当企业内部机构做出重大调整、出现重大的顾客投诉或重大质量问题、企业的经营业绩停滞不前时，可以增加审核的次数。汽车服务质量管理体系外部审核由上级质量主管部门或认证机构决定。审核的内容有质

量实施调研、文件审核、现场审核，要编写审核报告，提出纠正和预防措施。

表 5-1　汽车车身漆面维修过程及检验单

客户姓名		车牌号		车型		漆面维修日期	
客户手机号		车身颜色		保险公司		预计完工日期	
漆面维修项目							
车门	前处理工序		前处理日期		前处理检验结果		前处理员工签字	
	头道底漆工序		头道底漆日期		头道底漆检验结果		头道底漆员工签字	
	二道底漆工序		二道底漆日期		二道底漆检验结果		二道底漆员工签字	
	面漆工序		面漆日期		面漆检验结果		面漆员工签字	
	漆面综合检验项目		漆面综合检验日期		漆面综合检验结果		漆面综合检验员工签字	
车身	前处理工序		前处理日期		前处理检验结果		前处理员工签字	
	头道底漆工序		头道底漆日期		头道底漆检验结果		头道底漆员工签字	
	二道底漆工序		二道底漆日期		二道底漆检验结果		二道底漆员工签字	
	面漆工序		面漆日期		面漆检验结果		面漆员工签字	
	漆面综合检验项目		漆面综合检验日期		漆面综合检验结果		漆面综合检验员工签字	
完工日期		漆面维修组长签字		车辆交付日期		客户验收签名	
漆面维修费		漆面维修费收款员签字		漆面维修费付款日期		客户接受车辆签字及日期	

4. 汽车服务质量管理体系持续改进

汽车服务质量管理体系的保持比体系的建立更困难，它是一项长期不懈的工作，需要企业的管理者带头自觉执行，需要全体员工共同参与，共同去寻求体系改进的机会，以达到体系持续改进的目的。

（1）高层管理者充分发挥领导和指挥作用，带动全体员工共同提高汽车服务质量。高层管理者对汽车服务质量管理体系的重视和认知程度决定着汽车服务质量管理体系在企业中是否能真正、彻底地贯彻执行。高层管理者不仅要直接参与质量方针和质量目标的策划，更重要的是要强有力地去监督和检查各个部门汽车服务质量管理体系的运行情况，带动全体员工共同提高汽车服务质量。

（2）引导全体员工遵循"顾客导向"的汽车服务理念，提高顾客满意质量。"顾客导向"意味着对顾客可能提出的要求做好准备。汽车维修质量等汽车服务质量到底是否合格，关键要看顾客是否满意，对于汽车服务企业来讲，最终提供给顾客的不仅是修好的汽车，更重要的是提供给他一整套汽车服务产品。

高层管理者应通过管理评审、内部审核和质量分析以及召开会议的形式，提高各部门的管理者和员工满足顾客要求的意识，提高全员用高质量汽车服务满足顾客需求的意识。各个部门应通过管理例会、张贴标语、员工培训，特别是对发生在企业内部的案例进行剖析等方式，使各个岗位上的所有员工树立起以顾客为关注焦点的思想，在汽车服务业务中自觉地提高服务质量。

四、汽车服务质量的检查与评估

要对汽车服务企业的汽车服务质量进行有效管理，除了必须找到出现质量问题的原因，同时还需要对企业的汽车服务质量进行检查，做出客观、公正的评估。汽车服务质量的准确评估不仅可为经营者提供顾客的质量标准信息，使经营者做出正确决策，而且能够激励汽车服务提供者不断改进汽车服务质量。

1. 汽车服务质量检查与评估的方法

（1）过程与结果的检查、评估相结合。汽车服务的无形性、不可分离性及顾客参与的特点，使顾客对汽车服务质量的评价不仅取决于顾客对汽车服务结果（技术性质量）的评价，也取决于对汽车服务过程（功能性质量）的评价。所以，汽车服务质量检查与评估，应将过程和结果的检查、评价结合起来，全面揭示影响顾客满意度的汽车服务质量问题。

（2）事前与事后检查、评价相结合。汽车服务质量的形成取决于期望和体验的对比，所以把事前评价（期望）和事后评价（消费体验）结合起来，并检查对比，才能正确反映顾客满意的形成过程，找到提高汽车服务质量的线索。

（3）定性与定量检查、评价相结合。评价定量化有助于提高评价的科学性和可比性，但是汽车服务与汽车服务质量的特点决定了汽车服务质量评估不可能完全量化。而且，有些顾客满意信息也无法用定量指标来反映。在汽车服务质量检查与评价中，必须把定量指标和定性指标结合起来，才能全面反映汽车服务质量方面的信息。

（4）横向比较与纵向比较相结合。汽车服务质量评估要起到反映汽车服务现状和促进汽车服务改进的作用，这就要运用比较的工具，边检查、边比较、边评价。与竞争对手横向比较，可以反映本企业汽车服务水平与同行竞争对手的差距，而纵向比较可以反映自身的发展。

（5）主观评价与客观评价相结合。顾客对汽车服务质量的评价本身是个主观概念，反映顾客对汽车服务满足其需求程度的主观评价。汽车服务企业要尽量将顾客满意这个主观指标尽可能地客观化、定量化，从中找到一定的规律，促进汽车服务质量改进。但是，不管怎样努力，顾客满意指标的主观性质还是无法改变的，我们能做的只是尽量调和主观评价和客观评价的关系，使之能客观反映顾客的要求，且易于操作，易于反映到汽车服务设计和汽车服务改进中去。

（6）全面评价与局部评价相结合。有时，我们需要全面了解顾客对汽车服务的满意评价；有时，只需了解顾客对汽车服务某些方面的意见。不同的场合，需要的评价不同。例如，推出新汽车产品、新汽车服务项目前的全面调查，或简单的顾客满意反馈表，是为了获取顾客对新汽车产品、新汽车服务项目的局部评价，未扩大到整个汽车服务企业。

2. 汽车服务质量检查与评估的内容

可以从汽车服务的内容、过程、结构、结果及影响5个方面检查与评估汽车服务的质量。

（1）汽车服务内容的质量检查与评估：主要检查与评估汽车服务标准化程序中的汽车服务内容及相应的质量标准是否满足客户需求，本企业能否完成这些汽车服务内容，能否达到相应的质量标准，本企业的汽车服务质量标准是否符合相应的国家标准。

（2）汽车服务过程的质量检查与评估：主要检查与评估标准化汽车服务流程是否恰当，员工是否执行了汽车服务流程，以及汽车服务流程中员工是否执行了相应的质量标准。标准化汽车服务流程可根据相应汽车服务内容和要求制订。对日常汽车服务而言，标准汽车服务流程已经制订，要求汽车服务员工遵守这些既定流程，并执行相应的质量标准。汽车服务过程中的质量检验有新车及新车配件的检验（入库、出库检验，向客户交车前的检验）、汽车维修中的质量检验（汽车进厂、竣工出厂检验，使用新的零部件前的检验）等。

（3）汽车服务结构的质量检查与评估：检查与评估汽车服务系统的有形汽车服务设施和组织设计是否充足。有形汽车服务设施和辅助设备只是结构的一部分，人员资格和组织设计也是重要的质量因素。通过与设定的质量标准相比较，企业可以判定有形汽车服务设施是否充足，人员水平和汽车服务技术资格等是否达到汽车服务的质量标准。

（4）汽车服务结果的质量检查与评估：检查与评估最终汽车服务结果，包括技术和功能质量，如检查与评估汽车维修后的表面质量、功率、油耗，检查汽车返修质量，鉴定汽车维修事故，了解服务态度，调查顾客满意度等。技术质量的检查与评估要使用测试仪器和设备。顾客抱怨是反映质量结果最有效的指标之一，监督和跟踪调查是获得顾客对汽车服务结果评价的方法。

（5）汽车服务影响的质量检查与评估：检查与评估汽车服务对顾客的长期影响，注意老顾客的保持和新顾客的增长，可用二维数表或曲线图、直方图等表示，再根据表和图进行评估。

第四节　汽车服务企业技术管理

一、汽车服务企业技术管理的主要任务和内容

汽车服务企业技术管理的主要任务是正确使用汽车服务技术、推动企业技术进步，通过汽车服务企业技术管理，不断提高企业的汽车服务能力和质量，从而取得更好的经济效益。

（1）正确贯彻执行国家关于车辆方面的技术标准和法规。在汽车销售、维修、美容等汽车服务中，汽车服务企业要正确贯彻执行国家关于车辆安全、排放、噪声、油耗方面的技术

标准和法规。此外，还要注意环境保护。

（2）建立良好的汽车服务技术秩序，保证企业汽车服务经营的顺利进行。良好的汽车服务技术秩序，是保证汽车服务顺利进行的必要前提。汽车服务企业要通过技术管理，使各种汽车服务设备和工具保持良好的技术状况，为汽车维修、美容提供先进合理的工艺规程，并要严格执行汽车服务技术责任制和质量检验制度，及时解决汽车服务中的技术问题，从而保证企业的汽车服务经营顺利进行。

（3）提高企业的汽车服务技术水平。汽车服务企业要通过各种方式和手段，提高员工汽车服务技术水平和汽车服务设备的水平，尤其是新车型、新的汽车技术出现时，例如，对于柴油机燃油电子喷射系统、主动悬架系统、双离合器、电子防盗系统及自诊断系统等新产品、新技术，更需要提高员工汽车服务技术水平，增加相应的汽车服务设备，以适应汽车技术的发展。

（4）开展汽车服务技术研究活动，努力开发汽车服务新技术、新设备。汽车服务企业必须发动员工开展汽车服务技术研究活动，努力钻研汽车服务技术，积极开发汽车服务新技术、新设备，不断满足汽车服务需求，开拓汽车服务新市场。

二、汽车服务企业技术管理的措施

（1）通过建立汽车服务技术体系，开展汽车服务技术工作。汽车服务企业各部门的汽车服务技术关联性较大，应建立汽车服务企业的技术部门或在汽车服务企业领导下的以各部门为分中心的技术体系，各部门下的班组和员工根据自己的汽车服务工作，开展技术工作。例如，汽车销售、发动机、底盘维修班组分别运用相应的技术进行工作，并对外交流，这有利于汽车服务水平和质量的提高，也有利于企业拓展和深化汽车服务经营项目。

（2）通过汽车服务技术培训、研究，提高员工汽车服务技术水平。员工进企业时，要对他们的汽车服务技术水平进行考核，以提高汽车服务技术水平的起点。员工进企业后，要通过汽车服务技术培训、研究，提高汽车服务技术水平和技术响应能力，如参加汽车生产厂家技术培训、企业内部技术培训、个人先进技术推广。外出培训费用较高、费时较多时，企业可采用由点到面的技术推广方法，即先培训一人，再请其推广技术，让大家共同受益。鼓励员工参加技术职称和技术等级评定，获取职称证书和技术等级证书，这对员工个人和企业都有利。

（3）通过购置、开发设备，提高汽车服务设备水平。购置新的汽车服务设备，是提高企业汽车服务设备技术水平最快的方法。在此基础上，企业可开展使用新设备的技术熟练和改进活动；倡导员工改进、开发汽车服务设备，发明适合本企业的专用汽车服务设备；倡导申请国家专利，保护汽车服务技术成果。

（4）通过汽车服务技术档案管理，提高汽车服务技术资料水平。国家关于车辆方面的技术标准和法规、汽车使用和保养说明书、维修记录、保养记录、汽车服务技术培训资料等，要作为汽车服务技术档案保存，供员工查阅，提高汽车服务技术资料水平。

（5）通过仪器设备，客观评价汽车服务的质量和技术水平。通过仪器设备，可客观评价汽车服务的质量和技术水平，因为仪器设备不会说谎，不会有感情因素，不会偏向汽车服务企业和顾客的任何一方，除非有意在仪器设备上做了手脚或仪器设备的精度等级低或使用仪器设备检测时粗心大意。在使用仪器设备评价汽车服务的质量和技术水平时，要执行国家标准，没有国家标准，要执行汽车行业标准；没有国家标准和汽车行业标准，要执行本企业标准，本企业没有质量和技术标准，要制定质量和技术标准，完善质量和技术管理。例如，在汽车维修后，尾气排放是否达标，要用汽车尾气检测仪进行检测，用尾气排放的国家标准判别尾气排放是否达标，进一步反映汽车维修的质量和技术水平。在汽车服务企业，能用仪器设备评价汽车服务的质量和技术水平的，一定要用仪器设备，这对本企业和顾客都有益。

作 业

1. 简述汽车服务质量概念。
2. 简述汽车服务质量的构成。
3. 汽车服务质量问题产生的原因有哪些？
4. 汽车服务企业应从哪几个方面制订汽车服务质量管理规划？
5. 简述汽车服务质量标杆管理。
6. 简述汽车服务蓝图的制订步骤。
7. 简述汽车服务质量差距管理。
8. 简述全面质量管理及其特点。
9. 简述全面质量管理的八大原则。
10. 简述 ISO 9000 质量管理体系认证。
11. 简述 ISO 9000 质量管理体系认证的一般步骤。
12. 简述建立汽车服务企业质量管理体系的基本步骤。
13. 如何理解全员参加汽车服务企业质量管理体系的运行？
14. 简述汽车服务企业技术管理的主要任务和内容。
15. 查找文献，阅读一两篇介绍汽车服务企业质量与技术管理的文献，介绍其主要内容。
16. 去汽车服务企业，调研汽车服务企业的质量与技术管理，写一篇调研报告，并与同学交流。

第六章　汽车服务企业人力资源管理

汽车服务企业人力资源管理是企业人力资源方面的管理活动。人力资源不仅是汽车服务企业中最重要的资源之一，同时也是最昂贵的资源。没有高素质的员工，汽车服务企业的工作就难以有效开展，对人力资源的有效利用是汽车服务企业不断提高竞争力、保持竞争优势的必要条件。人力资源管理主要由人事部门负责。本章主要介绍人力资源管理的主要任务和职能，人力资源的配置、绩效考核、薪酬与激励、招聘与解聘及培训等内容。

第一节　汽车服务企业人力资源管理概述

一、汽车服务企业人力资源管理的定义

汽车服务企业人力资源管理就是指运用现代化的科学方法，对与一定物力相结合的人力进行合理的培训和调配，使人力、物力保持最佳比例，同时对人的思想、心理和行为进行恰当的诱导、控制和协调，充分发挥人的主观能动性，使人尽其才、事得其人、人事相宜，以实现汽车服务企业的发展目标。人力资源管理是选择人、培育人、使用人和激励人的工作。

二、汽车服务企业人力资源管理的主要任务和职能

1. 汽车服务企业人力资源管理的主要任务

汽车服务企业人力资源管理工作的主要任务，就是在汽车服务企业内部制定各种有关的人事制度，使之有利于充分发挥员工的才干，从而圆满地实现汽车服务企业的各种目标，通过改进员工的职责、技能和动机，来调动员工的积极性和提高工作效率。

2. 汽车服务企业人力资源管理的主要职能

人力资源管理工作的主要职能包括：
① 人力资源配置（包括规划、选拔、调配、晋升、降职、转岗等）。
② 绩效考核。
③ 建立薪酬体系（工资、奖金、福利等）与激励人。

④ 人事制度建设。

⑤ 劳动关系管理。它包括与员工签订劳动合同，处理员工与公司或员工之间可能出现的纠纷，规范员工的权利和义务，建立员工投诉制度，根据相关的法律、法规处理员工管理的问题等。

⑥ 招聘与培训（包括技能培训、潜能培训、职业生涯管理、入企教育等）。

三、汽车服务企业人力资源管理的意义

人力资源在现代汽车服务企业中的职能和作用至关重要，人力资源管理、市场管理、财务管理和经营管理被视为企业的四大运营职能。其中，人力资源是"第一资源"，有了人，才能进行并做好汽车服务工作，人力资源是汽车服务企业运营和发展的基础，直接影响整个汽车服务企业的经营状况，要把人力资源开发与管理工作放在汽车服务企业发展的战略高度。汽车服务企业无论大小，都应重视人力资源的管理工作。

第二节 汽车服务企业人力资源的配置

一、汽车服务企业的人力资源规划

1. 人力资源规划的概念

汽车服务企业人力资源规划就是企业的人事管理者根据本企业的汽车服务工作类型（汽车销售、维修等）和需求，通过工作分析确定职务数额与岗位责任，并通过管理与规划确保在恰当的时间，为各个职位配备恰当数量、质量与类型的工作人员，保障本企业汽车服务工作的开展和企业目标的实现，其中包括对企业现有工作岗位的评价及对企业未来发展战略对人才需要情况的预测。

对于准备组建的汽车服务企业来说，人力资源规划是首先要做的工作，而对于已经存在的汽车服务企业来说，人力资源规划是一项重要的常规工作。

2. 人力资源规划的内容

对于准备组建的汽车服务企业来说，人力资源规划要从汽车服务工作设计入手，通过工作设计与分析，确定汽车服务工作岗位、人员数量、工作内容和职责、考核标准、员工素质，制订工作规范与工作说明书，并以书面的方式进行说明。

对于已经组建的汽车服务企业来说，人力资源规划的内容主要有以下几方面：通过工作分析，评价与检查当前各个汽车服务职位的情况，确定现有的员工与工作是否匹配，及未来企业发展的趋势对工作岗位的要求，并对员工需求进行预测；在工作分析的基础上，做出人力资源的调配方案；根据劳动力市场、职业市场的状况及未来地区经济发展的趋势做出进人计划，满足企业对人力的需要；此外，要对内部员工进行审视，初步核定内部晋升的候选人，为企业培养骨干人才。

二、汽车服务企业的工作分析

1. 工作分析的概念

工作分析就是全面地收集某一工作岗位的有关信息，对该工作从6个方面开展调查研究：工作内容，责任者，工作岗位，工作时间，操作流程及要求，然后再将该工作的任务要求、责任、权利等进行书面描述，整理成文，形成工作说明书。

2. 工作说明书

工作说明书为人员招聘、调配员工提供了具体的参考标准，工作说明书主要包括以下两方面：

（1）工作描述。对汽车服务岗位的名称、职责、工作程序、工作条件与工作环境等方面进行一般说明。

（2）岗位要求。说明担负该工作的员工所应具备的资格条件，如工作经验阅历、专业知识、学历、汽车服务技能、体格、心理素质等各项要求。

3. 工作信息的收集方法

为了进行工作分析，每项工作都要收集大量的信息，下面简单介绍几种常用的工作信息收集方法。

（1）工作实践法。工作实践法指的是工作分析人员亲自从事所需要分析的汽车服务工作，从而掌握工作要求的第一手材料。这种方法的优点是可以准确地了解汽车服务工作的实际任务和在体力、汽车服务环境及社会方面的要求，适用于那些车辆销售、洗车等短期内可以掌握技术的汽车服务工作，其缺点是不适用于发动机、底盘维修等技术性较强的工作。

（2）直接观察法。直接观察法指的是工作分析人员观察所需要分析的工作的过程，以表格等标准格式记录各个汽车服务环节的内容、原因和方法。

直接观察法的优点是工作分析人员能够比较全面和深入地了解汽车服务工作的要求，适用于程序化的、工作内容较为固定的、体力劳动成分较高的汽车服务工作岗位。

直接观察法不适用于脑力劳动成分比较高的工作和处理紧急情况的间歇性工作，如车辆故障诊断与排除等技术工作，它受技术人员专业知识水平及其发挥的影响，包含较多脑力劳动，难以观察。此外，直接观察法对于有些员工来说难以接受，因为他们会感到自己正在受到监视甚至威胁，所以会在内心中对工作分析人员产生反感，同时也可能导致动作的变形。因此，在使用观察法时，应该将工作分析人员用适当的方式介绍给员工，使之能够被员工接受。

（3）访谈法。访谈法是通过与员工和管理者的访谈获取更多的汽车服务工作细节和更准确的汽车服务工作信息。访谈法可分为个别员工访谈法、集体员工访谈法和主管访谈法。个别员工访谈法适用于各个员工的工作有明显差别、工作分析的时间又比较充分的情况。集体访谈法适用于多名员工从事同样工作的情况。使用集体访谈法时应请部门主管出席，或者事后向部门主管征求对收集到的材料的看法。主管访谈法是指同一个或多个主管面谈，因为主管对于工作内容有相当的了解，主管访谈法能够减少工作分析的时间。访谈法的优点在于它的方便性，员工可以直接反映工作情况，但有时员工会把工作分析看成是变相的绩效考核，故而有可能夸大工作职责和工作难度，导致工作分析资料的失真和扭曲。

（4）问卷法。问卷法是通过问卷收集工作信息，可以采用结构化程度比较高的问卷。在结构化问题中，列举出一系列的汽车服务任务或行为，请员工根据实际工作要求对任务是否执行或行为是否发生做出回答。如果回答是肯定的，还要进一步了解这项任务或行为出现的频率、难易程度及其与整个工作的关系。对各个项目，给出一个分数。经过量化的分数是工作分析人员进一步汇总和评价的基础。问卷法的优点是能够从许多员工那里迅速得到进行工作分析所需的资料，可以节省时间和人力。问卷法的缺点是填写调查表是由员工单独进行的，缺少交流，因此被调查者中可能有不积极配合与不认真填写的，从而影响调查的质量，或使问卷信息成为不可取的工作信息。

（5）典型事例法。典型事例法是对典型的、有代表性的汽车服务工作进行分析。典型事例法的优点是可以直接描述员工在工作中的具体活动，因此可以揭示工作的动态性质，其缺点是很难对常规的汽车服务工作形成总体概括，而这才是工作分析的主要目的。

三、汽车服务企业的员工配置

汽车服务企业通过定员确定部门员工的数量，通过招聘增加企业员工，通过调配、晋升、降职、转岗等职务变动使人员使用趋向合理。

1. 定员

定员是指确定汽车服务部门或工作组员工的数量和员工所在工作部门。部门或工作组员工的数量是根据汽车服务工作的任务和需求来确定的，员工所在工作部门是根据员工的能力或汽车服务工作的需要来确定的。

在汽车服务企业员工数量的配置中，要坚持工作任务与需求匹配的原则。人员数量少，员工任务重，会影响员工的身体健康和工作质量。人员数量多，员工任务少，会人浮于事和降低员工收入，影响员工的工作积极性。

在汽车服务企业员工所在工作部门的配置中，要坚持能职匹配的原则，坚持所配置人员的知识、素质、能力与岗位的要求相匹配。一定要从专业、能力、特长、个性特征等方面衡量人与职位之间是否匹配，做到人尽其才，职得其人，这样才能持久高效地发挥人力资源的作用。

2. 增加员工

通过招聘增加企业员工的数量和满足一定要求的员工。增加员工的数量是根据汽车服务要求和汽车服务任务确定的。汽车服务企业营销和维修技术人员最好是选择在专业院校接受过专业培训及高等教育的。汽车技术管理人员必须具有相当丰富的汽车专业知识和实践经验，并接受过企业管理培训。其他人员也要有相关的知识，并熟悉汽车服务行业。

选拔员工外出培训学习可增加员工的技能，是企业员工配置和发展的需要，也是上级汽车制造厂商为汽车后市场培养人才的需要。人事部门要选拔对企业忠诚的优秀员工进行培养，并签订劳动合同，要避免出现员工培训后立刻跳槽的现象。

3. 职务变动

职务变动包括调配、晋升、降职、转岗。调配是为了满足汽车服务工作的需要，对企业内部员工进行工作调动,填补企业空缺岗位、强化某汽车服务部门或组建新的汽车服务部门;晋升是提升员工的职位,如由普通员工提升为部门经理;降职是降低领导职务,如由副总经理降为部门经理。转岗是改变某些员工的工作岗位,将其转到更合适的岗位。人事部门要为员工办理职务变动手续。员工进企业由人事部门负责签订劳动合同,员工离开企业由人事部门负责办理离职手续。

第三节 汽车服务企业人力资源的绩效考核

汽车服务企业人力资源的绩效管理主要是对员工进行绩效考核。绩效考核也叫业绩考核,是汽车服务企业人事管理的重要内容,更是汽车服务企业管理强有力的手段之一。

一、汽车服务企业绩效考核的定义和作用

1. 绩效考核的定义

汽车服务企业的绩效考核是指收集、分析、评价和传递员工在其工作岗位上的工作行为和工作结果。员工的工作绩效具体表现为完成工作的数量、质量、成本费用,以及为本企业做出的贡献等。

2. 绩效考核的作用

汽车服务企业的绩效考核是评价每个员工的工作结果及其对企业贡献大小的一种管理手段,已成为企业在管理员工方面的一个核心职能,绩效考核是为提高汽车服务企业核心竞争力服务的。

(1) 激励和提高每个员工的工作效率。通过绩效考核,明确员工和团队对企业的贡献,发掘员工的潜能。同时,可以使员工明确工作中的成绩与不足,努力改善不足,激励每个员工提高工作效率,使整体工作绩效进一步提高。

(2) 为员工的晋升、降职、调职和离职提供依据。通过绩效考核,帮助每个员工提高工作胜任力,以利于调配;对员工进行调配之前,必须了解员工的能力;员工职务的升降,须有科学的绩效考核做凭证,不能只凭领导人的决定。通过全面、严格的考核,发现一些人的素质和能力已超过所在职位的要求,适合担任更具挑战性的职位,则可对其进行晋升;反之,则可对其进行降职处理。通过员工的晋升、降职、调职和离职,建立适应企业发展的人力资源队伍。

(3) 为员工的薪酬管理提供依据。员工的实际业绩决定了其报酬水平的高低,根据人员业绩的变化情况来确定是否予以加薪、奖励及奖金数量。绩效考核结果最直接的应用,就是为汽车服务企业制订员工的报酬方案提供客观依据。可以说,不以考核结果为依据的报酬,不是真正的劳动报酬。

(4) 对员工招聘和工作分配的决策进行评估。通过绩效考核,可以让员工明白自己最适合的工作和岗位,让管理者认识到员工招聘和分配工作的合理性,以利于发挥员工长处。

(5) 为员工和团队的培训提供方向。培训是人力资源开发的重要方式。培训有的放矢,

才能收到事半功倍的效果。通过绩效考核，可以发现员工的长处与不足、优势与劣势，从而根据员工培训的需要制订具体的培训措施和计划。

（6）促进员工自我培训和提高汽车服务技能。绩效考核强化了工作要求，能增强员工的责任意识，从而使员工明确自己怎样做才能更符合企业的期望，促进员工自我培训以提高汽车服务技能。

（7）为汽车服务企业进行人力资源规划提供信息。全体员工的绩效评估可为人力资源规划提供参考信息，由此可知哪些岗位缺人需增加人员，哪些岗位人员过多需调离人员，哪些岗位应设多少员工。

3. 绩效考核的基本类型

（1）考核汽车服务结果。考核汽车服务结果着眼于"干出了什么"，重点在于汽车服务结果而不是行为，如月销售车辆、月销售利润、参保客户数量、车辆故障排除结果，尤其是疑难车辆故障的排除结果。由于它考核的是工作业绩而不是工作效率，所以标准容易制订，并且容易操作。目标管理考评办法就是该类考评。它具有短期性和表现性的缺点，较适合对具体汽车服务员工的考核，但不适合对事务性工作人员进行考核。

（2）考核汽车服务过程。考核汽车服务过程着眼于"如何干""干什么"，以考核员工的汽车服务程序和汽车服务中技术表现为主。考核汽车服务过程的标准容易确定，操作性强，适合于对管理性、事务性工作人员的考评。

（3）考核汽车服务品质。考核汽车服务品质着眼于"怎么干"，以考核员工在工作中表现出来的品质为主，如对企业的忠诚度、可靠度、主动积极性、创新性、自信程度、协作团队精神等。考核汽车服务品质很难具体掌握，操作性与有效性较差。它适合于对员工工作潜力、工作精神及沟通能力进行考核。

二、汽车服务企业绩效考核的基本原则、程序和方法

1. 绩效考核的基本原则

（1）公开性原则。管理者要向被管理者明确说明绩效考核的标准、程序、方法、时间等事宜，使绩效管理有较高的透明度，使员工积极配合绩效考核，减少绩效考核过程中的抱怨。

（2）客观、公正性原则。绩效管理要做到以事实为依据，对被管理者的任何评价都应有事实根据，避免主观臆断和带有个人感情色彩，要客观、公正地考核，这也是管理者职业道德的体现。

（3）具体可衡量原则。考核中要坚持具体可衡量原则，即考核指标要具体明确，绝不含糊，绩效管理的各项指标应该是一个个可以度量的指标。比如，对于汽车销售人员进行考核时，可考核"汽车销售量""客户回访次数""新客户接待次数"和"车辆销售到款额"等具体指标。

（4）差别性原则。对不同部门、不同岗位进行绩效考核时，要根据不同的工作内容制订贴切的衡量标准，评估的结果要适当拉开差距，不搞平均主义。工作绩效高的部门应该提高奖励比例，工作绩效低的部门应该降低奖励比例。

（5）反馈原则。绩效考核不仅要与员工的薪酬水平挂钩，更重要的是要改善员工的工作绩效，使员工认识到工作上的不足，并加以改善。所以，结果应直接反馈给员工，以明确其努力方向。

2. 绩效考核的程序

（1）制订绩效考核标准。绩效考核要发挥作用，首先要有合理的绩效标准。这种标准必须得到考核者和被考核者的共同认可，标准的内容必须准确化、具体化和定量化。为此，制订标准时应注意两个方面：一是以职务分析中制订的职务规范和职务说明为依据，因为那是对员工岗位职责的组织要求；二是管理者与被考核者要沟通，以使标准能够被共同认可。

（2）评定绩效。将员工实际工作绩效与组织期望进行对比和衡量，然后依据对比的结果来评定员工的工作绩效。绩效考核指标可以分为许多类别，如业绩绩效考核指标和行为绩效考核指标等。此外，考核工作也需从不同方面取得事实材料。

（3）绩效考核反馈和存档。这一环节是指将考核的结果反馈给被考核者。首先，考核者将书面的考核意见反馈给被考核者，由被考核者予以同意认可；其次，通过绩效考核的反馈面谈，考核者与被考核者之间可以就考核结果、考核过程中不明确或不理解之处进行沟通，这样有助于被考者接受绩效考核结果；再有，反馈考核结果，有利于员工改善和提高业绩。经被考核者同意的绩效考核结果要存档，供员工升职、调岗时使用。

3. 绩效考核的方法

（1）排序法。排序法是把一定范围内的员工按照某一标准用表格由高到低进行排列的一种绩效考核方法，如按汽车销售数量排序。其优点在于简便易行，可完全避免趋中或严格、宽松的误差。其缺点在于标准单一，不同部门或岗位之间难以比较。

（2）成对比较法。成对比较法是考核者根据某一标准将每一员工与其他员工进行逐一比较，并将每一次比较中的优胜者选出的一种考核办法。这一方法的比较标准往往不是具体的工作成果，而是考核者对被考核者的一个整体印象。由于这种方法需要对每次比较进行强制排序，可以避免考核中易出现的趋中现象。但当比较的人员很多时，采用这种方法进行考核需要进行多次比较，会耗费很大的时间成本。

（3）等级评估法。等级评估法的一般做法是：根据工作分析，将被考核岗位的工作内容划分为相互独立的几个模块，并制订标准，标准分为几个等级选项，如"优秀""良好""合格""不合格"等，根据被考核者的实际工作表现，对每个模块的完成情况进行评定。等级评估法的优点是考核内容全面、实用。其缺点是考核者的主观因素影响较大。

（4）关键事件法。关键事件法是指管理者将员工在考核期间内所有的关键事件都真实记录下来，通过记录的关键事件考核员工。关键事件法的优点在于针对性强，结论不易受主观因素的影响。缺点在于基层管理者工作量大。另外，要求管理者在记录中不能带有主观意愿，在实际操作中这一点往往难以做到。

（5）叙述总结法。叙述总结法是指评估者以一篇简洁的记叙文的形式来总结描述员工的业绩，可自我总结，也可由部门对员工业绩进行总结，如员工年终小结。叙述总结法简单，但其缺点在于考核结果在很大程度上取决于考核者的主观意愿和文字水平。此外，由于没有统一的标准，不同员工之间的考核结果难以进行量化比较。

（6）360度考核。所谓360度考核，就是在组织结构图上，由位于每一员工上下左右的公司内部其他员工、被考核的员工本人以及顾客，一起来考核该员工的绩效的一种方法。360度考核特别注重通过反馈来提高员工的绩效，因此把360度考核中的反馈称为360度反馈。

4. 绩效评价者

（1）评价者是直接主管。员工的直接主管（如某车型销售主管、发动机维修组的组长）是对员工的工作状况最为了解的人，所以员工的直接主管往往是绩效评估的核心评价者。当然直接主管对员工的主观印象肯定会影响评价值。

（2）评价者是员工的同事。是指员工对同事进行评价，或员工之间互评。建立同事评价制度，有助于团队精神的建立，有助于改善人际关系。当然员工们有可能相互抬高，给出较高的评价值。

（3）评价者是员工自我。是指员工给自己评价。企业应该给员工一个自我评价的机会，但是必须认识到员工对自身的工作绩效评价，一般总是高于主管、同事对其评价的，而且习惯于这样做的人往往是那些工作业绩欠佳、低于一般水平的员工。所以自评分值必须予以慎重对待。

（4）评价者是下级。是指由下属以不计名的方式对上级主管或其他部门的管理者进行工作绩效评价。这样可以帮助企业管理高层对企业的管理风格进行诊断，认识到企业中潜在的管理问题，发现表现优异的或是不称职的管理员工，常用于人事调整考评。

（5）评价者是工作绩效评估委员会。是指由员工的直接主管与其他三四个部门的主管组成一个工作绩效评估委员会，对员工进行评估，是目前众多企业采用的方法。这种多位评价者综合评价的方法确有优点，因为尽管不同的评价者可能会因为各种偏差而得出不确切的结论，但是多位评价者所做出的综合性评价结果应该比单个人做出的评价结果更为可信、公正、有效；而且这种方法对减少个人偏好等主观因素很有作用，并且能够对员工进行多层次、多侧面的工作表现评估。

第四节　汽车服务企业人力资源的薪酬与激励

一、汽车服务企业的薪酬

汽车服务企业的薪酬是汽车服务企业为获得员工提供的劳动而支付给员工的劳动报酬，这种劳动报酬可以是实物形态的，也可以是非实物形态的。一般而言，薪酬包括：以工资、奖金和红利等形式支付的直接货币报酬；以保险、休假等各种间接货币形式支付的福利。

1. 工资

工资包括基本工资和津贴。基本工资是员工收入的基本组成部分，是根据员工的绩效、能力给付的基本报酬形式，如计时工资、计件工资、职务工资、职能工资等。基本工资比较稳定，是确定退休金的主要依据。津贴是对员工在特殊劳动条件下工作时额外劳动的消耗、额外的生活费用，以及对员工生理或心理带来的损害而进行的物质补偿，津贴分地域性津贴、生活性津贴、劳动性津贴等。

2. 奖金

奖金是对员工有效超额劳动的报酬,是基本工资的补充形式,根据员工的业绩和公司经济效益状况给予。奖金分考勤奖金、效益奖金、项目奖金、季度奖金、年终奖金、红包等。

3. 福利

福利是汽车服务企业通过购置集体生活设施、提供劳务和建立补贴制度等方式,以解决员工在物质与精神生活上的普遍性需求或特殊困难而建立的公益性事业。福利分社会保险福利和用人单位集体福利等,有失业保险、人寿保险、遣散费、带薪休假、健康保障、工伤补偿、退休福利等。

二、汽车服务企业的薪酬作用与意义

1. 决定人力资源的合理配置与使用

薪酬一方面代表着劳动者可以提供的不同劳动能力的数量与质量,反映了劳动力供给方面的基本特征,另一方面代表着用人单位对人力资源需要的种类、数量和程度,反映了劳动力需求方面的特征。薪酬体系就是要运用薪酬这个人力资源中最重要的经济参数,来引导人力资源向合理的方向运动,从而实现企业目标的最大化。

2. 影响员工的汽车服务效率

薪酬是激励员工提高劳动效率的主要杠杆,在汽车服务企业中,应将其视为影响员工汽车服务效率的主要杠杆,要利用工资、奖金、福利等物质报酬激励劳动者。劳动者通过个人努力,获得高薪,是对其汽车服务价值的肯定,从而提高其汽车服务的积极性和创造性,提高汽车服务企业中员工汽车服务的效率。

3. 有利于稳定员工队伍

如果薪酬标准过低,劳动者的基本生活就会受到影响,劳动力的耗费就不能得到完全的补偿,会造成员工离开企业,影响员工队伍稳定;如果薪酬标准过高,又会对汽车服务成本造成较大影响。因此,合适的员工工资标准,才有利于保证汽车服务企业员工队伍稳定。

三、汽车服务企业的薪酬机制

1. 政府主导型

政府主导型机制主要是通过行政的、指令的、计划的方法来直接确定不同种类、不同质量的各类劳动者的薪酬水平、薪酬结构,从而引导人力资源的配置,如:政府给出当地最低工资标准。

2. 市场主导型

市场主导型机制实质上是一种效率机制,它主要是通过劳动力的流动和汽车服务市场竞争,在供求平衡中所形成的薪酬水平和薪酬差别来引导人力资源的配置,用人单位根据汽车服务市场、员工的能力和贡献、企业需求等确定员工的工资。

四、汽车服务企业薪酬体系的设计

1. 薪酬体系设计的基本程序

汽车服务企业的薪酬体系是企业从人力投资和激励机制的角度出发，为员工提供有形的与无形的酬劳的总和。薪酬体系的建立是一项复杂而庞大的工程，不能只靠文字的堆砌和闭门造车式的思考来完成薪酬体系的设计。设计汽车服务企业的薪酬体系应该遵循以下几个基本程序。

（1）合理而详尽的汽车服务岗位分析。岗位分析也可称为工作分析或岗位描述，即根据汽车服务企业发展战略的要求，采用问卷法、观察法、访谈法、日志法等，对汽车服务企业所设的各类岗位的汽车服务工作内容、工作方法、工作环境以及工作执行者应该具备的知识、能力、技能、经验等进行详细的描述、分析，最后形成汽车服务岗位说明书和工作规范。

岗位分析是汽车服务企业薪酬体系的基础，分析活动需要汽车服务企业人力资源部、员工及其主管上级通过共同努力和合作来完成。员工的工资都是与其工作岗位所要求的工作内容、工作责任、任职要求等紧密相连的。因此，科学而合理地分配薪酬必须同员工所从事工作岗位的内容、责任、权利、任职要求与在汽车服务企业中的价值相适应。这个价值是通过科学的方法和工具分析得来的，它能够保证薪酬的公平性和科学性，也是破除平均主义的必要手段。

（2）公平合理的汽车服务岗位评价。岗位评价是在对汽车服务企业中存在的所有岗位的相对价值进行科学分析的基础上，通过分类法、排序法、要素比较法等方法对岗位进行排序的过程。要充分发挥薪酬机制的激励和约束作用，最大限度地调动员工的工作主动性、积极性和创造性，在设计汽车服务企业薪酬体系时就必须进行岗位评价。

（3）汽车服务企业的薪酬市场调查。薪酬市场调查就是通过各种正常的手段获取相关汽车服务企业各职务的薪资水平及相关信息。对薪酬市场调查的结果，会成为汽车服务企业薪资体系决策的有效依据。

（4）汽车服务企业薪酬体系方案的草拟。在完成了上述三个阶段的工作，掌握了详尽的资料之后，才能进行汽车服务企业薪酬方案的草拟工作。薪酬体系方案的草拟就是要在对各项资料及情况进行深入分析的基础上，运用人力资源体系的知识，运用第一章所述的管理设计的类比法、并行设计法和创新法，完成汽车服务企业薪酬体系的书面设计工作。

（5）汽车服务企业薪酬体系方案的测评。汽车服务企业的薪酬体系方案草拟结束后，不能立刻实施，必须对草案进行认真的测评。测评的主要目的是通过模拟运行的方式来检验草案的可行性、可操作性，预测薪酬体系草案的双刃剑作用是否能够很好的发挥。

（6）汽车服务企业薪酬体系方案的宣传和执行。经过认真测评以后，应对测评中发现的汽车服务企业薪酬体系草案中存在的问题和不足进行调整，并最终确定为薪酬体系方案，然后就可以对薪酬体系方案进行必要的宣传了。薪酬体系方案不仅要得到汽车服务企业上中层管理者的支持，更应该得到广大员工的认同。经过充分的宣传、沟通和培训，薪酬体系方案即可进入执行阶段。

(7)汽车服务企业的薪酬反馈及修正。汽车服务企业薪酬体系方案在执行过程中的反馈和修正是必要的,这样才能保证薪酬制度长期、有效的实施。另外,对薪酬体系和薪酬水平进行定期的调整也是十分必要的。

2. 汽车服务企业的薪酬体系设计过程中应该注意的问题

(1)公平性。合理的薪酬制度首先必须是公平的,只有公平的薪酬才是有激励作用的薪酬。但公平不是平均,真正公平的薪酬应该体现在个人公平、内部公平和外部公平三个方面。

个人公平就是员工对自己的贡献和得到的薪酬感到满意。从某种程度上讲,薪酬即是汽车服务企业对员工工作和贡献的一种承认,员工对薪酬的满意度也是员工对汽车服务企业忠诚度的一种决定因素。

内部公平主要表现在两个方面:一是同等贡献度及同等工作绩效的员工,无论他们的身份如何(无论是正式工还是聘用工),他们的薪酬应该对等,不能有歧视性的差别;二是不同贡献度岗位的薪酬差异应与其贡献度的差异相对应,不能刻意地制造岗位等级差异。

外部公平是指汽车服务企业的薪酬水平相对于本地区、同行业在劳动力市场的公平性。外部公平要求公司的整体工资水平保持在一个合理的程度上,同时对于汽车服务市场紧缺人才实行特殊的激励政策,并关注汽车服务岗位技能在人才市场上的通用性。

(2)薪酬不等,福利平等。在处理薪酬各部分的时候,要区别对待。各类工资、奖金、职务消费应该按汽车服务岗位和贡献的不同拉开差距,而各类福利应该平等,不能在汽车服务企业内部人为地制造森严的等级。

(3)薪酬的设计要处理好老员工与新员工的关系。汽车服务企业的发展是一个长期积累的过程,在这个过程中,老员工是做出了很大的贡献的。同时,不断地引进汽车服务企业所需要的各类人才也是人力资源体系的重要工作。因此,在设计汽车服务企业薪酬体系时,既要体现对老员工历史贡献的认同,又要注意避免过分加大新老员工的薪酬差异,造成新员工的心理不平衡和人才的流失。要能留住老员工,吸引新员工,尤其是刚毕业的能够满足本企业需要的大学生等青年人才,他们是企业的未来,给予他们适当高一点的薪酬,厚待他们,有利于留住他们为企业提供长期汽车服务。

(4)薪酬制度调整要在维护稳定的前提下进行。汽车服务企业的薪酬制度调整要在维护稳定的前提下进行,薪酬分配的过程及其结果所传递的信息有可能会导致员工有更高的工作热情、更强烈的学习与创新愿望,也有可能导致员工工作懒散、缺乏学习与进取的动力。因此,对汽车服务企业的薪酬制度进行调整必须以维护员工队伍稳定为前提,要注意维护大多数员工的利益和积极性。损害大多数员工的利益,挫伤大多数员工积极性的薪酬改革是不可取的。

五、汽车服务企业的激励

1. 激励的意义和作用

激励是以员工需要作为新的刺激因素,去激发、奖励员工的工作积极性,使其充分发挥潜在能力,实现汽车服务企业目标,并从中获得满足的过程。没有激励,一个人的能力仅能发挥出 20%～30%；如果处于激励状态，则能发挥出 80%～90%，有时甚至会更大。因此，人的潜在能力变为现实能力是需要激励的，这是精神作用。

2. 激励方法

激励的方法有物质激励和精神激励两种，汽车服务企业实施激励时要把这两种方法结合起来，既要重视员工的物质利益，反对"精神万能"；又要充分运用精神激励，反对"金钱万能"。具体方法有以下几种：

（1）奖惩激励。奖励是对员工某种行为的肯定和表扬，惩罚则是给予否定与批评。被奖励者虽然是少数，但激励所起作用的范围却是全体员工，通过奖励，汽车服务企业可获得期望出现的行为方式和道德风尚。奖励的方式有：颁发奖金和奖品、公开表扬、领导慰问、评先进、上光荣榜、授予奖章和奖状、晋升、提供疗养、旅游、培训、出国考察机会等。惩罚的方式有：经济罚款、行政处分、批评、降级、辞退、开除、法律制裁等。

（2）榜样激励。榜样的力量是无穷的。开展树典型、学先进活动，充分发挥先进典型、先进工作者和劳动模范的榜样作用。

（3）目标激励。汽车服务企业要使员工明确企业目标、部门目标、岗位目标及个人奋斗目标，包括物质文明和精神文明建设目标，让员工实现目标有成就感。目标明确，能鼓舞人努力工作，为实现目标而奋斗。

（4）参与激励。组织员工或下属参与企业管理的决策，进行自我管理和控制，以增强员工的主人翁责任感，调动其工作积极性。

（5）岗位竞争激励。竞争上岗，尤其是重要岗位和高薪岗位更应如此。要做到上岗升薪，下岗降薪，使员工不仅有光荣感，还有危机感，从而促使其兢兢业业地工作。

（6）创新激励。汽车服务企业要鼓励创新，容许失误。企业要开展合理化建议活动，并给予奖励或表扬，对于重大创新成果应予以重奖。

激励用好了能产生积极效应，如果使用不好则会产生负面效应，所以在使用激励中还应注意以下几个方面：

（1）公开性。制度公开，执行情况公开，提高激励的透明度。

（2）客观公正性。激励过程中要防止讲人情、讲关系，要以绩效考核和激励标准为依据。

（3）合理性。激励标准不能是高不可攀的，而应是员工经过努力可以达到的。

第五节 汽车服务企业人力资源的招聘与解聘

一、汽车服务企业人力资源的招聘

1. 汽车服务企业人力资源招聘的概念

汽车服务企业人力资源招聘就是通过各种信息途径吸引应聘者，并从中选拔、录用企业所需人员。获取企业在各个发展阶段所需要的人员，是人力资源招聘工作的主要目标。此外，通过企业代表与应聘者直接接触的过程，以及在招聘过程中进行的宣传工作，企业也可以达到树立良好的企业形象及吸引应聘者的目的。

2. 汽车服务企业人力资源招聘的程序

汽车服务企业人力资源招聘的过程一般包括以下步骤：

（1）确定人员的需求。根据汽车服务企业人力资源规划、岗位说明书和企业文化，确定企业人力资源需求，包括数量、汽车服务技术能力、素质要求以及需求时间。

（2）确定招聘渠道。确定企业所需人员是从内部选拔还是从外部招聘。

（3）实施征召活动。通过企业人力资源招聘广告、招聘会、招聘组织机构等实施征召活动，将以各种方式与企业招聘人员进行接触的人确定为工作候选人。

（4）初步筛选候选人。根据所获得的候选人资料对候选人进行初步筛选，剔除明显不能满足企业需要的应聘者，留下来的候选人进入下一轮的测评甄选。

（5）测评甄选。采用笔试、面试、心理测试、体检、履历审查等方式对候选人进行严格测试，以确定最终录用人选。

（6）录用。企业与被录用者就工作条件、工作报酬等劳动关系进行谈判，签订劳动合同。

（7）招聘评价。对本次招聘活动进行总结，并从成本收益的角度进行评价。

3. 汽车服务企业人力资源招聘的原则

在汽车服务企业人力资源招聘的过程中，应主要把握好以下几条原则：

（1）择优、全面原则。择优是招聘的根本目的和要求。择优就是广揽人才，选贤任能，从应聘者中选出优秀者。招聘者要根据综合考核成绩，精心比较，谨慎筛选，做出录用决定。为确保坚持择优原则，应制订明确且具体的录用标准。

（2）公开、竞争原则。公开是指把招考单位、种类和数量，报考的资格和条件，以及考试的方法、科目和时间等均面向整个企业或社会通告周知，公开进行。竞争是指通过考试竞争和考核鉴别，确定人员的优劣和人选的取舍。只有通过公开竞争才能使人才脱颖而出，才能吸引真正的人才，起到激励作用。

（3）宁缺毋滥原则。招聘决策一定要树立"宁缺毋滥"的观念。也就是说，一个岗位宁可暂时空缺，也不要让不适合的人占据。这就要求管理者做决策时有一个提前量，而且广开贤路。

（4）能级原则。人的能力有大小，本领有高低，工作有难易，要求有区别，所以招聘工作不一定要最优秀的，而应量才录用，做到人尽其才，用其所长，这样才能持久高效地发挥人力资源的作用。

（5）全面考核原则。全面考核原则指对报考人员从品德、专业知识、管理知识、能力、智力、心理、工作积极性、过去工作的经验和业绩等方面进行全面考试、考核和考查，其中品德、专业知识、工作积极性相对重要，不招有专业知识但品德低下、工作懒惰的人员，可招品德好、工作积极性高又积极学技术的人员，后期可通过技术培训改善其技术水平。决策者必须对应聘者各方面的素质条件进行综合性的分析和考虑，从总体上对应聘者的适合度做出判断。

4. 汽车服务企业人员招聘的途径

企业的人事部门可以根据本企业的经营战略、经营环境、岗位需求和重要程度以及招聘职位的紧急程度来确定具体的招聘途径。人员招聘的途径不外乎两种：内部招聘和外部招聘。主要招聘方式有：

（1）广告招聘。广告招聘可以借助不同媒体的宣传效果，进行辐射面广的信息发布，或者有目标性地针对某一个特定的群体进行信息发布。

在采用广告方式进行招聘时，必须考虑：选用何种媒体？如何构思广告？报纸、杂志、广播电视与大型招聘会现场派发或销售的岗位宣传资料等媒介方式，各有优缺点，在选择时要予以考虑。而构思广告就更为重要，广告内容要能够吸引求职者的注意，要能够引起求职者对工作岗位的兴趣，要能引起求职者申请工作的意愿，要能激励求职者采取积极的应聘活动，不能含有对某些人群的歧视。广告招聘的缺点就是可能带来许多不合格的应聘者，应聘数量大，从而加大招聘甄选的工作量。

（2）就业机构招聘。通过政府开办的公共就业机构，汽车服务企业经常可以在正常费用或免费的情况下进行招聘工作。在利用就业机构获取求职者时，企业必须向就业机构提供一份精确、完整的招聘说明书，限定就业机构在甄选招聘人员过程中使用的程序或工具。

（3）学校招聘。每年高等院校学生毕业的时间是许多企业单位获得求职者最多、最集中的时间。从各个层次的高等院校中，企业的确可以获得许多很有晋升潜力的应聘者，这是汽车服务企业获取大量、高质量青年人才的重要途径。高质量的青年人才是企业的未来。

汽车服务企业到学校招聘前，要选择招聘院校，确定招聘学生的专业，对派往学校的招聘人员进行培训，增强他们对大学生的甄选能力，并能够很好地塑造企业形象，从而提高企业的吸引力。

（4）员工推荐。员工推荐求职者的方式可能是所有招聘方式中成本最低的，而且经相关研究证明是获取合格应聘者的最好途径。对于求职者，可以通过已经在企业工作的员工了解关于组织的情况；对于组织，可以通过自己的员工了解求职者的情况，并且推荐人出于对自身工作的考虑，往往推荐的都是高素质的候选人，也就是组织的老员工已经先于人力资源部门对候选人进行了考察与筛选。一些企业还制订了这方面的激励政策，对成功推荐新员工的老员工给予奖励。但是员工推荐的缺点在于可能不会增加员工的类别与改善员工结构，因为员工推荐的大多是与其自身情况相似的新人，如果管理层要改善员工结构，那么这种途径就不太可取。

（5）随机求职者。也会有求职者主动走进企业的人力资源部申请工作，或是递交求职信函申请岗位。这些人通常是对企业有所了解后主动递交申请的，就职愿望比较强烈，被录用后对企业的忠诚度较高。无论录用与否，企业都应礼貌地对待这些求职者，不能不闻不问，这会影响企业的招聘声誉。

（6）内部招聘。内部晋升，或是面向内部员工的、空缺岗位的公开招聘是增强员工对组织的奉献精神的重要举措，是增强企业内聚力的关键策略。企业要制订合理、科学的内部晋升招聘规划，许多企业今天的高层管理者就是从最低层级的岗位做起，一步一步晋升到现在的位置的。

有效、科学的内部招聘需要做好人力资源管理的5项基本工作：识人、选人、用人、育人、留人。例如，在员工招聘时就能够发现与录用有发展潜力、对工作有积极性的人；录用之后做好有关员工各个时期的工作绩效评价及档案管理工作；为培养与发掘员工的能力，提供在职接受教育与培训的机会；在工作分析的基础上为有潜质的员工制订个人职业发展规划；运用不断的内部晋升留住骨干人才。

5. 汽车服务企业人事测评

人事测评是人力资源招聘的重要工具。利用人事测评可以从应聘者中选出企业最需要的人。人事测评就是采用科学的方法，收集被测评者在主要活动领域中的信息，针对某一素质测评目标体系做出量值或价值判断的过程。

（1）面试。面试是企业最常用的，也是必不可少的一种测评手段。面试是评价者与被评价者双方面对面地观察、交流互动的过程。

面试的主要任务是为录用决策解决疑问。通过面试，一般需要了解应聘者的以下内容：应聘动机；对本公司及其提供职位的了解程度；离开原来职位的具体原因；可以报到上班的时间；原来的收入水平以及期望的收入水平；工作经历、表现和感受；学历、专业知识、技能以及接受的培训；业余生活和爱好；应聘者本人的优缺点；外在仪表和内在的心理倾向；反应与应变能力；表达能力和情绪控制能力等。

（2）笔试。笔试主要用来测试应聘者的知识和技能，也可测试应聘者的性格和兴趣。对知识和能力的测验包括两个层次，即一般知识和能力与专业知识和能力。一般知识和能力包括一个人的社会文化知识、智商、语言理解能力、数字能力、推理能力、理解能力和记忆能力等。专业知识和能力即与应聘岗位相关的知识和能力，如车辆销售和维修知识、管理知识、职业道德知识、交流能力、人际关系能力、观察能力等。

（3）能力测试。常用的能力测试方法包括：智力测试，语言能力测试，理解和想象能力测试，判断、逻辑推理和归纳能力测试，反应速度测试，维修操作、销售技能与身体技能测试等。

（4）评价中心。评价中心是一种综合性的人事测评方法，评价中心技术综合使用了各种测评技术。评价中心的主要组成部分以及它最突出的特点就是使用情境性的测评方法对被测试者的特定行为进行观察和评价。这种方法通常是将被测试者置于一个模拟的工作情境中，采用多种评价技术，由多个评价者观察和评价被测试者在这种模拟工作情境中的行为表现。

评价中心常用的情境性测评方法有：无领导小组讨论，销售车辆演示，车辆故障诊断、车辆定责定损的书面案例分析，角色游戏等。这些方法都可以用于揭示特定汽车服务职位所需的胜任特质，所以经常用来对被测试者进行测评。

二、汽车服务企业人力资源的解聘

1. 解聘发生的条件

没有正当理由，汽车服务企业不得无故解聘员工。员工遭遇解聘后，没有了经济来源，对许多人都是一个沉重的打击，并有可能对社会、企业产生不利的影响。因此，无论对于被解聘的员工来说，还是对于负责解聘工作的人力资源部门的工作人员来说，解聘工作都要谨慎处理。解聘通常在以下条件下发生：

（1）员工工作业绩不合格，给予改进机会后仍然不能让组织满意。

（2）员工行为不当，严重违反企业规章制度或国家相关法律法规，企业应予以辞退。例如有偷盗企业财物、泄露经营秘密、不服从管理者的正当工作安排、旷工缺勤并不改正、有经济或刑事犯罪等行为者。

（3）员工工作努力，但是其能力与岗位要求差距很大。

（4）工作要求改变，对应的工作岗位撤销。在以上两种情况下，不一定采取解聘措施，可以平调、下调工作岗位。

（5）因劳动合同订立时所依据的客观经济情况发生重大变化，致使劳动合同无法履行的，企业可与员工协商解除劳动关系，但应给予员工一定的经济补偿。

（6）主动辞职。员工由于某种因素个人主动提出辞职。

人力资源部门的工作人员在处理解聘问题时必须遵循国家的劳动保护法等相关法律规定，执行企业制度和合同，按照科学的程序处理问题，以避免让企业或其本人陷入不必要的诉讼困境或心理困境。

2. 解聘程序

在一般情况下，解聘程序如下：

（1）离职谈话。在员工面临解聘之前，要进行离职谈话，先给予相应警告，提醒员工必须改进，否则即将解聘。对于主动辞职的员工，人力资源部门在收到员工的主动辞职信后，应在两日内与员工的部门领导进行沟通，了解该员工的工作状况、辞职原因等。其中，对于中（高）层管理人员，人力资源部门应立即与请辞职员工进行沟通，填写《离职谈话表》，将沟通结果向企业领导汇报。

在离职谈话前，要精心地确定与该员工进行解聘前谈话的人选及谈话地点，并设计谈话内容，消除或减少员工的不良反应。

（2）解聘通知。解聘员工要由企业领导批准，领导批准后，向员工发出《解聘通知书》《离职移交清单》等书面通知，对员工的工作表现进行全面鉴定，并到相关部门办理移交手续。员工主动辞职时，应在规定时间内向部门领导提交辞职申请和《员工离职审批单》，经部门领导和企业领导审批后，持审批通过的《员工离职审批单》，办理移交等解聘手续。

（3）办理移交手续。进行离职审计，清点该员工正在使用的组织财物，列出清单，告知员工进行工作、物品移交，没移交的财物由员工所在部门予以追缴。慎重地与被解聘员工讨论解聘费，按照组织规章公平处理。

（4）解聘防范。更换该员工曾经使用的门户锁匙与系统密码等，以避免不必要的损失。解聘员工后，要对该员工可能做出的非理性行为予以估计及防范。

（5）解聘通告。召集该员工所在部门的全体人员召开非正式会议，告知该员工被解聘的信息，并书面通知企业的其他部门。

第六节 汽车服务企业人力资源的培训

一、汽车服务企业人力资源培训的目的和原则

1. 汽车服务企业人力资源培训的目的

通过培训，向员工传递汽车服务企业的核心理念、企业文化、品牌服务意识以及运作标准要求，这一方面可以使新员工尽快适应并胜任岗位工作，老员工改善工作态度，提高专业素养及能力；另一方面可以将员工个人的发展目标与汽车服务企业的战略发展目标统一起来，满足员工自我发展的需要，调动员工工作的积极性和热情，增强汽车服务企业的凝聚力。汽车服务企业应最大限度地利用一切资源，采用不同形式开展培训。

2. 汽车服务企业人力资源培训的基本原则

（1）理论联系实际、学以致用的原则。员工培训要具有针对性和实践性，以工作的实际需要为出发点，与汽车服务企业岗位的特点紧密结合，与培训对象的年龄、知识结构紧密结合。

（2）全员培训与重点提高的原则。有计划有步骤地对在职的各级各类人员进行培训，提高全员素质。同时，应重点培训一批技术骨干、管理骨干。

（3）因材施教的原则。针对每个人员的实际技能、岗位和个人发展意愿等开展员工培训工作，培训方式和方法要切合个人的性格特点和学习能力。

（4）讲求实效的原则。效果和质量是员工培训成功与否的关键，为此必须制订全面、周密的培训计划和采用先进、科学的培训方法和手段。

（5）激励的原则。将人员培训与人员任职、晋升、奖惩、工资福利等结合起来，让受训者受到某种程度的鼓励，同时管理者应当多关心培训人员的学习、工作和生活。

二、汽车服务企业人力资源培训的内容

对管理、技术和工人等各类人员进行培训的内容有许多共同部分，但更多的是分层次按岗位要求确定的。

1. 入企培训

这是针对新员工或新岗位要求进行的。入企培训主要包括：企业概况、企业人事规章制度、企业文化、企业汽车服务项目及经营理念、各部门的运作了解及人员认识、工作业务及流程、安全与文明汽车服务、汽车服务的相关规定、亲身体会等。入企培训一般为 1~10 周。

2. 适应性培训

针对全体员工的分层次按岗位需要及综合素质提高进行的新技术和新知识普及以及新质量标准和综合能力训练，目的在于为员工补充新知识，提高员工素质，使其适应新技术和新质量要求的发展。培训的内容包括：

（1）标准化培训。旨在通过培训，让所有员工掌握标准化工作程序和不断改进技能，正

确理解、运用标准开展工作，合理安排工作场所，形成标准规范化汽车服务。

（2）质量培训。旨在让员工理解和接受质量标准或规范，确保通过高质量的汽车服务和品牌服务，提高企业的信誉。

（3）新技术、新设备培训。旨在让员工掌握、运用新的汽车服务技术，使用新的汽车服务设备，提高企业的汽车服务能力和水平。

（4）领导责任培训。旨在向各级管理人员及专业技术人员传授基本管理知识和必要的管理技巧。

（5）持续改进培训。旨在使员工掌握并运用不断改进的原理和创新理念，改进汽车服务流程与方法，提高汽车服务质量。

3. 提高性培训

提高性培训主要是对有培养前途的骨干以及高层管理人员进行管理技能、专业技术方面的专门培训，使汽车服务企业服务能力得到进一步提高。

三、汽车服务企业人力资源培训的形式、方法和师资

1. 培训的形式

（1）全脱产培训。即培训时间全部安排在工作时间。新员工正式上岗前，首先会接受为期 5 天左右的入企全脱产培训，了解汽车服务企业的理念及价值观、汽车服务体系等，然后在车间内接受为期三周的全脱产岗位技能培训。上岗后根据汽车服务企业的汽车服务要求，新技术、新标准、特种维修技术的要求和个人发展目标，不断地对其进行多岗位全脱产技能培训，使员工技能得以不断地提高。

（2）工娱相结合的培训。它虽是一种知识性的提高素质的培训，但也能间接地对汽车服务有益。

（3）全业余培训。一般为员工自己要求的、不在工作时间内进行的培训，如学历培训、自学专业技术和管理技术。

员工自学是员工培训的重要形式，汽车服务企业应鼓励员工自学专业技术和管理技术，这不仅有利于员工汽车服务水平的提高，更有利于本企业汽车服务品质的提高。

（4）师徒培训。由优秀老员工带徒弟，传授汽车服务知识和技能。企业要给新员工安排师傅，并进行尊师爱徒教育，做好企业优秀品德、汽车服务技能等传、帮、带工作。

（5）网络培训。借助网络对员工培训。这不需要将员工集中在一起，在培训时间上更灵活，也不需要培训场地。可通过汽车服务企业的内部网络及对外连接，传递本企业的培训信息及内容；也可要求员工通过公共网络自学培训内容和自选与汽车服务相关的知识。

2. 培训的方法

（1）讲授法。讲授法一般采用老师授课的形式。讲授的特点是比较简单，易于操作，成本不会太高。但是，讲授是一种单向沟通的过程，员工容易感到单调和疲倦，除非将互动的方法和讲授法结合在一起。讲授法是面向全体员工的，并没有针对性，员工的问题难以得到解决。

（2）讨论法。讨论法有三种形式，即集体讨论法、小组讨论法和对立讨论法。讨论的优点是员工的参与性很强，在不停的思想碰撞中，可以迸发出智慧的火花。讨论法多是员工已

经掌握了一定的知识,需要对此加以深化的时候使用。可以请某位专家进行讲授,讲授结束后与员工进行讨论;也可以将论题列出来,每位员工围绕论题谈自己的经验和体会。

(3) 案例法。案例法属于能力层次的培训。教师向大家介绍汽车服务案例,让员工分组讨论。有的时候,教师给出的汽车服务信息并不全面,需要员工向教师寻求信息,这样可以锻炼决策时对决策信息需要的判断。有时候,教师不准备案例,而是由员工提前准备关于自己的案例。

(4) 游戏法。将游戏与培训内容联系起来,通过游戏,让员工领会到培训所要训练的内容,在游戏中学习汽车服务知识。这种方法比较生动,容易激发员工兴趣。在实际操作的时候要注意游戏的选择,不能因为游戏而使员工忘记他们来上课的目的。游戏的插入时间也要予以考虑。

(5) 角色扮演法。模拟真实的情境,员工扮演其中的不同角色,其他员工分成小组讨论。小组代表陈述本组意见后,重新进行演出或播放视频,由教师进行点评。最后,扮演角色的员工要对自己和其他角色扮演者进行点评。

(6) 自学法。发教材,由员工自己学,在自学一段时间后,员工需要写出心得报告,也可以进行问卷调查,还可以要求员工写出所学资料的纲要。这种方法因个人学习方法不同,效率有高有低,监督性比较差,人力资源部有必要对此进行培训。

3. 培训的师资

以专职教师为骨干,聘请兼职教师组成庞大的培训师资队伍,是完成汽车服务企业培训任务的一条重要途径。专职教师为企业人事部门培训员工,兼职教师的来源有两个渠道:一是从汽车服务企业内部聘请部门经理、车间主管、老员工和技术人员担任教师;二是从社会上聘请,包括请高校教师、国内外专家等。

作 业

1. 汽车服务企业人力资源管理的定义是什么?
2. 汽车服务企业人力资源管理的主要职能有哪些?
3. 汽车服务企业工作分析主要解决哪些问题?
4. 简述汽车服务企业员工的配置管理。
5. 汽车服务企业绩效的定义是什么?绩效管理的基本目标是什么?
6. 汽车服务企业绩效管理的基本原则是什么?
7. 简述汽车服务企业绩效评估的基本类型。
8. 简述汽车服务企业绩效评估管理的考核程序和方法。
9. 简述汽车服务企业的薪酬体系。
10. 简述汽车服务企业人力资源招聘的程序。
11. 简述汽车服务企业员工培训的意义。
12. 简述汽车服务企业员工培训的内容和方法。
13. 查找文献,阅读一两篇介绍汽车服务企业人力资源管理的文献,介绍其主要内容。
14. 去汽车服务企业,调研汽车服务企业的人力资源管理,写一篇调研报告,并与同学交流。

第七章 汽车服务企业物资与设备管理

汽车服务企业物资与设备管理主要指在汽车服务经营中所用物资和设备方面的管理活动。汽车服务企业的物资与设备是汽车服务经营等活动的物质基础，管好汽车服务企业物资与设备，可为汽车服务经营等活动提供保障。本章依次介绍汽车服务企业的物资管理和设备管理。

第一节 汽车服务企业的物资管理

一、汽车服务企业物资管理的概念及分类

1. 物资管理的概念

汽车服务企业的物资管理是对汽车服务企业经营活动所需各种物资的供应、保管、合理使用等进行的一系列管理工作的总称。它主要包括物资供应计划的编制、物资的采购、物资消耗定额的制订和管理、物资储备量的控制、仓库管理、物资的节约使用和综合利用等。

汽车服务企业的物资主要包括整车、汽车配件、燃料、涂料及其辅料等。汽车配件等物资贯穿于企业整个汽车服务经营活动中，是汽车服务经营活动的基本条件，也是保证汽车服务经营得以正常进行的基础。加强企业的物资管理，对于有效地利用物资，保证汽车服务经营活动的顺利进行，提高企业经济效益有着十分重要的意义。

2. 物资的分类

汽车服务企业所需的物资品种繁多，规格复杂，变化较大，各种物资有其不同的特点和要求。为了便于加强管理，合理组织采购和供应，严格控制资金占用，提高经济效益，企业必须对各种物资进行科学合理的分类。

（1）按物资在汽车服务中的作用分类：

1）主要原料和材料。如漆料及其辅料、机油、燃料（汽油、柴油等）。

2）整车及汽车配件。整车包括新车、二手车等，配件包括专用配件（曲轴、气门）、通用配件（螺栓、螺母）、总成（发动机、变速器、后桥）、仪表等。此外，还有汽车美容产品及汽车附件等。

（2）按物资的自然属性不同分类：

1）金属材料。包括用于车辆修理、厂房维护等黑色金属和有色金属的各种原材和型材。

2）非金属材料。包括汽油、柴油等石油产品，冷却液中乙二醇等化工产品、制动软管等橡胶产品等。其中还可分为危险品（燃油、腐蚀品、爆炸品等）和非危险品。

（3）按物资使用方向不同分类，可分为汽车维修物资（漆料及其辅助材料）、销售物资（整车及配件）等。这种分类便于进行物资分类管理，便于按使用方向进行物资核算和平衡。

（4）按物资供应渠道的不同分类，可分为整车及汽车配件厂供货物资、一般市场进货物资等。整车及配件厂供货物资受生产厂商约束。这种分类主要是为了根据物资的不同供应渠道进行申请、订货或采购。

二、汽车服务企业物资管理的任务和内容

1. 建立健全物资管理机构

汽车服务企业领导要分工负责物资管理，并要根据汽车服务企业规模，配备一定数量的专职和兼职物资管理人员，负责物资供应计划的编制、物资的采购、物资消耗定额的制订和管理、仓库管理等工作。

2. 建立健全物资管理制度

汽车服务企业应当根据国家的法律法规要求，以及行业主管部门的具体规定，结合本企业的汽车服务特点制订企业的配件等物资管理制度，整车及配件等物资的采购、装卸搬运、保管储存、发放和使用等，都要制订标准，实行工作岗位责任制。

3. 掌握物资的供需信息

物资管理部门一方面要掌握汽车服务经营中需要什么整车及配件等物资，需要多少，什么时候需要；另一方面要掌握汽车消费品市场、生产资料市场、技术市场等物资供应的数量、质量、价格和品种，以及供应来源和供应渠道等信息。物资管理部门要有自觉性，主动地经常对企业内外开展调查研究，要充分利用网络等信息系统收集汽车及配件等物资的信息，掌握汽车及配件等物资的供需信息。

4. 供应物资

物资供应部门要以最佳的服务水平，按质、按量、按品种、按时间，成套、经济、合理地供应汽车服务经营中所需的各种物资，保证汽车服务经营活动顺利地进行。整车及配件厂供货物资可及时通过网络等信息工具联系。

5. 储备物资

做好整车及配件等物资的运输、入库验收、储存保管、审核发放、核销、盘存和回收利用等工作。在进行库存决策时，物资供应部门应根据物资的供需情况和运输条件，全面地分析哪些配件等物资要库存，哪些配件等物资不要库存。对于需要库存的配件等物资，要运用科学的方法，制订先进合理的储备定额，经济合理地储备物资，优化物资储备量，减小库容，加速流动资金周转。加强物流管理，可减少物资储备，缩小物资储备仓库容量。

6. 指导、督促员工合理使用和节约物资

在保证产品质量的前提下，物资供应部门要尽量选购资源充足、质优价廉的配件等物资

和代用品，有效地利用物资，降低产品或服务成本；制订先进合理的物资消耗定额，搞好物资的综合利用和修旧利废工作，节约物资，并要督促一切物资使用部门的员工，努力降低物资消耗。

三、汽车服务企业的物资储备管理

1. 物资消耗量

（1）物资消耗量的意义。物资消耗量是指为完成服务工作任务所必须消耗的各类物资的数量。在汽车服务业，确定汽车配件等物资消耗量，主要是为编制配件等物资储备、采购、供应计划提供依据。编制配件等物资储备、采购、供应计划的主要依据是汽车服务中所需物资消耗量。如果没有物资消耗量，或者物资消耗量不合理，则编制出来的物资储备、采购、供应计划必然会与汽车服务任务的需求量存在较大的差距，造成物资供应不足，或储存过多造成物资积压等缺陷。

（2）物资消耗量的确定方法：

1）有订单情况下汽车及配件等物资消耗量的确定方法。在品牌汽车专营企业，客户订购整车及原厂配件，这时可根据客户订单或合同统计确定汽车及配件量，通过网络等信息工具，联系供货厂家，使其按订单或合同要求，及时、保质、保量完成供货，这也是4S店等常用的确定整车及配件量的方法。

2）无订单情况下汽车及配件等物资消耗量的确定方法。部分汽车销售企业及一般汽车维修等企业，多数情况下，没有订单或合同供确定配件物资消耗量，这时，可用以下方法确定汽车及配件物资消耗量：

① 经验估计法。经验估计法是根据以往汽车服务中配件等物资消耗量的经验确定配件等物资消耗量。采用这种方法获得配件等物资消耗量的准确程度较差，而且与确定配件等物资消耗量人员的经验密切相关。

② 统计分析法。统计分析法是用数理统计的方法确定配件等物资的消耗量。采用这种方法需要积累物资消耗量数据，所确定的物资消耗量的准确程度受以往统计资料的可靠性和以往采用的汽车服务方法、操作水平与管理水平的影响较大。

③ 实际测定法。实际测定法是管理人员到现场对漆料等运用实际称量和计算的方法确定物资消耗量。采用这种方法所确定的物资消耗量的准确程度，受测试时操作人员的技术水平、测定人员的工作熟练程度、量具准确程度等影响较大，但这种方法是通过实践测定的，只要组织周密，在一定程度上可靠性是较高的。

以上确定汽车及配件等物资消耗量的方法应根据不同情况、不同要求来选用，但无论采用何种方法都必须尊重科学，依靠实践。

2. 物资储备量

（1）物资储备量的概念。物资储备量是指保证汽车服务经营活动顺利进行所必需的、经济合理的配件等物资储备的数量。涂料、机油、燃料等物资储备量与汽车服务经营有关，为保证汽车服务经营活动顺利开展，必须有不少于最小物资储备量的物资。物资储备量与资金占用量有关，为了使物资储备量和资金占用量保持合理水平，做到既满足汽车服务经营的需要，又节约资金占用，就必须对物资储备量进行控制。

（2）物资储备量的种类：

1）经常储备量。它是指某种物资在前后两批物资供应间隔期内，为保证汽车服务正常进行所必需的、经济合理的物资储备数量，如机油、活塞环等常用的汽车配件。

2）保险储备量。它是指为预防物资到货误期或物资的品种、规格不合要求等，保证汽车服务正常进行而储备的物资数量。

3）季节性储备量。它是指物资的生产或运输受季节影响，为保证汽车服务正常进行而储备的物资数量，如冬、夏季使用的汽车空调配件。

（3）物资储备量的确定。经常储备量、保险储备量、季节性储备量都可以用通用计算公式确定，即：

$$物资储备量 = 该物资平均每天需用量 \times 该物资保险储备天数$$

运用上述公式计算时，平均每天需用量都是用计划期内某汽车配件等物资需求量除以计划期工作天数求得的，而储备天数的确定就比较复杂了。储备天数通常是以供应间隔天数为主再考虑验收入库天数和物资使用前准备天数。供应间隔天数是根据汽车配件等物资生产厂家的生产间隔期和运输周期来确定的，而验收入库天数和使用前准备天数是根据企业库存管理的统计资料确定的。保险储备天数是根据汽车配件等物资到货误期或差错率的统计资料加以分析确定的。

四、汽车服务企业的物资采购管理

1. 物资采购的内容及采购方法

（1）物资采购的内容。物资采购是指企业为取得汽车服务经营所需的汽车配件等物资而进行的购买行为。采购活动必须根据企业物资供应计划，以最适当的总成本、最适宜的时间、最高的效率，获得符合技术质量要求的物资。物资采购的内容有以下几个方面：

1）寻找汽车配件等物资的供应来源，分析市场供应状况。

2）调查研究汽车服务市场趋势，搜集汽车配件等物资的市场价格、运输费用等有关信息，进行购价与成本分析。

3）与提供汽车配件等物资的厂家联系，获取供货厂家的资料。

4）决定购货厂家，并与供应整车、汽车配件等物资的厂家洽谈，签订供货合同，组织物资运输，获得所需的物资。

5）进行汽车配件等物资的验收、入库及货款结算，办理验收和退货手续。

（2）物资采购的方法：

1）按采购方式分：有直接采购和委托采购。直接采购指直接向整车、配件等物资供应商进行采购；委托采购指委托代理机构向整车、配件等物资供应商进行采购。

2）按采购性质分：有大量采购与零星采购、特殊采购与普通采购、计划性采购与市场性采购等。

3）按采购时间分：有汽车服务企业与整车、配件等供货厂家有合作关系的长期固定性采购与非固定性采购，计划性采购与紧急采购，预购与现购等。

4）按采购的订购方式分：有订约采购、口头或电话采购、书信及网络采购，以及试探性订单采购等。订约采购指买卖双方根据订约方式进行的采购；试探性订单采购指买卖双方在进行采购事项时，因某种缘故不敢大量下订单，先以试探方式下少量订单，当试探性订单采购进行顺利时，才下大量订单。

5）按采购价格的方式分：有招标采购、询价现购、比价采购、议价采购、定价采购以及公开市场采购等。

2. 物资采购管理的要素

在物资采购管理时，汽车配件、燃料等的质量、价格、品牌、规格、服务等作为采购管理的重要要素，必须予以考虑。

（1）质量。质量对采购提出了三个挑战：一是怎样把质量标准应用在采购部门自身的运作中；二是怎样与整车、配件等供应商合作以不断改进质量；三是怎样使整车、配件等供应商及其他相关质量问题合理化。在物资采购中，要对物资采购人员进行质量教育，把质量条款写进订货合同，与整车、配件等供应商保持经常的联系，实行全面质量管理。原厂合格汽车配件的质量应视为优质。

（2）价格。降低采购成本的关键是控制采购价格。在控制采购价格、降低采购成本的工作中，要逐步开辟出质量最好、价格最低、服务最优、信誉最佳的整车、配件等供货渠道。确定合适的采购价格的常见方法有采用报价单、公开招标和谈判三种。

（3）供货厂商。整车、汽车配件等供货厂商在一定程度上反映物资质量、信誉等，汽车服务企业要优先在以下整车、配件等供货厂商中加以选择：

① 原厂整车、配件供应商。
② 实力雄厚的整车、配件供应商。
③ 本地区信誉最好的整车、配件供应商。
④ 最有可能提供价格优惠的整车、配件供应商。
⑤ 过去表现一直很好的整车、配件供应商。

（4）品牌。品牌是一种名称、术语、标记、符号或设计，或它们的组合运用，其目的是借以辨认某个销售者的产品或服务，并与竞争对手的产品和服务区别开。品牌的要点是销售者向购买者长期提供具有一系列特定特点的利益和服务。在进行物资采购时，要尽可能选择品牌整车、配件等物资，原厂配件应视为品牌配件。

（5）规格。规格是指对某一汽车产品的性能、质量等所做的专门描述，也可以说是对汽车产品所要求的标准。一般可从物理或化学特性、物料和制造方式、性能三方面界定规格。在汽车产品的说明书中一般有相应产品的规格说明，可用于界定规格。

（6）服务。整车、配件供应商提供的服务有时可能和产品本身的特性一样重要。采购过程中的服务包括保存记录、运输、储存、退货等。

五、汽车服务企业的仓库管理

（一）仓库管理的任务及意义

1. 仓库管理的任务

汽车服务企业的仓库管理是对入库、出库及库中汽车及配件等物资进行科学管理。仓库管理的主要任务是做好配件等物资的验收入库、保管、发放、清仓盘点、回收废旧物资和信息反馈等，保证库中物资安全完好，保证物资入库质量，不损坏、不腐蚀、不丢失。为做好仓库管理工作，必须建立一套科学的仓库管理方法和严格的责任制度，并严格执行。

2. 仓库管理的意义

仓库管理是物资管理的重要组成部分。做好仓库管理工作，对于保证汽车服务物资供应，管好汽车及配件等物资，合理储备，加速资金周转，具有十分重要的作用。安全、完好、保质保量的汽车配件等物资的仓库管理是保证汽车配件等使用价值的重要手段，是做好汽车服务工作的物资后勤保障。

（二）汽车及配件仓库管理

1. 汽车及配件入库

（1）汽车及配件入库前的准备工作：

1）编制汽车及配件入库计划。汽车及配件入库计划主要内容包括汽车及各类配件等物资的入库时间、品种、规格、数量等。这种计划也可称为汽车及配件物资储存计划。

仓库管理部门根据供应计划部门提交的采购进度计划，结合仓库本身的储存能力、设备条件、劳动力情况和各种仓库业务操作过程所需要的时间等，来制订汽车及配件物资入库计划。汽车及配件物资入库计划可按月编制。

2）汽车及配件入库前具体准备工作。汽车及配件物资入库前具体准备工作是仓库接收物资入库的具体实施方案，其主要内容有：

① 组织人力。按照汽车及配件到达的时间、地点、数量等预先做好到货接运、装卸搬运、检验、配件堆码等人力的组织安排。

② 准备物力。根据汽车及配件等入库物资的种类、包装、数量等情况以及接运方式，确定搬运、检验、计量等方法，配备好所用车辆，检验器材，度量衡器，装卸、搬运、堆码的工具，以及必要的防护用品用具等。尤其是搬运发动机、变速器、后桥总成等大型部件时，更要做好充足准备。

③ 安排仓位和停车场。按照入库汽车及配件的品种（发动机配件、底盘配件、汽车美容材料）、性能、数量、存放时间等，结合配件的堆码要求，核算占用仓位的面积，并进行必要的腾仓、清场、打扫、消毒工作，准备好验收场地。整车的话，要安排车库、停车场。

④ 备足苫垫用品。根据汽车及配件等入库物资的性能、储存要求、数量和保管场地的具体条件等，确定配件入库物资的堆码形式和苫盖、下垫形式，准备好苫垫，做到汽车配件物资的堆放与苫垫工作同时一次完成，以确保汽车配件物资安全，防止物资损坏。

（2）汽车及配件入库的操作。汽车及配件入库工作必须经过一系列的操作过程。主要程序包括入库物资接运、核对入库凭证、大数点收、检查包装、办理交接手续、物资验收、办理物资入库手续等。

1）汽车及配件接运。接运人员要根据汽车及配件的运输方式，处理接运中的各种问题。在操作时主要从以下几个方面考虑：

① 卸车前的检查。新车要检查车号，检查车门、车窗、漆面、货封等，看有无异样；配

件要检查配件名称、件数，配件是否与配件运单相符，有无破损。

②卸车时的指挥。要注意按车号、品名、规格分别放置，以便清点，并标明车号和卸车日期。要正确使用装卸机具和安全防护用具，确保人身和物资安全。

③卸车后的清理。清理工作包括检查车内物品是否卸完，检查随车说明书是否完整，关好车门、车窗，做好卸车记录。办理交接手续，主要包括将卸车记录和运输记录交付保管人员，将进货物资件数交付保管人员。

2）汽车及配件的车站、码头提货。到车站、邮局、快递公司提配件，应携带领货凭证，出示领货凭证方可提货。提货时要根据运单和有关资料认真核对检查，并进行相应记录。

汽车配件等货物到库后，接运人员应及时将运单连同提取的货物向保管人员当面交点清楚，然后双方共同办理交接手续。

3）汽车及配件的自提货。仓库工作人员直接到供货单位提货叫自提，这种方式的特点是提货与验收同时进行。仓库根据提货通知，需要了解所提汽车及配件的性质、规格、数量，准备好提货所需的设备、工具、人员；到供货单位当场进行汽车及配件的验收，点清数量，查看外观质量，做好验收记录；提货到仓库后，交由验收员或保管员复验。

4）汽车及配件的送货。这是供货单位直接将汽车及配件送达仓库的方式。当汽车及配件等货物到达后，保管员或验收员直接与送货人员进行接收工作，当面验收并办理交接手续。如果有差错要立刻进行记录，让送货人员签章。

5）汽车及配件的差错处理。在接运汽车及配件的过程中，如果出现差错，除了由于不可抗力或汽车及配件本身性质引起的意外之外，所有差错的损失都要向责任者提出索赔，此时差错记录就显得尤为重要。

6）汽车及配件的接运记录。在完成汽车及配件接运过程的同时，每一步骤都要做好详细的记录，如交车记录。接运记录要详细列出接运汽车及配件到达、接运、交接等各个环节的情况。

接运工作全部完成后，所有的接运资料，如接运记录、运单、运输过程记录、货运记录、损耗报告单、交接证、索赔单、提货通知单以及其他有关文件资料等，均应分类输入计算机系统以备复查，同时要保管好原始资料，有关人员要签字。

7）汽车及配件的核对凭证。汽车及配件运抵仓库后，仓库售货人员首先要检查汽车及配件入库凭证，然后按凭证所列的售货单位、货物名称、规格数量等内容与汽车及配件等物资的各项标志进行核对，若发现错误，应做好记录，另行存放或退回，待查明原因后处理。核对无误后可进行下一步工作。

8）汽车及配件的大数点收和包装检查。按照汽车及配件的大件包装（运输包装）进行清点，点收可逐件点数汇总，汽车配件可集中堆码点数。点收时应注意件数是否不符和包装是否异样，防止配件等物资串库。

9）办理汽车及配件的交接手续。交接手续是由仓库收货人员经过上述程序后，在送货单上签名盖章表示汽车及配件收讫。若在上述程序中发现汽车及配件有差错、破损等情况，应在送货单上详细注明或由收货人出具差错、异样记录，详细写明差错数量、破损情况等，以便与承运人分清责任，并作为查询处理的依据。

10）汽车及配件的验收。办理完交接手续后，仓库管理人员应对汽车及配件入库物品做全面、仔细的验收，包括开箱、拆包、检查物品质量和细数。

11）办理汽车及配件的入库手续。汽车及配件验收后，由保管人员和收货人根据验收结果，在入库单上签收，同时将汽车及配件存放的仓库、货位编号批注在入库单上，以便记账、查货和发货。经复核签收的多联入库单，除本单位留存外，还要退还货主一联作为存货凭证。入库手续包括：

① 登账。登账即建立汽车及配件的明细账，按照入库汽车及配件的类别、品名、规格、批次、单价、金额等分别建立计算机台账，并要注明物资存放的具体位置。任何人不得涂改汽车及配件的账面数，更不得销毁，要保证任何时候都账物相符。仓库管理员对入库汽车及配件的数量和质量负责。

② 配置汽车及配件标识。配置标识即配制汽车及配件的二维条形码和卡片（也称为料卡）。二维条形码和卡片是由负责该种物资保管的人配制的，这种方法有利于责任的明确。二维条形码和卡片的挂放要牢固，位置要明显，以便汽车及配件进出时及时核对记录。

③ 建档。建档即将汽车及配件入库全过程的有关证明资料进行整理、核对，建立资料档案，为汽车及配件保管、出库业务创造良好的条件。

2. 汽车及配件的仓库保管

汽车及配件在入库之后、出库之前处于保管阶段。物资保管的任务是根据物资的性能和特点，提供适宜的保管环境和保管条件，保证库存和运输物资数量正确，质量完好，并充分利用现有仓储设施，为经济合理地组织物资供应打下良好的基础。

（1）汽车及配件仓库保管的作业流程。汽车及配件的仓库保管按内容分为三个阶段：汽车及配件入库阶段，主要业务为接运、验收和办理入库手续等；汽车及配件储存保管阶段，在整个储存期间为保持汽车及配件的原有使用价值，仓库需要采取一系列保管措施，如配件的堆码苫垫、苫垫物的维护保养、汽车及配件的检查盘点等；汽车及配件发放阶段，主要业务是将仓库中的汽车及配件按需求的数量发放给各部门领汽车及配件的人员。

（2）汽车及配件仓库的布置。汽车及配件仓库布置的主要任务是合理地利用库房面积。在仓库内不但要储存汽车及配件物资，还要进行搬运、配送等操作。仓库的面积是有限的，如何解决仓库物资储存和库内作业之间的矛盾是首要问题。

1）汽车及配件仓库的平面布置。汽车及配件仓库平面布置不仅包括库区的划分，以及建筑平面位置的确定，还包括运输线路的组织与布置、库区安全保护、环保绿化等各项内容。布置时要满足以下要求：方便仓库作业和汽车及配件储存安全，最大限度地利用仓库面积，防止重复搬运、迂回搬运和交通堵塞，充分利用仓库设施和机械设备，符合安全保卫和消防工作的要求，综合仓库当前需要和长远需求，减少将来扩建仓库对正常业务的影响。

2）汽车及配件仓库作业区的布置。汽车及配件仓库作业区的布置应以主要库房和货场为中心，对各个作业区域进行合理布局。仓库作业区布置的主要任务是减少汽车及配件的运动距离，力求最短的作业线路，充分利用仓库面积的同时有效地利用时间，提高作业效率。布置时应综合考虑汽车及配件等物品的吞吐量、机械设备的使用特点、库内道路、仓库业务以及作业流程。

3）汽车及配件分区、分类存放与货位编号。仓库对储存的汽车及配件进行科学管理的一个重要方法就是实行分区、分类和定位保管，并进行货位编号。分区就是按照库房、货场条件将仓库分为若干货区；分类就是按照物品的不同属性将所储存的汽车及配件划分为若干大类；定位就是在分区、分类的基础上固定每种物资在仓库中的具体存放位置。货位编号是将库房、货场、货架以及物资存放的具体位置和顺序统一编列号码，并使标识明显。具体的编号方法可以按仓库的不同条件和实际需求，灵活运用垂直、平面或立体的顺序进行。最常用的是"四号定位"法：第一位表示仓库序号，第二位表示货架号，第三位表示货架的层号，第四位表示货位号。例如，数字2-11-3-4，表示第2号库房，第11个货架，第3层的第4货位。

（3）汽车及配件按类别存放。汽车及配件入库必须分类存放。汽车可放在室外地面上的平面车库，并遮阳挡雨，有条件的汽车销售企业要建立体车库存放车辆。汽车配件要入室内仓库，按总成分类分设货架，原则上分发动机系、底盘系、变速器系、车身系、电器系等若干分类系列，零散配件五五堆放。货架上汽车配件要重物下置，缸体、轮毂等较重零件存放在货架下方。

提倡汽车及配件一到销售企业，客户立刻办理配件提货手续，这可减少汽车及配件的库存，做好这项工作，要提前通知客户，并充分利用信息系统开展订货、通知客户等工作。

汽车及配件仓库应设置不合格品区和待检区，合格的汽车及配件放置在合格品区，不合格的汽车及配件放置在不合格品区，待检区用于存放待检汽车及配件。汽车及配件经检验后才可入库。

（4）汽车配件的堆垛。合理的配件堆垛不但能够使配件不变形和免受破坏，保证存储安全，而且还能够提高仓库的利用率，并便于物品的保管、保养和收发。堆垛的基本形式有：

1）重叠式。逐件逐层向上重叠码高是机械化作业的主要形式之一，适用于有硬质、整齐包装配件的存放，如装箱的汽车配件等的存放。

2）交错式。将长短一致、按宽度排列可以和长度相等的配件，一层横放、一层纵放，交错堆码，形成方形垛。这种垛型也是机械作业的主要垛型之一。

3）压缝式。将垛底层排列成正方形或长方形，上层进行压缝堆码，即每件汽车配件都压住下层的两件配件。

4）宝塔式。与压缝式相似，压缝式是在两件物品上压缝上码。宝塔式是在四件汽车配件的中心上方上码，逐层缩小。

5）仰伏相间式。对于角钢、槽钢、钢轨等物品，可以一层仰放、一层俯放相扣，使货垛稳定。如果露天存放，要注意一头稍高，以便排水。

6）通风式。对于需要防潮通风的物资，堆垛时每件之间应留有一定的空隙。

7）栽柱式。在货垛两旁栽立钢柱，每层或隔层用铁丝与货物拉紧，以防倒塌。此形式多用于金属等长方材料的堆码，如圆钢等。

8）衬垫式。每层或隔层加入衬垫物，使货垛的横断面平整，加强稳固性。这种形式适用于整齐的裸装汽车配件，如汽车发电机等。

9）"五五化"堆垛。以五为基本记数单位，堆码成各种总数为五的倍数的货垛，此种堆垛形式便于清点，收发快，适用于按件记数的物资。

10) 架式堆垛。架式堆垛是利用货架存放物资，主要用于存放零星和怕压的物品。若采用可移动式货架，货架可沿轨道做水平移动，能减少货架间的通道，提高仓库利用率。整车可用货架式停车场进行立体放置。

11) 托盘堆垛。托盘堆垛是在自动化立体仓库中，将汽车配件直接放在托盘上进行自动存放。汽车配件从装卸、搬运入库，到出库运输，始终不离开托盘，这样可以大大提高机械化作业的程度，减少汽车配件搬倒次数。此形式适用于大型汽车配件仓库。

(5) 汽车及配件的遮盖。汽车及配件在储存保管中需要进行合理的下垫和上盖，防晒、防雨、防异物伤害汽车及配件，保护汽车及配件。遮盖用的物料应选用经济耐用、防火、防水的材料，一般选用质地较轻、防火、安全的帆布、塑料布、油布等材料，可用遮阳、反光的防晒罩遮盖汽车。

(6) 汽车及配件的保管注意事项。对汽车及配件的维护保管工作就是根据其物理、化学性质及其所处的自然条件，通过对仓库温度、湿度的调节来延缓汽车及配件的老化。汽车及配件保管中要注意物资的通风、吸湿、防霉、防锈、防腐蚀、防火、防盗、防汛、防虫，不同汽车及配件要分类进行维护保管。

3. 汽车及配件的出库发放

汽车及配件的出库发放管理是仓库根据领料凭证，将所需汽车及配件发放给需用部门所进行的各项业务管理。

汽车及配件出库业务管理有两个方面的工作：一是用料单位方面，按规定填写领料凭证，并且所领汽车及配件的品种、规格、型号、数量等项目及提取货物的方式必须书写清楚、准确，领料凭证有领料单、提货单、调拨单等；二是仓库方面，必须核查领料凭证的正误，按所列汽车及配件的品种、规格、型号、数量等项目组织备料，并保证把汽车及配件及时、准确、完好地发放出去。

(1) 汽车及配件出库作业要求：

1) 汽车及配件按程序出库。汽车及配件出库必须按规定程序进行，领料提货单据必须符合要求。对于非正式凭证或白条一律不得发料出库。

2) 坚持"先进先出"的原则。在保证汽车及配件使用价值不变的前提下，坚持"先进先出"原则；同时要做到保管条件差的配件先出，包装简易的配件先出，有保管期限的配件先出，回收复用的配件先出。

3) 做好发放准备。为使汽车及配件得到合理使用，必须做好发放的各项准备工作，如将配件"化整为零"、备好包装、组织搬运人力、准备好设备工具等。

4) 及时记账。汽车及配件发出后，应随即在汽车及配件保管账上核销，并保存好发料凭证，同时调整料卡和货位上的吊牌。

5) 保证安全。汽车及配件出库作业要注意安全操作，防止损坏包装和振坏、压坏、摔坏汽车及配件，尤其是车窗玻璃等易损件更要注意。同时，还要保证运输安全，做到物品包装完整、捆扎牢固、标志正确清楚、性能不互相抵触，避免发生运输差错和损坏物资的事故，保障物资质量安全。过期失效和失去原有使用价值的配件等物资不允许分发出库。

(2) 汽车及配件出库作业的内容与程序:

1) 汽车及配件出库前的准备。准备工作分为两方面: 一是计划工作, 就是根据需方提出的出库计划或要求, 事先做好汽车及配件出库的安排, 包括货场货位、机械搬运设备、工具和作业人员等的计划、组织; 二是要做好汽车及配件出库的包装和涂写标志工作。

2) 核对汽车及配件出库凭证。汽车及配件出库凭证, 无论是领(发)料单还是调拨单, 均应由主管业务部门签章。仓库接到出库凭证后, 由业务部门审核证件上的印鉴是否齐全相符、有无涂改。审核无误后, 按照出库单证上所列的汽车及配件品名、规格、数量, 与仓库料账再做全面核对。核对无误后, 在料账上填写预拨数, 然后将出库凭证移交给仓库保管人员。保管员复核料卡无误后, 即可做物资出库的准备工作, 包括准备随货出库的汽车及配件技术证件、合格证、使用说明书、质量检验证书等。凡在证件核对中发现汽车及配件名称、规格型号不对, 印鉴不齐全, 数量有涂改, 手续不符合要求的, 均不能发料出库。

3) 汽车及配件出库。汽车及配件保管人员按照出库凭证上的品名、规格查对实物保管卡, 注意规格、批次和数量, 有发货批次规定的, 按规定批次发货, 未规定批次的, 按先进先出、出陈储新等原则, 确定应发货的垛位。

4) 全面复核查对汽车及配件。汽车及配件准备好后, 为了避免和防止备料过程中可能出现的差错, 应再做一次全面的复核查对, 要按照出库凭证上所列的内容进行逐项复核。

汽车及配件出库的复核查对形式应视具体情况而定, 可以由保管员自行复核, 也可以由保管员相互复核, 还可以设专职出库物资复核员进行复核, 或由其他人员复核等。如经反复核对确实不符时, 应立即调换, 并将错备物品上刷的标记除掉, 退回原库房; 复核结余物资数量或重量是否与保管账目、商品保管卡片结余数相符, 发现不符应立即查明原因。

5) 交接清点、录入汽车及配件出库信息。出库的汽车及配件经全面复核查对无误后, 即可办理清点交接手续。汽车及配件点交清楚, 出库后, 该汽车及配件的仓库保管业务即告结束, 汽车及配件仓库保管员应做好清理工作, 及时注销账目、料卡, 调整货位上的吊牌, 以保持物资的账、卡、物一致, 及时准确地反映物资的进出、存取状态, 最好要将出库物资信息录入计算机信息系统。

4. 汽车及配件的清仓盘点

汽车及配件进出仓库频繁, 为了及时掌握汽车及配件变动情况, 避免汽车及配件的短缺、丢失和超储积压, 保持账、卡、物相符, 仓库保管员应依据入库单、领料单等有效凭证记录汽车及配件出入库和库存情况, 做好日报表、月报表, 并上报负责汽车及配件的经理和财务部。仓库每年年底都要进行一次清仓盘点工作, 将盘点报告及时上报负责汽车及配件的经理和财务部。

汽车及配件清仓盘点工作的主要内容是: 检查账、卡、物是否相符; 检查汽车及配件的收发工作有无差错; 各类汽车及配件有无超储、变质和损坏; 库房的建筑、设备、工具和安全设施有无损坏。对查出的盘盈盘亏、物资的变质损坏、超储积压等情况必须查明原因, 采取措施, 按规定的审批权限进行处理。

5. 汽车及配件退货与废旧配件管理

(1) 汽车及配件的退货管理。汽车及配件退货是仓库已办理出库手续并已发货出库的汽车及配件,因某种原因未使用,而又退回仓库的一项业务。

1)退货手续。退货应使用退货单,退货手续可视为入库手续,即为汽车及配件出库的冲减。登账时,应在发出栏内用红字填写,称为红字入库,以示区别。

2)退货工作中应注意的问题:

① 退回的汽车及配件应尽量保持完整无损,汽车、汽车配件及附件、工具、技术资料、包装等要齐全。

② 汽车及配件仓库在接收退货时应认真检查,经过维护保养后再将货物存入仓库。凡残损的,应收入"第一料库",价值损失由原单位负责;无使用价值的,应当成废品处理。

(2)废旧汽车配件的管理。当汽车配件失去或部分失去了原有的使用价值以后,失去使用价值的配件,做废品处理,失去部分使用价值的配件,为了发挥其潜在使用价值,可将其回收。废旧汽车配件的管理应明确规定各种废旧汽车配件的范围和标准,避免把好汽车配件等当成废旧汽车配件处理;对于主要汽车配件采用以旧换新的办法回收;废机油等回收后,应做环保处理,不可随便倒掉;要建立废旧物资回收制度和奖惩制度。

废旧汽车配件回收应考虑服务、技术、经济、人力、物力、财力的可能性,要建立健全企业配件回收网,废旧配件回收应同汽车服务工作一起检查,一起考核。只有这样,废旧汽车配件回收工作所需的人力、物力、财力才能得到统筹安排,才能保证废旧汽车配件回收的实现。

(三)汽车油料和涂料的仓库管理

汽车油料和涂料具有易燃性和挥发性,一般装在专用的容器中,按照国家危险品管理的要求进行管理。在仓库管理中,要注意以下几点:

1)存储油料、涂料及化学品的库房必须设置在干燥、阴凉、通风的地方。

2)库房内必须采取必要的措施,使库房内保持适当的温度和湿度。

3)存储涂料、油料及化学品的库房必须悬挂消防及明火管理制度,并在明显地方张贴"严禁吸烟""严禁火种"等标志牌。

4)库房内必须配备充足的与各种油料、涂料及化学品相适应的消防器材。

5)油料、涂料及化学品应分类分项堆放,化学性质或防护、灭火方法相互抵触的化学品不得在同一库房内存放。

6)油料、涂料及化学品小包装储存时可上货架,大包装储存时可码垛,垛高不得超过2米,垛底应垫高10厘米以上,油料、涂料及化学品的商标要一律向外。

7)油料、涂料及化学品应根据汽车服务需求,随用随购,尽量减少库存。

8)对能分解、发热、自燃的化学品要设置专门的储存库,并定期检查。

9)油料、涂料及化学品应定期检查并翻转堆放,以免储存日久沉淀结块,影响使用。

10)浸有涂料、稀释剂的破布、纱团、手套和工作服等应及时清理,不能随意堆放,防止因化学反应而生热、发生自燃。

11)当日没有用完的油料、涂料及化学品应及时收入库房,严禁随意乱丢。

12)库房地面必须防潮、防渗,库房内必须保持清洁。

13)对汽油、苯类、酮类等溶剂进行整理、分装、换桶时,均应在通风良好处进行,操作人员必须戴口罩、手套以防中毒。

14）领取油料、涂料及化学品时，领取人必须填写油料、涂料及化学品发放登记表，相关人员必须签字。

15）装卸油料、涂料及化学品时，必须轻拿轻放，严禁碰撞或在地上滚动。

16）油料、涂料及化学品在装卸过程中，必须检查封闭是否良好，发现问题及时采取补救措施。

17）碰撞、相互接触容易引起燃烧、爆炸或造成其他危险的物品以及化学性质或防护、灭火方法相抵触的物品，不得混合装运。

18）遇热、遇潮容易引起燃烧、爆炸或产生有毒气体的物品，在装运时应采取隔热、防潮措施。

第二节　汽车服务企业的设备管理

一、汽车服务企业设备管理的概念及分类

1. 汽车服务企业设备管理的概念

汽车服务企业设备管理是指对从设备的选择、规划、使用、维修、改造、更新，直到报废全过程的决策、计划、组织、协调和控制等一系列活动进行的管理。

2. 汽车服务企业设备的分类

汽车服务设备以汽车维修设备和信息系统设备为主，具体可分为汽车服务通用设备和专用设备。

（1）通用设备。汽车服务通用设备主要有举升机、空压机、液压千斤顶、计算机及其软件、网络通信设备等。汽车服务的各个部门都会用到计算机及其软件，其通用性最突出。

（2）专用设备。汽车服务专用设备有汽车清洗设备、拆装整形设备（电动、气动扳手，轮胎螺母拆装机、半轴套管拉压器、车身矫正器、齿轮轴承拆卸器）、汽车检测设备（轮胎动平衡机、测功机、解码器）等。

3. 汽车服务企业设备管理的任务与内容

汽车服务企业设备管理工作的具体任务与内容主要有以下几个方面：

（1）建立健全设备管理机构。企业领导要分工负责设备管理，并要根据企业规模，配备一定数量的专职和兼职设备管理人员，负责设备的规划、选购、日常管理、维护修理以及操作人员的技术培训工作。

（2）建立健全汽车设备管理制度。汽车服务企业应当根据国家的法律法规要求以及行业主管部门的具体规定，结合本企业的特点制订企业的设备管理制度，规定设备安装、使用、维修等技术操作的规程，明确设备配置、领用、变更、报废等活动的管理程序，明确设备使用与管理的岗位责任制度与奖罚规定等，使设备管理有章可循，全员参与，各负其责。

(3) 认真做好设备管理的基础工作。设备管理的基础工作主要包括设备的调入、调出登记，建档、立账，维修保养，报废及事故处理等，以保证设备完好，不断提高设备的利用率。

(4) 认真进行设备的规划、配置与选购。根据汽车服务企业的级别规模和发展前景合理规划企业设备的配置，要在充分进行技术、经济论证的基础上，认真制订维修设备配置计划，并按照配置计划组织设备选购，要做到技术上能够满足使用要求，并保持一定的先进性，经济上合理核算，保证良好的投资效益。

(5) 加强设备日常使用、保养及维修管理。保证严格执行操作规程，保证设备安全使用。使用设备前要培训，要加强设备日常维护，要求操作人员每日班前对设备进行检查、润滑，下班前要对设备认真进行例行清洁擦拭。要定期对设备进行紧固、调整、换油和检修作业，保证设备处于良好技术状态，充分发挥设备的利用效率。

(6) 适时做好汽车维修设备的更新改造工作。为适应新型车辆的服务工作，企业必须对设备技术上的先进性与经济上的合理性，做到全面考虑，权衡利弊，以提高设备更新改造的经济效益。

二、汽车服务企业的设备选择与评价

1. 汽车服务企业设备的选择

设备的选择又叫设备选型。对汽车服务企业来说，设备、工具、仪器的选择是一项重要工作，在购置重点设备、主要设备时，都必须经过技术经济可行性分析论证，建立和实行严格的项目责任制，严把设备选型和购买关，为日后设备管理打好基础。具体来说，选择设备时应综合考虑以下几方面的因素：

(1) 符合国家规定的汽车服务企业开业条件中规定的有关设备、工具、仪器的配置要求。

(2) 满足汽车服务要求。根据服务主要车型的技术特点和技术发展趋势，合理选配维修设备、工具和检测仪器，以保证在技术上、质量上满足服务要求，有良好的工作效率，并具备一定的超前性。

(3) 设备的可靠性与耐用性。设备的可靠性是指设备在规定的时间内，在正常使用条件下，无故障地发挥其效能。设备的耐用性是指设备的使用寿命。选购的设备必须可靠和耐用。

(4) 设备的安全性。设备的安全性是指在使用设备过程中，对操作人员、维修车辆以及设备本身的安全保证程度。选购设备时应考虑是否配置自动控制安全保护装置，如自动断电装置、自动停车装置、自动锁止装置、自动报警装置等，以提高设备预防事故的能力，保证操作人员、维修车辆以及设备本身的安全。

(5) 设备的维修性。设备的维修性主要应考虑设备出现故障后，便于维修及在维修后仍保持原来的性能；设备供应方能提供有关资料、技术支持和维修备件，有较强的售后服务能力等。

(6) 设备的经济性。设备的经济性是指在选购设备时，不仅考虑设备投资费用大小，而且还要考虑设备投资回报期限和投入后的维修费用。

2. 汽车服务企业设备的经济评价

（1）设备经济评价的内容：

1）设备投资费。设备投资费是指一次性支出，或集中在短时间内支出的获得设备的费用。设备投资费包括自制和外购设备的费用。汽车服务企业自制的设备投资费包括研究、设计、制造等费用；外购的设备投资费则是指设备的价格、运输费、安装调试费等费用。

2）设备使用费（又称设备维持费）。设备使用费是指在整个设备寿命周期内，为了保证设备正常运行而定期支付的费用，主要包括维修费、能源消耗费、保险费、直接作业人员的工资等。

（2）设备经济评价的方法。常用的方法有投资回收期法、年费用比较法、现值法。

1）投资回收期法。投资回收期是用设备投资费用总额除以设备投入使用后的年净收益。一般在其他条件相同的情况下，投资回收期最短的方案，被认为是经济上最优的方案。投资回收期的计算公式为：

$$投资回收期(年) = 设备投资费用总额(元) / 设备使用后的年净收益(元/年)$$

2）年费用比较法。年费用比较法是从设备的寿命周期角度来评价和选择设备。采用这种方法是在设备寿命周期不同的条件下，把不同方案的设备购置费用，根据设备的寿命周期，按一定的利率换算成每年的平均费用支出，然后再加上每年的平均使用费，得出各方案设备寿命周期内平均每年支出的总费用。在设备的年度总费用比较中，年度总费用最低的设备为最优设备。设备的年度总费用计算公式为：

$$设备的年度总费用 = 设备购置费 \times 资金回收系数 + 每年维持费$$

三、汽车服务企业的设备使用、维护与修理

1. 汽车服务企业设备的合理使用

正确、合理使用设备，可延长设备的使用寿命，充分发挥设备的效率和效益。具体应抓好以下几项工作：

（1）做好设备的安装、调试工作。设备在正式投入使用前，应严格按质量标准和技术说明进行安装、调试，安装调试后要经试验运转验收合格后才能投入使用。这是正确使用设备的前提和基础。

（2）合理安排汽车服务任务。使用设备时，必须根据工作对象的特点以及设备的结构、性能特点合理安排汽车服务任务，严禁让设备超负荷工作。

（3）切实做好员工使用设备的技术培训工作。员工在使用设备之前，须接受上岗前培训，认真学习有关设备的性能、结构和维护保养等知识，掌握操作技能和安全技术规程等知识和技能，经考核合格后，方可上岗。

（4）建立健全一套科学的设备管理制度。企业要针对设备的不同特点和要求，建立各项管理制度、规章制度和责任制度等，如培训制度、持证上岗制度、安全操作规程、操作人员岗位责任制、定人定机制度、定期检查维护制度、交接班制度及设备档案制度等。

（5）创造使用设备的良好工作条件和环境。保持设备作业条件和环境的整齐、清洁，并

根据设备本身的结构、性能等特点，安装必要的防护、防潮、防尘、防腐、防冻、防锈等装置。

2. 汽车服务企业设备的维护保养

设备在使用过程中，技术状态会不断变化，不可避免地会出现干磨损、零件松动、声响异常等不正常现象。这些都是设备故障隐患，如果不及时处理和解决，就会造成设备的过早磨损，甚至酿成严重事故。因此，只有做好设备的保养与维护工作，才能及时处理好设备技术状态变化引起的事故隐患。

设备的保养维护的主要内容包括清洁、润滑、紧固、调整、防腐等。目前实行比较普遍的维护是"三级保养制"，即：

（1）日常保养。日常保养的重点是进行清洗、润滑，紧固易松动的部位，检查零件的状况，大部分工作在设备的表面进行。这是一种由操作人员负责执行的经常性工作。

（2）一级保养。一级保养除普遍地对设备进行紧固、清洗、润滑和检查外，还要部分地进行调整。它是在专职维修人员的指导下，由操作人员承担定期保养的职责。

（3）二级保养。二级保养主要是对设备内部进行清洁、润滑、局部解体检查和调整，以及修复和更换易损零件。这项工作应由专职检修人员承担，操作人员协作配合。二级保养也须定期进行。

3. 汽车服务企业设备的检查与修理

设备在使用过程中，由于材料磨损使设备的精度、性能和生产效率下降，需要及时地进行维护和修理。

（1）设备的检查。设备的检查是指在掌握设备磨损规律的条件下，对设备的运行情况、技术状态和工作稳定性等进行检查和校验。进行设备检查，就是对设备的精度、性能及磨损情况等进行检查，了解设备运行的技术状态，及时发现和消除设备隐患，防止突发故障和事故。设备检查分为：

1）日常检查。日常检查是由操作人员利用感官、简单的工具和安装在设备上的仪表或信号标志，每天对设备进行的全面检查。日常检查的作用在于及时发现设备运行的不正常情况并予以排除。日常检查是预防维修的基础工作之一，贵在坚持。

2）定期检查。定期检查是以专业维修人员为主，操作人员参加的定期对设备进行的全面检查。定期检查的目的在于发现和记录设备异常、损坏及设备磨损情况，以便确定修理的部位、更换的零件、修理的种类和时间，以便制订维修计划。

3）精度检查。精度检查是对设备的实际加工精度有计划地进行定期检查和测定，以便确定设备的实际精度。精度检查的目的在于为设备的调整、修理、验收和更新提供依据。

4）性能检查。性能检查即对设备的各项性能进行检查和测定。

（2）设备的修理。设备的修理指修复由于正常或不正常原因而引起的设备损坏，通过修理和更换已磨损、腐蚀、损坏的零部件，使设备的效能得到恢复。

按照设备修理对设备性能恢复的程度、修理范围的大小、修理间隔期的长短，以及修理费用的多少等，修理可以分为小修、中修、大修三类。

1）小修。小修是指工作量较小的局部修理。它通常只需在设备所在地点更换和修复少量的磨损零件或调整设备、排除障碍,以保证设备能够正常运转。

2)中修。中修是指更换与修理设备的主要零件和数量较多的各种磨损零件,并校正设备的基准,以保证设备恢复和达到规定的精度、功率和其他的技术要求。中修需对设备进行部分解体,通常由专职维修人员在设备作业现场或机修车间内完成。

3)大修。大修是指通过更换、修复重要部件,以消除有形磨损,恢复设备原有精度、性能和生产效率而进行的全面解体修复。设备大修后,质检部门和设备管理部门应组织有关单位和人员共同对其检查验收,经验收合格后方可办理交接手续。大修一般是由专职的检修人员进行。因为大修的工作量大、修理时间长、修理费用较高,所以进行大修之前要精心计划。

在质保期内,设备由设备生产厂家负责修理。在质保期外,企业可自己修理,也可外聘设备修理人员进行修理。

4. 汽车服务企业设备的台账、卡片和技术档案

为了便于对设备进行清点、保管、统计、核对,企业必须建立设备台账、卡片和技术档案,它是汽车服务企业管理的一种重要手段。

(1)设备台账。设备台账是用来记录设备资产的一种账目形式,通过建立台账,企业领导者可以随时掌握设备的增减情况。

建立设备台账有两种形式:

① 按设备的功能性质记账,如按举升机、转鼓试验台等大型设备类别进行逐一登记。

② 按部门,分班组,逐台登记。

前者便于掌握全厂各类设备的状况;后者便于了解各部门、班组拥有设备的状况。若两者结合起来,就能全面地反映企业设备的类型、数量和分布状况。

(2)设备卡片。设备卡片是企业用来登记设备资产的又一种账目形式,也称"固定资产卡片"。设备卡片是活页的,一台一卡,便于随时查阅。

设备卡片又是设备的简要档案。它按设备统一分类、编号、顺序装夹,由设备管理员掌握。企业为了更好地掌握设备动态情况,也可用各种不同形状的硬纸板(或铁皮、铝皮)表示不同设备的类别,用不同的颜色表示设备的不同运转状况,如红色表示设备完好,黄色表示设备带病运转,蓝色表示设备正在修理中,黑色表示设备待报废。

(3)设备技术档案。设备技术档案的内容包括设备的名称、规格、型号、厂牌、出厂时间、原出厂编号和本企业编号,设备的主要技术参数和性能,设备使用说明书,原有附件、配件、随机工具的名称和数量,分属单位和使用人、保管人,各次维护和修理情况及换件记录,各次检查、签订的技术结论,发生事故或重大故障的次数、原因、责任人和事故处理结果等记录。

设备技术档案是反映设备的基本面貌变化状况和设备本身的技术要求的重要资料。企业必须建立健全设备技术档案和管理制度,指定有关部门或专人管理,使设备技术档案资料具有全面性和系统性。

四、汽车服务企业的设备更新、改造与报废

1. 汽车服务企业设备的更新

设备更新就是用技术上比较先进、经济上比较合理的设备去更换陈旧的、不能再继续使用的，或在技术性能上已保证不了汽车服务质量要求的设备。汽车服务企业应根据汽车服务需要和可能，量力而行更新设备，讲求实效。

一般来说，存在下列情况的设备，应优先予以更新：

① 损耗严重和性能、精度已不能满足汽车服务质量要求，造成严重不利的经济后果的设备。

② 大修时在经济上不如更新合算的设备。

③ 两三年之内浪费能源和原材料的价值，超过购置新设备费用的设备。

设备是否需要更新，不仅要考虑设备的新旧程度，而且要在进行技术经济论证后进行决策，并选择最佳更新时期。设备更新不是原样更新，更新的设备技术水平应有所提高，使企业能够不断地用现代化技术装备进行武装，完成优质、低耗的汽车服务业务，来满足市场和顾客的需求。

2. 汽车服务企业设备的改造

设备改造就是改变设备的局部结构，以改善和提高设备的性能和汽车服务效率。改造时应根据汽车服务的发展需要，对在用设备的先进性、经济性、实用性、维修性以及运行安全、能源消耗、环境污染等进行经济综合评价，充分考虑改造的可能性，力求经济、有效地达到改造的目的。

设备改造的原则：

① 针对性原则。从实际出发，按照汽车服务要求，针对设备中的薄弱环节，采取有效的新技术。

② 技术先进适用性原则。要使设备有更好的性能，更高的汽车服务质量和效率，节约能源，保护环境，重视先进适用性，不要盲目追求高指标，以防止功能过剩。

③ 经济性原则。在制订设备技术改造方案时，要仔细进行技术经济分析，力求以较少的投入获得较大的产出，投资回收期要适宜。

④ 可能性原则。在实施技术改造时，应尽量由本单位技术人员和技术工人完成。若技术难度较大，本单位不能单独实施时，可请有关生产厂方、科研院所协助完成，但本单位技术人员应能掌握，以便以后管理与检修。

3. 汽车服务企业设备的报废

设备报废是对那些技术条件恶化、经济效益不佳，已无使用价值而又无法改造，或虽可以改造，但在经济上无效益的设备进行报废，设备报废后不再使用。

汽车服务设备进行长期使用后，如达到下列条件之一，应考虑将其报废：

① 由于使用时期超过了规定的使用年限或意外事故造成设备主要基础件严重损坏无法修复，或虽能修复，但修理费用高于重置价值的。

② 已经进行过多次大修，其精度和功率已达不到要求，影响汽车服务质量和任务的。

③ 设备型号陈旧，效率低下，进行技术改造的费用超过或接近购置新型设备，并已提完基本折旧的。

符合上述条件的各型设备，经企业技术管理部门检验签注意见，由企业设备主管决策，按规定程序办理报废手续。设备批准报废后，要及时注销固定资产账。

作 业

1. 简述汽车服务企业物资管理的任务和内容。
2. 有、无订单确定汽车及配件物资消耗量的方法分别是什么？
3. 简述汽车及配件物资采购管理的要素。
4. 简述汽车及配件出库作业的要求。
5. 简述汽车及配件出库作业的要求。
6. 如何进行汽车及配件退货与废旧汽车配件管理？
7. 简述汽车服务企业设备管理的任务与内容。
8. 选择汽车服务企业设备时，应综合考虑哪几方面的因素？举例说明。
9. 简述汽车服务企业的设备检查管理。
10. 简述汽车服务企业的设备报废管理。
11. 查找文献，阅读一两篇介绍汽车服务企业物资管理的文献，介绍其主要内容。
12. 查找文献，阅读一两篇介绍汽车服务企业设备管理的文献，介绍其主要内容。
13. 去汽车服务企业，调研汽车服务企业的物资与设备管理，写一篇调研报告，并与同学交流。

第八章 汽车服务企业财务管理

汽车服务企业财务管理是指汽车服务企业财务方面的管理活动。财务活动涉及企业资金运作,必须加强管理,规范财务行为。企业总经理要掌控财务,且要设副总经理一职来分管财务管理工作。汽车服务企业财务管理主要由财务部门具体负责。本章依次介绍汽车服务企业财务管理的概念、成本费用管理、资金筹集与投资管理、营业收入与利润分配管理、资产管理。

第一节 汽车服务企业财务管理概述

一、汽车服务企业财务管理的概念

汽车服务企业的财务管理是以企业资金流动为重点,对汽车服务企业资金的取得和有效使用进行管理。财务管理的核心是企业的资金。汽车服务企业财务管理具体表现为对企业资金供需的预测、组织、协调、分析、控制等方面。通过有效的财务管理活动,企业领导可以理顺企业资金流转程序和各项分配关系,以确保服务工作的顺利进行,使各方面的利益要求得到满足。汽车服务企业要有效使用财务软件辅助财务管理。

二、汽车服务企业财务管理的目标

汽车服务企业财务管理的目标是财务管理所希望实现的结果,是评价财务管理的基本标准。汽车服务企业财务管理的目标如下。

1. 利润最大化

利润最大化是指通过财务管理不断增加汽车服务企业的利润,使企业利润最大化。在经营决策和管理中坚持利润最大化,可提高汽车服务效率,降低汽车服务成本。

2. 股东财富最大化

汽车服务企业的股东财富最大化是指股东持有股份的市场价值达到最大。尤其对于上市汽车服务企业而言,企业经营状况会影响到股票市场价格的表现。高收益、高成长性、低风险的企业股票价格会表现良好。因此,股东持有这类上市汽车服务企业股票,其财富会随着企业盈利能力的提高而增长,这将有利于汽车服务企业的资金筹集。

3. 企业价值最大化

汽车服务企业的企业价值最大化是指通过企业的合理经营，采用最优的财务决策，在考虑资金的时间价值和风险的情况下使企业的总价值达到最高，进而使股东价值和债权人价值达到最大。

4. 确保和提高员工的收入

在汽车服务企业财务管理的目标管理中，应优先确保员工的收入，并不断提高员工的收入，这样才能使本企业的员工队伍稳定，并吸引汽车服务的高级人才来企业工作，这是汽车服务企业实现利润最大化的重要基础。

5. 确保国家税收

确保国家税收，对国家、社会做出贡献，形成良好的经营环境，这也是汽车服务企业实现利润最大化的重要基础。

三、汽车服务企业财务管理的任务及内容

1. 建立健全财务管理机构

汽车服务企业领导要分工负责财务管理，并要根据企业规模，建立财务管理机构，配备一定数量的专职财务管理人员，包括现金管理、总账等员工，负责收入、分配等财务及其管理工作，保证企业资金良好运转。

2. 建立健全财务管理制度

汽车服务企业应当根据国家的法律法规要求，以及行业主管部门的具体规定，结合本企业的特点，制订企业的财务管理制度，如筹资、投资、营运资金、利润分配等，都要实施岗位责任制。

3. 资金管理

资金管理主要是资金的收入和支出的管理。要依据财务制度，做好资金的收入和支出工作，保持现金的收支平衡，管好用好资金，规划使用，提高资金的利用效果。可利用银行卡、支票、微信支付、支付宝、数字人民币等，以减少现金的流动。

4. 成本费用管理

汽车服务企业的成本费用管理是指对汽车服务经营过程中经营费用的发生和成本的形成所进行的预测、计划、控制、分析和考核等一系列管理工作。加强成本、费用管理是增强汽车服务企业服务能力、增加利润和提高企业竞争能力的重要手段。

5. 筹资管理

筹资也称融资。汽车服务企业的筹资管理要解决的是如何取得企业所需资金的问题。它主要回答以下四方面问题：

（1）筹集多少资金。筹资是为经营服务的，筹资数量的多少要考虑投资的需要。汽车服务企业应根据经营计划和投资计划预测出一定时期的资金缺口量，以确定筹资量。

（2）向谁筹资。汽车服务企业的筹资渠道较广，可从汽车服务企业内部筹资，也可从企业外部筹资。银行、投资公司、个人都可成为企业资金的提供者。企业应针对不同的提供者采取不同的筹资方式。

（3）什么时候取得资金。资金取得的时间应与资金的使用时间相匹配。资金到位不及时，会影响整车及配件的库存、订货及交货期等，进而影响汽车服务的业务开展。

（4）获取资金的成本是多少。从不同渠道、不同方式获取的资金，其付出的成本是不同的。汽车服务企业在及时、足额地保证资金需要的前提下，应力求降低资金成本，尽可能使企业价值最大化。

6. 投资管理

汽车服务企业的投资是指以收回现金并取得收益为目的而发生的现金流出。汽车服务企业投资管理主要有两方面：一是对长期投资管理，即对厂房、企业用地、维修设备、检测仪器等固定资产的投资管理，也称资本性投资管理；二是对短期投资管理，即对短期经营的整车、配件等存货进行的投资管理。

7. 资产管理

汽车服务企业的资产管理包括流动资产管理、固定资产管理、无形资产管理、递延资产管理及其他资产的管理。资产管理的目标是合理配置各类资产，充分发挥资产的效能，最大限度地加速资产的周转。

8. 财务档案管理

财务档案是一种在财务核算活动中形成的具有一定保存价值的会计记录，各种财务记录都是经济活动的生动记录和客观写照。保存好财务档案，以备查找财务资料和为财务监督检查提供资料。财务档案包括：原始票据和记账凭证、会计总账、明细账、日记账，包括月度、季度、年度财务报告，等等。

9. 其他管理

除上述管理任务及内容外，财务管理还包括汽车服务收入和盈利管理、员工收入的管理、上交国家税收的管理、股东收益的管理、企业内部经济核算管理和企业资产评估等。汽车服务企业设立、合并、分立、改组、解散、破产等事项的管理也是财务管理的内容。它们共同构成财务管理不可分割的统一体。

四、汽车服务企业的财务关系

汽车服务企业在资金流动中与有关方面发生的经济关系即为财务关系。汽车服务企业资金的筹集、使用、耗费、收入和分配，与企业上下左右各方面都有着广泛联系。做好汽车服务企业的财务管理工作，需要处理好企业的财务关系。财务关系概括起来有以下五个方面。

（1）汽车服务企业与国家之间的财务关系，即汽车服务企业应按照国家税法规定缴纳各种税款，在应缴税款的计算和缴纳等方面体现国家与企业的分配关系。

（2）汽车服务企业与投资者和受资者之间的财务关系，即汽车服务企业投资与分享投资收益的关系。

（3）汽车服务企业与债权人、债务人及往来客户之间的财务关系，这主要是指汽车服务企业和债权人的资金借入和归还及利息支付等方面的财务关系、企业之间的资金结算关系和资金融通关系，包括债权关系和合同义务关系。

（4）汽车服务企业与其他企业之间的财务关系，即汽车服务企业与整车、配件等其他企业之间存在的资金结算等经济关系。

（5）汽车服务企业与员工之间的财务关系，这主要是指汽车服务企业与员工之间的工资、奖金发放等关系，体现着员工个人与企业在劳动成果上的分配关系。

第二节　汽车服务企业成本费用管理

一、汽车服务企业的成本费用及其分类

1. 成本费用

汽车服务企业的成本费用是指汽车服务企业为了车辆维修、配件销售等汽车服务经营活动的开展所支出的各项费用，以货币额表现。它包括三个部分：物化劳动的转移价值、汽车服务中所消耗的材料及辅料的转移价值、员工的劳动报酬及剩余劳动所创造的价值。

实现利润最大化是汽车服务企业经营的目标，在汽车服务价格既定，汽车服务量一定的情况下，成本的高低是实现利润大小的决定因素。因而，汽车服务企业应想方设法加强成本管理，降低成本。

2. 成本费用分类

按照成本费用的经济用途划分，可将汽车服务的成本分为汽车服务的直接材料费用、直接人工费用、其他直接费用和期间费用，见图8-1。

（1）直接材料费用是指汽车服务企业在服务经营过程中实际消耗的汽车配件、美容产品、各种辅助材料等支出。

（2）直接人工费用是指汽车服务企业直接从事服务经营活动人员的工资、福利费、奖金、津贴和补贴等人工费用。

（3）其他直接费用是指在汽车服务中发生的那些不能归入直接材料费用、直接人工费用的各种费用，如固定资产折旧费、修理费、动力费等。以上三类费用是计入汽车服务企业服务成本的费用。

（4）期间费用。期间费用是指汽车服务企业行政管理部门为组织和管理汽车服务经营活动而发生的管理费用，以及因车辆和配件销售、维修等发生的进货运输费用和销售、维修费用。

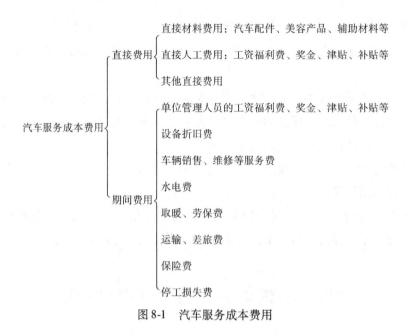

图 8-1　汽车服务成本费用

二、汽车服务企业的成本费用管理任务和要求

1. 成本费用管理的任务

汽车服务企业成本费用管理的基本任务，就是通过预测、计划、控制、核算、分析、考核与奖惩，来反映汽车服务企业服务经营的经济成果，挖掘降低成本和费用的潜力，努力降低成本，减少费用支出。

2. 企业成本费用管理的要求

（1）努力降低汽车服务消耗和原材料采购成本。汽车服务企业利润最大化目标的实现，首先取决于企业的汽车服务经营规模，即汽车服务经营业务量的大小。但是，汽车服务经营耗费的高低，同样处于决定性的地位。降低成本与提高业务量都可增加企业利润，但通过降低成本增加利润比通过扩大业务量增加利润更快、更有效。因此，在成本费用管理中，必须努力降低汽车服务消耗、降低配件等原材料采购成本，才能显著地提高汽车服务企业的经济效益。

（2）努力降低人工成本。人工成本在汽车服务成本中所占比例很大，而且呈上升趋势，因此，降低人工费用对降低汽车服务总成本具有十分重要的意义。可通过合理用工、优化汽车服务项目中员工的配比、增加高性能汽车服务设备、提高员工的汽车服务技能和效率，实现降低人工成本的目的。

（3）实行全员成本管理。汽车服务企业成本费用的形成，与企业的全体职工有关。因此，要把成本降低任务的指标和要求落实到企业内部各职能部门，实行全员成本管理，充分发挥各个部门和全体员工在加强成本管理中的积极作用；要把成本费用计划，按照全员成本管理的要求，按部门分别落实责任指标，定期考核执行情况，分析成本费用升降的原因，采用奖惩等措施，做到分工明确、职责清楚、奖惩合理。

（4）正确完整计算成本。汽车服务企业的成本核算资料必须正确完整，如实反映汽车服务经营过程中的各种消耗。对汽车服务经营过程中所发生的各项费用必须设置必要的费用账簿，以审核无误、手续齐备的原始凭证为依据，按照成本核算对象，把成本项目、费用项目按部门进行核算，做到真实、准确、完整、及时。

（5）加强成本考核工作。汽车服务企业的成本考核工作具体为汽车服务企业对内部各成本责任中心定期考查，审核其成本计划指标的完成情况，并评价其成本管理工作的成绩。成本考核以成本计划指标作为考核标准，以成本核算资料作为考核依据，以成本分析结果作为评价基础。通过成本考核，企业领导者可以监督各成本责任中心按时完成成本计划，也能全面、正确地了解企业成本管理工作的质量和效果。

三、汽车服务企业的成本计划

1. 成本计划及要求

汽车服务企业的成本计划是汽车服务企业进行汽车服务经营所需的费用支出和成本降低任务的计划，是汽车服务企业经营计划的重要组成部分，是进行成本控制、成本分析以及编制财务计划的重要依据。

为了发挥成本计划的作用，在编制成本计划时，应特别体现下列要求：

① 重视有关人员提供的成本预测资料。
② 符合实现目标利润对成本降低指标的要求。
③ 遵守国家规定的成本开支范围。
④ 协调好成本计划指标与其他汽车服务业务技术经济指标之间的平衡与衔接。
⑤ 成本计划指标的确定要实事求是，要既先进又可行，并有必要的组织措施予以保证。

2. 成本计划的编制程序

（1）收集和整理基础资料。在编制汽车服务企业的成本计划之前，相关人员要广泛收集和整理所必需的各项基础资料，并加以分析研究。所需资料主要包括本企业制订的成本降低任务、指标或承包经营的承包指标，企业计划采取的经营决策和经营计划等有关指标，各种技术经济定额，历史成本资料，同类企业的成本资料，本企业内部各部门费用计划和劳务价格等其他有关资料等。

（2）分析报告期成本计划的预计执行情况。正确的汽车服务企业的成本计划，应该是在总结过去经验的基础上制订的。因此，应对报告年度计划执行情况进行预计和分析，计算出上年实际单位成本，与报告年度计划成本相比，与同行业成本对比，找出差距、总结经验，提出降低成本方案，为成本计划提供编制依据。

（3）编制成本计划。编制汽车服务企业的成本计划有两种方法：

① 统一编制。以本企业财会部门为主，在其他部门配合下，根据本企业经营计划的要求，编制出企业的成本计划。

② 分级编制。把本企业确定的目标成本、成本降低率以及各种关键性的物资消耗指标与费用开支标准下达到各汽车服务部门；各汽车服务部门根据下达的指标，结合本单位的具体情况，编制出各自的成本计划；企业财会部门根据各汽车服务部门上报的成本计划，进行汇

总平衡，编制整个企业的成本计划。经过批准，再把成本计划指标分解，层层下达到各汽车服务部门，据以编制出各部门的经营成本计划。

四、汽车服务企业的成本预测

1. 成本预测

汽车服务企业的成本预测就是根据企业成本特性及有关数据资料，结合汽车服务企业发展的前景和趋势，采用科学的分析方法，对一定时期某些业务的成本水平、成本进行预计和测算。成本预测可以让企业更好地控制成本，做到心中有数，避免盲目性，减少不确定性，为更好地进行汽车服务决策提供依据。

2. 成本预测的内容

汽车服务企业成本预测的内容主要有：全面进行汽车服务市场调查，掌握汽车服务市场的需求情况，预测汽车服务市场的需求数量及其变化规律，掌握汽车及配件等价格变动情况；进行企业内部调查，预测汽车服务技术、汽车服务能力和经营管理的水平及可能发生的变化，掌握汽车服务费用的增减和成本升降的有关资料，以及其所带来的影响因素和产生的影响程度；根据本企业内外部各种资料和汽车服务市场发展趋势，预测成本。

3. 成本预测的方法

汽车服务企业成本预测常用目标利润法。目标利润法又称"倒扣计算法"或"余额计算法"，其特点是"保利润、挤成本"。它是先制定目标利润，随后又考虑税金、期间费用等项目，推算出目标成本的大小。其测算公式为：

$$目标成本 = 预测经营收入 - 应纳税金 - 目标利润 - 期间费用$$

五、汽车服务企业的成本控制

1. 成本控制的途径

汽车服务企业要全员、全方位控制成本，可以通过以下途径实现：

① 提高全员的劳动生产率，劳动生产率的提高，意味着在相同的时间和相同的固定费用下，可以从事更多的汽车服务工作，取得更多的收入。

② 节约汽车服务过程中各种材料的消耗。

③ 提高汽车维修等设备的利用效率。

④ 提高汽车服务的质量，减少返工和不必要的消耗。

⑤ 创建品牌汽车服务，通过较高的品牌汽车服务价格，降低成本比例。

⑥ 加速车辆、配件、机油等占用资金的周转，减少资金的占用。

⑦ 节约其他开支，严格执行国家的财经纪律和企业的财经制度。

2. 成本控制的基本程序

（1）制订成本的控制标准：应根据汽车服务企业的成本预测与成本计划，制订出控制的标准，确定标准的上下限。

（2）建立成本费用控制的组织体系和责任体系：即要由财务部门负责，在各个成本费用发生点建立成本费用控制责任制，定岗、定人、定责，并定期检查。对成本费用的形成过程严格按照成本费用标准进行控制和监督。

（3）反馈成本信息，及时纠正偏差：为及时反馈信息，应建立信息反馈的凭证和表格，确定信息反馈时间和程序，并对反馈的信息进行分析，将实际消耗和标准进行比较，计算成本差异，分析、揭示产生差异的原因，并及时加以纠正，应明确纠正的措施、执行的人员及截止时间，以达到成本控制的目的。

3. 成本控制的方法

（1）绝对成本控制。汽车服务企业的绝对成本控制是一种把成本支出控制在绝对的金额范围内的成本控制方法。标准成本和预算控制是绝对成本控制的主要方法。

（2）相对成本控制。汽车服务企业的相对成本控制是指汽车服务企业为了增加利润，从汽车服务量、成本和收入三者的关系出发来控制成本的方法。

实行这种成本控制，一方面可以了解汽车服务企业在多大的汽车服务量下可实现收入与成本的平衡；另一方面可以知道当汽车服务企业的汽车服务量达到多少时，企业的利润最高。所以相对成本控制是一种更行之有效的方法，它不仅是基于实时实地的管理思想，更是从前瞻性的角度，服务于企业战略发展的管理来实现成本控制。

（3）全面成本控制。汽车服务企业的全面成本控制是指对汽车服务经营所有过程中发生的全部成本、成本形成的全过程、企业内所有员工参与的成本控制。

（4）定额法。定额法是以事先制订的汽车服务定额成本为标准，在汽车服务费用发生时，及时提供实际发生的费用脱离定额耗费的差异额，让管理者及时采取措施，控制汽车服务费用的发生额，并且根据定额和差异额计算产品实际成本的一种成本计算和控制的方法。

（5）成本控制即时化。成本控制即时化就是通过现场汽车服务管理人员每天下班前记录当天发生的人工、汽车材料、汽车维修设备等使用数量与汽车服务项目完成数量，经过部门经理或者交接班人员的抽检，经过计算机软件的比较分析得出成本指标是否实现及其原因的成本管理方法。

（6）标准成本法。标准成本法是指以预先制订的标准成本为基础，用标准成本与实际成本进行比较，核算和分析成本差异的一种汽车服务成本计算方法，也是加强成本控制、评价经济业绩的一种成本控制制度。

（7）经济采购批量。经济采购批量是指在一定时期内进货总量不变的条件下，使采购费用和储存费用总和最小的采购批量。

（8）本量利分析法。本量利分析法是在成本性态分析和变动成本法的基础上发展起来的，主要研究成本、汽车销售数量、汽车维修项目数量、价格和利润之间数量关系的方法。它是汽车服务企业进行预测、决策、计划和控制等经营活动的重要工具，也是管理会计的一项基础内容。

（9）线性规划法。线性规划是运筹学的一个最重要的分支，线性规划法是以汽车服务成本为控制目标，在汽车服务企业资源的约束条件下，用运筹学中线性规划的数学方法，对企业资源进行最佳分配，以获取最佳的经济效益，控制汽车服务成本。

（10）价值工程法。价值工程法是指通过集体智慧和有组织的活动对汽车服务项目进行功能分析，使目标以最低的总成本，可靠地实现汽车服务的必要功能，从而提高汽车服务的价值。

（11）成本企划。成本企划是汽车服务企业成本前馈控制的方法，它不同于传统的成本反馈控制，即先确定一定的方法和步骤，根据实际结果偏离目标值的情况和外部环境变化采取相应的对策，调整先前的方法和步骤，针对未来的必达目标，对目前的方法与步骤进行弹性调整，因而是一种先导性和预防性的控制方式。

（12）目标成本法。目标成本法是一种以汽车服务市场为导向，以目标成本为依据，用目标成本计算的方法计算目标成本，通过目标成本的分解、落实、控制和考核等手段，对汽车服务企业经营活动的全过程实行全面的、综合性管理，以期达到全面提升企业效益的一种综合科学管理方法。它是首先确定客户会为汽车服务付多少钱，然后再回过头来设计能够达到的期望利润水平的汽车服务经营流程。

以上成本控制方法，要坚持经济性原则，根据本企业、部门、岗位和成本项目的实际情况加以选用。

六、汽车服务企业的目标成本管理

汽车服务企业的目标成本管理的主要内容和程序如下。

1. 制订与核算目标成本

目标成本管理体现的管理思想是：成本是管理决策的结果。对于汽车服务企业来说，成本控制不是始于汽车服务，而是始于汽车服务策划阶段。在汽车服务策划阶段，就要制订与核算汽车服务的目标成本，要考虑目标利润，可用逆向工程的方法考虑目标成本。在制订与核算汽车服务的目标成本时，应将成本管理目标细分，分别分配给相关的各个部门；此外，制定目标成本，要有战略规划，要全体员工参加，团结一致降低成本并最终实现目标成本。

在新车销售策划中确定目标售价，并将其作为新车型销售开发提案中的主要内容之一。目标售价不仅要考虑新车销售的所有成本，包括购车支出、广告等宣传费、车辆运输费、人员的工资和奖金、场地费用、税收、利润等，此外，还要参考当时的汽车价格水平和竞争对手同类产品的价格，预测新产品投放市场时市场上产品的价格变化和竞争对手在价格上可能发生的变化。

在车辆维修服务策划中，要确定目标汽车维修成本，包括汽车配件和汽油等维修辅材的消耗、人员的工资和奖金、场地费、设备折旧费、新设备购置费、检测费、税收、利润等。此外，还要考虑当地同类汽车维修企业成本的水平、企业可持续发展的汽车维修成本以及顾客逐年可接受的车辆维修成本。

2. 控制目标成本

汽车服务企业的各部门按目标成本分解形成的责任指标，控制各责任单位的汽车服务经营活动，而目标成本的日常控制由责任单位自理，上下存在指导与督促关系。用会计核算方法进行目标成本核算，用电算化手段对目标成本的实施进行记录、计算、汇总，可系统地反映目标成本的执行情况，这对发现执行中的问题极为方便。

3. 目标成本的考评与奖惩

目标成本的考评与奖惩即将责任部门和个人所承担的目标成本的责任指标，与目标成本实际完成情况进行对比，做层层考核与合理评价，对在降低成本上做出努力和贡献的部门和员工给予肯定，并根据贡献的大小，给予相应的奖励，以稳定和提升员工进一步努力的积极性。同时对于缺少成本意识，成本控制不到位，造成浪费的部门和个人，给予处罚，以促其改进完善。

目标成本的考评与奖惩是目标成本管理的后续工作，也是开展目标成本管理的关键，它关系到激励机制的建立和完善，并促使员工尽可能地节约原材料和能源，以及减少汽车服务中的损失和降低汽车服务成本，使员工既注重完成汽车服务项目的数量，又注重完成汽车服务项目的质量和节约开支。

七、汽车服务企业的成本否决制度

1. 成本否决

成本否决就是即使其他指标完成得再好，只要突破了分配给部门、团队或个人的目标成本，员工的工资和奖金等就要受到影响。分配给部门、团队或个人的目标成本由汽车服务企业的目标成本决定。

2. 成本否决制度

成本否决制度是要树立起"成本权威"，将成本作为影响、诱导和矫正员工行为的杠杆，实行成本一票否决。成本否决制度的建立需要确立成本分解、成本核算、成本保证和成本考核四个体系。

实行成本否决的两个基本点：一是不讲客观，不搞分析，严格考核；二是实行彻底的成本否决，即如果成本指标完不成，其他指标完成得再好，所有的奖金也将被否决，同时与部门领导、员工升职挂钩。

成本否决制度规定，所有汽车服务成本加各项费用与汽车服务市场价格起码要相等，决不能亏损，使广大职工与企业真正形成责、权、利相统一的利益共同体。成本管理纵向到底，横向到边，上至公司管理层，下至公司每个员工，人人分担成本指标和费用指标，使汽车服务经营过程中的每个环节都要算市场账、成本账，从而建立起一整套比较完整的目标成本责任网络体系。

第三节　汽车服务企业的资金筹集与投资管理

一、汽车服务企业的资金筹集管理

1. 资金筹集的意义

汽车服务企业的资金筹集是企业资金流动的起点，如果没有资金的筹措，企业就难以保证必要的整车、配件等物资库存，企业的服务经营活动就难以开展。因此，筹资就成为企业财务管理部门一项非常重要的基本活动。资金筹集的意义体现在以下两方面：

（1）弥补企业自身的资金不足。汽车服务企业通过多渠道和合理的方式进行筹资，可以弥补企业自身现有资金的不足，如弥补为满足汽车服务需求临时增加购买车辆、配件的资金等。

（2）降低企业自身资金的风险。通过筹资，借助外来资金，汽车服务企业能以最低的筹资成本开展汽车服务经营，企业与外来资金出资人共同承担创办企业的风险。

2. 资金筹集的原则

汽车服务企业的筹资方式是一种涉及面广、政策性强、复杂细致的管理活动。进行筹资，不仅要分析企业的内外部环境，而且应遵守一定的原则。

（1）使用效果原则。筹集的资金要有合理的汽车服务经营用途，并产生良好的经济收益，用尽可能少的资金投入，取得尽可能多的服务成果，多创税利。

（2）资金量适当原则。汽车服务企业的资金需求量往往是不断变动的，企业财务人员要认真分析服务经营状况，采用一定的科学方法，预测资金的需求数量，确定合理筹资规模。筹资方式、筹资渠道和筹资数量，都应在广开财路的同时，确定企业资金需要量的合理界限，既要避免因筹资不足而影响汽车服务经营的正常进行，又要防止因资金筹集过多而造成资金浪费。

（3）筹措及时原则。汽车服务企业财务人员在筹集资金时必须考虑资金的时间价值，根据资金需求的具体情况，合理安排资金的筹集时间，适时获取所需资金，既要避免过早筹集资金形成资金投放前的闲置，增加借贷资金，又要防止取得资金的时间滞后，错过资金投放的最佳时间。

（4）来源合理原则。资金筹集有不同的渠道，无论采取哪种渠道，都要符合国家政策和法规。不同来源的资金，对汽车服务企业的收益和成本有不同的影响，企业应认真研究资金来源渠道和资金市场，合理选择资金来源。

（5）方式经济原则。汽车服务企业筹集资金必然要付出一定的代价，通过不同的渠道，在不同的方式下筹集到的资金，其筹集成本不同。因此，企业在筹资时应对各种筹资方式进行分析、对比，选择经济、可行的筹资方式，确定合理的资金结构，以便降低成本和风险。

（6）风险原则。采取任何方式筹资都会有一定的风险，汽车服务企业要筹资，就要冒风险，但这种冒险不是盲目的，必须建立在科学分析、严密论证的基础上，根据具体情况进行具体分析。在实际工作中，并不一定风险越小越好，但风险太大也不好。

（7）信用原则。汽车服务企业在筹集资金时，无论通过何种渠道、采取什么方式，都必须恪守信用，这是财务管理原则在筹资工作中的具体化体现。

3. 资金筹资的渠道和方式

筹集资金的渠道是指汽车服务企业取得资金的来源，筹集资金的方式是指汽车服务企业取得资金的具体形式。资金从哪里来和如何取得，既有联系，又有区别。同一渠道的资金往往可以采用不同的方式取得，而同一筹资方式又往往可适用于不同的资金渠道。所以，哪种方式和渠道风险最小，成本最低，资金能够及时到位，应是资金筹集管理工作者要研究的课题。汽车服务企业筹资的渠道和方式主要有：

(1) 国家财政资金。通过国家财政资金这个渠道筹资，应主要考虑国家税务部门对新建的汽车服务企业减免税政策或税前还贷等，这有利于新建汽车服务企业。

(2) 银行贷款。汽车服务企业可向银行获取各种贷款。

(3) 社会筹资。社会筹资主要是指通过发行股票、债券、入股、信托投资公司投资等方式把个人、企事业单位闲置不用的资金集中起来，用于汽车服务经营。这一方式是企业日后筹资的主要方式，规模大的汽车服务企业可进行这方面的尝试。

(4) 内部集资。汽车服务企业可在企业内部，通过向员工筹借资金、出售废旧汽车维修设备和物资、外租闲置厂房等方式获取资金。

(5) 利用外资。在当前对外经济开放和扩大经济交往的形势下，这一渠道显得尤为重要。汽车服务企业可通过发展中外合资、联营企业等方式来吸收外来资金。

4. 筹资程序

(1) 筹资准备。明确汽车服务企业筹资需求，包括资金用途、资金需求时间、筹资量和筹资风险等；进行筹资渠道调查和分析。

(2) 筹资决策。由企业领导和财务部门领导等共同做出筹资决策，确定筹资渠道和方式，准备应变措施。

(3) 筹资。根据确定的筹资渠道和方式，由财务部门实施筹资，包括签订筹资合同、及时检查和计算筹资量。

(4) 筹资后期工作。对筹资结果进行评估，为后续筹资积累经验；检查筹资中的违纪行为；做好资金返还工作，定期返还资金。

5. 筹资决策

筹资决策是在众多的筹资渠道和方式中，权衡利弊，选择适合本汽车服务企业发展的筹资渠道和方式，做出决策。筹资管理的关键在于决策。筹资决策常用的方法是比较法，主要从以下几方面入手：

(1) 资金成本的高低。它是指汽车服务企业取得资金和使用资金所应负担的成本，用百分率表示，不同筹资方式的资金成本是不一致的。

(2) 还本付息风险的大小。这涉及违约责任及后果，筹资方式还本付息风险的大小可通过汽车服务企业违约是否导致投资者采取法律行为，是否导致企业破产体现出来。另外，它还与筹资期长短有关，在相同条件下，企业偿还债务的时间越短，风险越大。

(3) 机动性的大小。这是针对筹资借入资金而言的。它是指汽车服务企业在需要资金时能否及时筹集到，以及不需要时汽车服务企业及时还贷、提前还款是否会受到惩罚等。

(4) 筹资的方便程度。这可以从本企业和本企业投资者两方面加以分析。从汽车服务企业方面分析，方便程度表现在企业有无自主权通过各种筹资方式取得资金，以及自主权的大小；从投资者方面分析，方便程度表现在通过该方式，投资者是否愿意提供资金，以及提供资金的条件是否苛刻，手续是否复杂。

(5) 投资者是否对资金的使用方向加以限制。一般来说，投资者对资金的使用方向限制越少，对汽车服务企业越有利。

(6) 筹资使用期限的长短。投资者予以汽车服务企业资金的使用期限越长，企业还款压力越小。如果短期内就要求还款，则会对企业形成短期内的资金压力。

二、汽车服务企业的投资管理

1. 投资的类型

汽车服务企业的投资按其回收时间的长短可分为短期投资和长期投资。短期投资又可称为流动资产投资，它是指能够并且准备在一年内收回的投资，主要指对现金、应收账款、汽车配件等存货、短期有价证券等的投资。长期投资是指在一年以上才能收回的投资，主要指对厂房、汽车维修设备、计算机信息设备等固定资产的投资，也包括对汽车服务企业标志、商标、专利、信息管理软件等无形资产的投资，以及长期有价证券的投资。

2. 投资的意义

汽车服务企业的投资是企业开展正常汽车服务经营活动并获取利润的前提，也是企业扩大汽车服务经营规模、降低经营风险的重要手段。

3. 投资管理的内容

汽车服务企业投资管理的内容主要有投资计划、投资收益分析、投资评价、投资决策、投资风险评估等。汽车服务企业在进行投资决策时，需要认真考虑与投资相关的影响因素。企业投资应重点考虑的因素有投资收益的大小、投资风险的高低、投资的约束条件和投资的弹性分析等。

4. 投资评价

汽车服务企业的投资评价是对投资项目进行评价，是投资决策的前期工作。它包括技术价值评价、经济价值评价和社会价值评价三个部分。

（1）技术价值评价。它主要是从技术角度做出评价，包括两项内容：一是汽车服务技术的先进性，如汽车服务设备技术的指标、参数、结构、操作性、特征，以及对汽车服务技术发展的意义等；二是汽车服务技术的适用性，如与现有汽车服务项目的技术匹配、实用程度、形成的汽车服务技术优势、提高汽车服务效率和质量、降低员工的劳动强度等。

（2）经济价值评价。它主要是对技术的经济性做出评价。其评价是多方面的，可以从市场角度进行评价，如给汽车服务市场带来的竞争能力、增加服务项目等；也可以从效益上进行评价，如新的汽车服务技术和设备的投资、成本、利润、价格、回收期等带来的经济效益。

（3）社会价值评价。社会价值评价主要是对技术从社会角度上做出评价，如新的汽车服务技术和设备的采用、推广应符合国家的方针、政策和法令，要有利于保护环境和生态平衡，有利于员工安全开展汽车服务，有利于社会发展、劳动就业、社会福利，有利于人民生活、健康和文化水平的提高，有利于合理利用资源，提高汽车服务企业的知名度和品牌形象等。

5. 投资决策

汽车服务企业的投资决策是对各个投资方案进行分析和评价，从中选择最优方案，并确定是否投资的过程。汽车服务企业的投资决策是企业所有决策中最为关键、最为重要的决策。投资购入库存用的车辆、大型汽车维修设备，建设厂房、立体车库，开办新的汽车服务企业，一般要占用企业大量资金。因此，投资决策失误是企业最大的失误，一个重要的投资决策失误往往会使一个汽车服务企业陷入困境，甚至导致破产。因此，财务管理的一项极为重要的职能就是为企业当好参谋，把好投资决策关。

对汽车服务企业的投资方案进行评价时使用的指标分为非贴现指标和贴现指标。非贴现指标是指不考虑时间价值因素的指标，主要包括投资回收期、平均报酬率等。贴现指标是指考虑时间价值因素的指标，主要包括净现值、现值指数、内部报酬率等。相应地，投资决策方法可分为非贴现方法和贴现方法。

（1）非贴现指标：

1）投资回收期。将计算的汽车服务企业的投资回收期与期望投资回收期相比，若方案回收期短于期望回收期，则方案可行；否则，方案不可行，应该放弃投资。如果几个方案都能达到既定的回收期，且只能选择一个方案，则应选择回收期最短的方案。

汽车服务企业的投资回收期计算简单，易于理解，短回收期有利于企业加快投入资本的回收速度，尽早收回投资。但它存在两个缺点：一是忽视现金流量的发生时间，未考虑货币的时间价值；二是忽略了投资回收期后的现金流量，注重短期行为，忽视长期效益。因此，运用投资回收期只能对备选方案进行初步的评价，必须与其他决策指标结合使用，才能做出较正确的决策。

2）平均报酬率。平均报酬率是投资项目寿命周期内平均的年投资报酬率。平均报酬率也称平均投资报酬率。

采用平均报酬率进行决策时，可将投资项目的平均报酬率与决策人的期望平均报酬率相比，如果平均报酬率大于期望的平均报酬率，则可接受该项投资方案；否则，应予以拒绝。若有多个可接受的投资方案供选择，则应选择平均报酬率最高的方案。

平均报酬率指标的优点是计算简单、明了，易于掌握，克服了投资回收期没有考虑回收期后现金流量的缺点，即考虑了整个方案在其寿命周期内的全部现金流量。平均报酬率指标的缺点是忽视了现金流量的发生时间，未考虑货币的时间价值，所以不能较为客观、准确地对投资方案的经济效益做出判断。

（2）贴现指标：

1）净现值。净现值是投资项目投入使用后的净现金流量，按资金成本率或汽车服务企业要求达到的报酬率折合为现值，减去原始投资额现值以后的余额，即从投资开始至项目寿命终结时所有现金流量（包括现金流出量和现金流入量）的现值之和，现金流出量为现金支出量，现金流入量为现金收入量。

2）现值指数。现值指数也称获利指数，是投资方案的未来现金流入现值与现金流出现值的比率。现值指数大于1，说明方案实施后的投资报酬率高于预期的投资报酬率，投资方案可行；现值指数小于1，说明方案实施后的投资报酬率低于预期的投资报酬率，投资方案不可行。现值指数越大，方案越好。

现值指数指标的优点是考虑了货币的时间价值，能够真实地反映投资项目的盈亏程度。由于现值指数是未来现金净流量现值与原始投资现值之比，是一个相对数，所以现值指数克服了净现值指标在项目投资额不相等时无法判断方案好坏的缺点。现值指数指标的缺点与净现值指标的缺点一样,即不能动态地反映投资项目的实际收益水平。

3)内部报酬率。内部报酬率也称内含报酬率,它是指能够使未来现金流入量的现值等于未来现金流出量现值的贴现率,或者说是使投资方案净现值为零的贴现率。

净现值法和现值指数法虽然考虑了时间价值,可以说明投资方案高于或低于某一特定的投资报酬率,但没有揭示方案本身的报酬率是多少。

第四节　汽车服务企业的营业收入与利润分配管理

一、汽车服务企业的营业收入管理

1. 营业收入

汽车服务企业的营业收入是指企业在汽车服务经营过程中,提供汽车销售、维修、美容等汽车服务经营所取得的收入。

2. 营业收入计算

汽车服务企业营业收入主要包括以下几项:

(1) 整车购进、车辆修理材料、美容材料等费用。购进整车、车辆维修时需更换的汽车配件、美容材料等所需的资金。它由市场采购价确定。

$$材料费 = [材料成本 \times (1 + 成本利润率)] / (1 - 税率)$$

(2) 工时费用。汽车维修、美容等所耗的人工费用。

$$工时费收入 = 结算工时定额 \times 工时单价$$

(3) 材料管理费。采购汽车配件所需的运输费用、汽车配件保管费用、利润、税收等费用的总和。

(4) 其他收入。除主营收入外的其他收入,如出售废旧汽车零部件、废机油、设备场地租赁等的收入。

汽车维修企业营业收入可用以下公式计算:

$$汽车维修企业营业收入 = 整车购进、车辆维修材料、汽车美容材料等费用 + 工时费用 + 材料管理费 + 其他收入$$

3. 营业收入管理的内容

汽车服务企业营业收入管理的主要内容包括:收入内容的确定和核查,制订工时定额等标准,核查收入中税收;设立专人(会计)对日常服务收入进行结算,通过每日单据的复核确保收入的完整和对结算员的监督工作,确保结算工作的日清月结,应做好每日单据的分类保存和检查工作,检查和监督收入现金入库或交银行保管。

二、汽车服务企业的营业利润分配管理

1. 营业利润

汽车服务企业的营业利润是企业各项业务收入扣除各项成本和税金的差额。其计算公式为:

$$利润总额 = 营业收入 - 各项成本 - 税金$$

汽车服务企业的营业利润是企业在一定经营期内经营汽车大修、维护、小修业务，汽车、配件销售，汽车美容及其他服务所取得的财务成果，它综合反映了企业各项技术经济指标的完成情况和企业经营管理多方面的经济效益。利润的增长与收入的增长成正比，与成本的上升成反比。收入的增长依靠不断扩大汽车服务量和其他经营业务量，成本的降低依靠节能降耗和提高效率。这一切都依靠汽车服务技术进步，依靠提高劳动生产率。

2. 营业利润的分配管理

汽车服务企业对在一定经营期内获得的利润进行分配时要正确处理国家、企业、个人三者之间的利益关系。

首先，汽车服务企业要按照现行税法的规定，向国家足额缴纳所得税，而应缴纳的所得税额是根据应纳所得税额和规定的所得税率计算的。在实行税利分流制度的情况下，无论企业所有制情况，一律按一定的比例缴纳。应纳税所得额是指企业实现的利润按照国家有关规定做相应的调整后，依法缴纳所得税的数额，即应税额。

其次，除国家另有规定外，缴纳所得税后的利润，应按照下列次序进行分配：

① 填补被没收财务损失，违反税法规定支付的滞纳金和罚款。
② 弥补企业以前的亏损。
③ 提取法定公积金。
④ 提取公益金。
⑤ 向投资者分配利润。

最后，税后利润分配管理中应注意以下问题：

① 企业之前年度亏损未弥补完，不得提取盈余公积金和公益金。
② 在提取盈余公积金和公益金以前，不得向投资者分配利润。
③ 企业必须按照当年税后利润（减弥补亏损）的10%，提取法定盈余公积金，当法定盈余公积金已达到注册资本的50%时，不再提取。
④ 企业之前年度未分配利润，可以并入本年度进行利润分配。
⑤ 在向投资者分配利润前，企业经董事会决定，可以提取任意公积金。企业当年无利润时，不得向投资者分配利润。
⑥ 提取的盈余公积金和公益金，其中盈余公积金可以用于弥补亏损或者用于转增资本金。但转增资本金后，企业的法定盈余公积金一般不得低于注册资本的15%，公益金主要用于员工的集体福利设施。
⑦ 向投资者分配利润，之前年度未分配的利润，可以并入本年度向投资者分配。
⑧ 在向投资者分配利润时要遵守公平原则。

第五节 汽车服务企业的资产管理

一、汽车服务企业资产管理的概念

1. 资产

汽车服务企业资产是企业所拥有或控制，能用货币计量，并能为企业提供经济效益的经济资源，包括现金、各种财产、债权和其他权利。

汽车服务企业资产的计价以货币作为计量单位，反映企业在汽车服务经营的某一个时点上实际控制资产存量的真实状况，以及在汽车服务经营的某一个期间，企业资产流量的真实状况。对汽车服务企业来说，管好、用好资产是关系到企业能否正常进行汽车服务经营，是关系企业兴衰的大事，尤其是货币资金管理，必须予以高度的重视。

2. 资产的类型

汽车服务企业资产按其流动性通常可以分为流动资产、固定资产、长期投资资产、无形资产、递延资产和其他资产。这里仅介绍流动资产和固定资产管理。

二、汽车服务企业的流动资产管理

1. 流动资产及其管理要求

（1）流动资产。汽车服务企业的流动资产是指可以在一年内或者超过一年的一个营业周期内变现或者运用的资产。按资产的占用形态划分，流动资产可分为货币资金、短期投资、应收账款、预付账款和存货。这里仅介绍现金、应收账款及存货的管理。

汽车服务企业的流动资产有三个特点：

① 流动资产流动性大，不断改变形态。
② 流动资产的价值一次消耗、转移或实现。
③ 流动资产占用资金的数量具有波动性。

（2）流动资产管理的要求。为了管好、用好流动资产，流动资产管理必须符合以下三个要求：

① 保证流动资产的需要量，确保汽车服务经营活动正常进行。
② 尽量控制流动资产的占用量。流动资产占用过多，会增加资金成本，影响经济效益。
③ 加速流动资金的周转。周转快，意味着占用资金少，会带来更多的经济效益。

2. 货币资金管理

（1）货币资金。汽车服务企业的货币资金是指企业在汽车服务经营活动中停留在货币形态的那一部分资金，主要包括现金和银行的各种存款，有时也将即期或到期的票据看成是货币。

（2）货币资金管理的目的。汽车服务企业货币资金管理的目的是在保证汽车服务经营所需现金的同时，节约使用资金，并从暂时闲置的现金中获得最多的利息收入。企业库存现金没有收益，银行存款的利息率也远远低于企业的资金利润率。现金结余过多，会降低企业的收益，但现金太少，又可能会出现现金短缺，影响汽车服务经营活动。现金管理应力求做到既保证企业日常所需资金，降低风险，又避免企业有过多的闲置现金，以增加收益。

（3）货币资金管理的内容。汽车服务企业现金管理的内容主要包括：编制现金收支计划，使货币资金收入和支出保持平衡；对日常的现金收支进行控制，力求加速收款，延缓付款，处理好与厂家的收入往来（相互借款和索要欠款）业务工作；用特定方法确定理想的现金余额，即当汽车服务企业实际的现金余额与最佳的现金余额不一致时，采用短期融资或归还借款和投资于有价证券等策略来达到比较理想的状况，合理地估算未来的现金需求。

（4）现金管理。汽车服务企业的现金管理必须由专人负责，除出纳人员外，其他人员不能收付资金。出纳人员收取现金要有依据，应根据购车、车辆维修和美容合同等向客户收取现金，并应在企业设定的收款处收取现金。

汽车服务企业的现金管理必须遵循钱账分管原则（出纳员和会计必须由不同人担任，出纳员登记现金日记账、银行存款日记账，会计管理总账、明细账）、印鉴与票据分管原则，且入账要及时完整，不得设置小金库、账外资金和使用白条，不得用转账支票套换现金，不得将企业的现金存入个人账户。

汽车服务企业的库存现金不得超过一定的数额，超过限额应尽量在当日送存银行；当日来不及送存，应当存入保险箱。金额超过万元，必须派人值勤，支票必须存入保险箱。出纳员每天要盘点库存现金，核对账目，并编制报表。

汽车服务企业的现金收入和银行存款由会计记录，并对出纳工作进行控制、监督，票据实行联号控制，由具体财务人员负责管理。出纳员在领用收据时，应填写登记表记录时间、号码，经财务主管批准签字后方可领用，用完之后必须进行销账处理。发票必须指定专人开具并由主管会计进行核查，核查内容为号码是否齐全、有无套空填写和有无涂改痕迹等。

汽车服务企业收到任何款项都必须出具收据或发票，核查收款无误后，加盖现金收讫章和公司财务专用章。收据一式三联：第一联存根，第二联交给交款人，第三联用作财务记账，三联必须同时复写，不能遗漏。发票要为机打，且要盖税务章。

汽车服务企业的现金支出必须经过总经理审批，会计要审核手续是否齐全，如是固定资产则要有现金以外的审批手续。现金支出的范围为一定值，超过该值应使用支票。

汽车服务企业的现金支出领款人必须在付款凭证上签名，经出纳员核查无误后加盖现金付讫章或银行付讫章，并及时登记入账。

汽车服务企业的出纳员每天要根据货币资金的收支情况，分别登记现金日记账和银行存款日记账，并结算出余额，每周每月定期制订周报表和月报表，报表要由主管会计审核。

3. 应收和预付账款管理

（1）应收和预付账款。汽车服务企业的应收账款是指汽车服务企业因提供汽车配件及汽车服务等发生的收入在款项尚未收到时的账款。汽车服务企业的预付款是汽车服务企业向其他企业购买整车、配件、设备等在其未收到时的账款。

由于市场竞争日益激烈，汽车服务企业应收账款数额明显增多，已成为流动资产管理中的一个日益重要的问题。应收账款功能在于增加销售、减少存货，同时也要付出管理成本，甚至发生坏账。

（2）应收和预付账款管理的内容。汽车服务企业应收账款的管理就是要加强对应收账款的日常控制，做好企业、顾客的信用调查和信用评价，以确定是否同意顾客赊欠款。当顾客违反信用条件时，企业还要做好账款催收工作，确定合理的收账程序和负债方法，对未违反信用的顾客，也要及时收账，使应收账款政策在企业经营中发挥积极作用。

预付账款的管理同样是要做好企业的信用调查和信用评价，以确定是否同意预付账款，对已支出的预付账款应及时检查整车、汽车配件、设备等的到货及货物完好情况。

4. 库存管理

（1）库存。汽车服务企业的库存是指在提供汽车服务过程中，为汽车销售、维修车辆等而储存的整车、汽车配件等物资。

（2）库存管理的内容。汽车服务企业库存管理的主要目的是控制库存水平，在充分发挥库存功能的基础上，尽可能减少车辆配件、机油等物资的存货，降低库存成本。

汽车服务企业财务部门库存管理的主要内容包括：

① 建立领导机制，在企业经理的领导下，财务部门对存货资金实行统一管理，包括制订库存管理的各种制度，编制存货资金计划，并将计划指标分解落实到基层单位和个人，对各单位的库存情况进行检查、监督和分析。

② 实行存货资金的归口管理，按照存货资金使用与管理相结合、物资管理与资金管理相结合的原则，实行每项资金由哪个部门使用，就归哪个部门管理的制度。

③ 实行存货资金的分级管理，即汽车服务企业内部各管理部门要根据具体情况将资金计划指标进行分解，分配给所属单位或个人，层层落实，实行分级管理。

三、汽车服务企业的固定资产管理

1. 固定资产

汽车服务企业的固定资产是指使用年限在一年以上，单位价值在规定的标准以上，并且在使用过程中保持原来物质形态的资产。汽车服务企业的固定资产包括厂房、汽车维修设备、汽车配件货架、计算机、办公桌椅等。

2. 固定资产的日常管理

为了提高固定资产的使用效率，确保固定资产的安全完整，做好固定资产的日常管理工作至关重要。其主要工作包括以下几个方面。

（1）实行固定资产的分级分口管理。汽车服务企业固定资产种类和数量较多，其使用涉及企业内部各部门。为此，要建立各职能部门、各级单位在固定资产管理方面的责任制，实行固定资产的分级分口管理。

汽车服务企业固定资产的分级分口管理就是在企业财务部门的统一协商下，按固定资产的类别由企业的各职能部门负责归口管理；按各类固定资产的使用地点，由各级使用单位负责具体管理，并进一步落实到班组和个人。这样，便可做到层层负责，物有人管，使固定资产的安全保管和有效利用具有可靠保证。

（2）建立固定资产卡片和登记账。为了加强固定资产的管理，汽车服务企业的财务部门要会同固定资产的使用和管理部门，按照国家规定的固定资产划分标准，建立固定资产卡片和登记账，分类详细地编制固定资产目录。每一类固定资产开设账页，登记固定资产的名称、类别、编号、预计使用年限、原始价值、建造单位等原始资料。此外，还要登记有关验收、启用、大修、内部转移、调出及报废清理等内容。固定资产在企业内部各使用部门之间转移时，应由固定资产管理部门填制必要的凭证，通知移交、接收的部门和财会部门，据此办理固定资产转移手续，并将固定资产卡片一并转移。固定资产发生增减变动时，应根据核签过的增减凭证，逐笔或汇总记入登记账内。固定资产卡片可由计算机生成后打印，固定资产卡片上可带有条形码，条形码用于固定资产的登记和账目核对，在计算机中建立固定资产的登记账。

（3）按财务规定计提固定资产折旧。汽车服务企业的固定资产折旧是指固定资产因磨损而转移到产品中去的那部分价值。固定资产折旧的计入范围为：房屋和建筑物，在用的维修设备、车辆测试仪器仪表。不计入折旧的固定资产包括：房屋建筑物以外的未使用、不需用的固定资产，以经营租赁方式租入的固定资产，以及已提足折旧费仍继续使用的固定资产等。

计入折旧的起止时间的计算方法如下：固定资产从投入使用开始，即发生价值损耗时，开始计入折旧，分摊资产的成本；固定资产报废或停止使用时，停止计入折旧。

（4）合理安排固定资产的修理。汽车服务企业的固定资产在使用过程中，会由于机械磨损、疲劳、化学腐蚀等发生损耗，但各个部件的磨损程度并不相同。为了保证其正常使用，并发挥应有的功能和维持良好的状态，工作人员必须经常对其进行维护和修理。

汽车服务企业的固定资产修理费一般可直接计入有关费用，但若修理费支出不均衡且数额较大，为了均衡企业的成本、费用负担，可采取分摊或预提的办法。

汽车服务企业的固定资产修理预提费为实际发生的修理支出冲减预提费用。当实际支出大于预提费用的差额时，可计入有关费用；小于预提费用的差额时，要冲减有关费用。

（5）科学地进行固定资产更新。汽车服务企业固定资产的更新是指对固定资产的整体补偿，也就是以新的固定资产来更换需要报废的固定资产。

汽车服务企业的固定资产更新有两种形式：一种是完全按原样进行更新，即按原来的技术基础、原来的规模、原来的结构和原来的用途进行更新；另一种是在先进技术基础上的更新，也就是使用先进的、效率更高的、性能更好的、能产生更大经济效益的设备，更新陈旧落后的设备，如引进先进的车辆故障诊断设备，不断提高企业的汽车服务水平。

为适应汽车工业的迅速发展及汽车服务业的技术进步，汽车服务企业要科学地进行固定资产更新，尤其要重视对检测设备的更新，加速汽车服务企业固定资本技术水平的提高，有重点、有步骤地进行固定资产更新，提高汽车服务水平。

作　业

1. 简述汽车服务企业财务管理的目标。
2. 简述汽车服务企业财务管理的内容。
3. 简述汽车服务企业成本费用管理的任务和汽车服务企业成本控制的方法。
4. 简述汽车服务企业的目标成本管理。
5. 汽车服务企业主要的筹资方式有哪些？
6. 汽车服务企业投资决策的方法有哪些？
7. 简述汽车服务企业税后利润分配的次序。
8. 汽车服务企业资产管理主要包括哪些任务和内容？
9. 简述汽车服务企业流动资产管理。
10. 查找文献，阅读一两篇介绍汽车服务企业财务管理的文献，介绍其主要内容。
11. 去汽车服务企业，调研该企业的财务管理，写一篇调研报告，并与同学交流。

第九章　汽车服务企业信息管理

汽车服务企业信息管理是在汽车服务企业信息方面的管理活动。企业信息化已成为汽车服务企业提升核心竞争力不可缺少的手段，信息管理是汽车服务企业重要的管理内容之一，直接影响企业的经营和发展。本章依次介绍汽车服务企业信息管理概述、典型的汽车服务企业信息系统、电子商务信息管理、资源计划和企业信息系统的运行与维护管理。

第一节　汽车服务企业信息管理概述

在汽车服务企业中，信息已与人、财、物等资源一样，成为企业的一种基本资源。忽视了对信息的管理，就不能提高服务效率，就难以保证汽车服务企业的竞争力，难以提供良好的服务，也就谈不上现代化管理。汽车服务企业管理离不开信息，信息在汽车服务企业管理的全过程中起着基础性的作用。

一、汽车服务企业的信息与信息系统

1. 汽车服务企业的信息

汽车服务企业的信息是指经过加工，能对企业的汽车服务经营、财务、物资与设备管理、人事管理、文化与形象管理等产生影响的数据、资料、消息、情报和知识等。

汽车服务企业的信息既包括企业内部的信息，也包括企业外部的信息。汽车服务企业内部的信息包括整车与配件等物资的库存信息，汽车维修的成本、利润、技术设备的信息，企业的人力资源情况，企业的服务技术资料、各种规章制度的信息；汽车服务企业外部的信息包括国家经济政策的信息，汽车服务市场需求和汽车服务后回访客户的信息，整车与配件销售供应、价格的信息，客户的姓名、电话、微信号、QQ 号、地址等个人信息。这些信息都是汽车服务企业开展正常汽车服务所需的信息，是企业的宝贵资源，为保证汽车服务企业正常开展经营，必须做好信息管理工作。

2. 汽车服务企业的信息系统

汽车服务企业信息系统是一个以人为主导，利用计算机硬件、软件、网络通信设备以及其他办公设备（手机、电话、传真机、打印机、扫描仪等），进行汽车服务企业管理、业务信息的收集、传输、加工、储存等集成化的人机系统。

3. 汽车服务企业信息系统的基本功能

（1）为汽车服务企业管理服务。汽车服务企业信息系统为汽车服务企业管理服务，可实现汽车服务企业所需信息的收集、存储、处理、传递、分析等管理，能对汽车消费者提供信息服务、发布汽车广告信息，实现汽车产品网上交易电子化、与整车制造商信息传递与共享网络化、汽车服务企业内部管理以及汽车物流控制信息化等。此外，通过网络，可检索到汽车服务企业的管理方法、先进的经营方法、管理制度、汽车新技术、人事信息等，这些能有力支持汽车服务企业的管理及发展，如将文献检索技术、汽车专业技术、计算机技术等应用于网络检索，可获得更多对汽车服务企业的管理及发展有用的信息。

（2）开展汽车服务企业电子商务。电子商务是信息系统在商务方面的应用，可实现企业对企业、企业对消费者、企业对政府、个人对政府的汽车服务经营，包括整车、汽车配件及汽车美容产品等的网上订购、销售、支付，可开展汽车服务企业的网络广告、网络联系活动，开设汽车服务企业的网上电子账户，进行汽车服务企业员工招聘等。

4. 汽车服务企业信息系统的主要特点

（1）在企业各部门的管理中全面使用计算机。企业的主要管理工作（如汽车服务计划、汽车服务市场预测、合同管理、设备管理、财务成本管理、物资管理、劳动人事管理等）都用计算机辅助，企业、公司最高层的决策也借助计算机提供信息。

（2）应用数据库技术和计算机网络。全面收集、组织与企业管理有关的数据，由数据库管理系统进行管理和控制，实现系统数据实时处理和资源共享。在信息系统中广泛应用计算机局域网络和远程网络（广域网），提高了信息系统处理信息和传递信息的能力，克服了地域的限制，可以跨越国界，为设在各地的汽车服务连锁企业提供信息服务。

二、汽车服务企业信息管理的基本任务和内容

1. 建立健全信息管理机构

建立信息管理机构，汽车服务企业领导要分工负责信息管理，并要根据企业规模，配备一定数量的专职信息管理人员。专职信息管理人员负责信息系统的建设、维护、更新、软件升级、员工使用信息系统培训等，保证信息系统的良好运转。

2. 建立健全信息管理制度

汽车服务企业应当根据国家的法律法规要求，以及行业主管部门的具体规定，建立健全信息管理制度，并监督执行，保证信息系统安全。

3. 建立健全信息系统

汽车服务企业要根据企业规模和业务量，建立健全信息系统，包括计算机硬件和软件，并及时升级软件，更换必要的硬件，保证信息系统的一定运行速度，有效收集、整理、传播、存储、共享信息，进行必要的系统日常运行维护及监督。

4. 指导使用信息系统

指导使用信息系统主要是信息管理人员指导、培训员工使用信息系统，解决信息系统使

用中的问题,帮助员工利用信息系统开拓汽车服务的业务,如发布新车信息、车辆网络销售。汽车服务企业的员工使用信息系统,首先要接受技术培训和考核,考核合格后才允许使用信息系统,做到先培训,后使用。

第二节　典型的汽车服务企业信息系统

汽车服务企业服务的类别和性质不同,企业信息系统的功能也不一样,不同信息系统软件开发公司所开发的汽车服务企业信息系统软件不完全一样,但同类汽车服务企业信息系统,如汽车品牌专营(4S)店信息系统、汽车维修企业信息系统,其信息系统的功能类似。汽车服务企业信息系统的功能多与经营有关,与企业的人事、办公等有关的信息管理可由计算机和通用办公自动化类的软件完成,也有的将企业的人事、办公等信息管理嵌入汽车服务企业信息系统中。本节介绍汽车服务企业不同类型的信息系统,它们的功能多与经营有关,并有部分功能类似或相同。

一、汽车品牌专营(4S)店信息系统

1. 4S店信息系统的结构

4S店是整车销售、维修服务、配件管理、信息反馈的一体化店,主要包含配件供应、维修等功能,所以4S店的信息系统必须能够实现这些功能。图9-1是一个典型4S店信息系统的结构图。从图中可以看出,这个4S店的信息系统可为4S店提供顾客管理、流程管理、决策支持、库存管理、维修管理、配件管理、财务管理、索赔管理、投诉管理、特别事务管理等全套管理功能,另有系统管理和系统数据初始化模块。

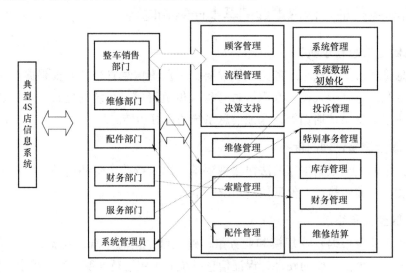

图9-1　典型4S店信息系统结构图

图9-2为4S店信息系统的网络结构图。该系统通过网络进行数据传输,数据交换机左边为企业内部信息管理和使用,数据交换机右边为企业外部信息源,通过数据库服务器和数据

交换机实现网络的内部数据共享和对外信息联系。

2. 4S店信息系统的模块功能说明

（1）系统初始化。系统初始化是对系统信息初始化，一般只在系统正式投入使用前进行，首先要用到一些基本信息，如车辆及配件供应商、客户、车辆及配件货品信息、维修项目、车型和表单格式等都要在这里设定。这些基本

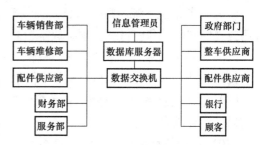

图9-2　4S店信息系统的网络结构图

资料是系统运行的基础，该模块数据的准确性将直接影响系统其他部分的数据准确性。因此，基本数据信息的收集、录入要力求准确无误，信息管理和使用员工要有良好的工作责任心和信息收集能力。系统正式使用前需要整理出以下主要基本信息：

1）往来单位（供应商、客户）基本信息。包括供货商、客户的基本信息，可以有选择地输入往来单位的编号、名称、联系人姓名、电话、微信号、QQ号、地址、负责人、开户银行、增值税号等。

2）商品基本信息。包括商品的名称、编号、规格型号、产地、价格、库存上下限等基本信息，在整理商品基本信息时应尽量将每一个商品的信息登记得详细一些，以便以后在使用过程中调用。

3）仓库基本信息。包括仓库的名称、编号、摘要等基本信息，在整理初期数据时应将企业的仓库区分清楚，可将不同类别的商品按仓库分类来管理。

4）部门职员档案。首先要建立内部人事档案，档案的内容同样可繁可简；另外，还要建立业务人员的档案，以便计算业务人员的业绩。

5）单据格式的设置。由于有关单据中会用到单头（如进仓单，销售单等），因此可在该模块建立各类单据模板。

6）基础码定义。在使用系统前或在使用系统过程中都可对代码进行设置，如部门代码的设置、人事职位代码的设置等。

（2）客户信息系统。客户信息系统包括个人客户管理和单位客户管理，管理内容包括客户姓名、手机、电话、微信号、QQ号、地址、性别、车辆品牌及特征、购车日期等。

（3）销售信息系统。销售信息系统提供整车及配件的前台销售、销售查询、智能卡查询、销售分析等，可随时查看系统的整车及配件的销售、车辆供应情况，在"销售情况"中可统计各类汇总数据，企业的销售情况一目了然。

（4）维修信息系统。维修信息系统包括车辆报修管理、维修报价管理、车辆检测管理和车辆维修管理。

（5）配件信息系统。配件信息系统包括配件价格管理、配件供应商管理、配件采购及退货管理、配件库存及出库管理。

（6）库存信息系统。库存信息系统是进、销、存业务的重要环节，系统提供报废、盘点、盘点结转、库存查询、过期货品查询等功能，以方便库存管理，如可随时查看系统的库存情况，在"库存情况"中可统计各类汇总数据等。

（7）财务信息系统。财务信息系统包括一般车财务结算管理和保险车财务结算管理，同时还应提供应收款和应付款管理、成本核算、会计审核、财务利润分析等。

（8）决策分析系统。决策分析系统为主管、经理等有决策权的领导提供了货品综合查询、销售统计、库存资金分析、畅销/滞销分析等功能，使企业管理者对营业情况一目了然。

（9）索赔信息系统。索赔信息系统包括索赔顾客个人信息、车辆信息、日期、理由、处理结果、顾客满意度等。

（10）投诉信息系统。投诉信息系统包括投诉顾客个人信息、车辆信息、日期、事件、原因、责任单位或责任人、处理结果、顾客满意度等。

（11）特别事务信息系统。特别事务信息系统包括对与政府或其他单位往来信件、申请书、合同、公文的管理。

二、汽车销售信息系统

1. 汽车销售信息系统的结构

汽车销售信息系统包括汽车销售机会管理、门店导购管理、试车管理、报价管理、订单管理和行动管理等销售管理子系统，入库管理、出库管理和盘点管理等仓库管理子系统，供应商管理、采购询价和采购订单等整车采购管理子系统。对于综合提供整车销售、养护和维修等服务的企业，可以集成选用汽车养护管理等其他系统，共同为企业的信息管理提供支持。图9-3为汽车销售信息系统结构及业务流程图。

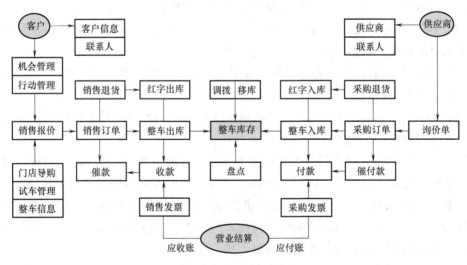

图9-3 汽车销售信息系统结构及业务流程图

2. 汽车销售信息系统的模块功能说明

（1）整车销售信息系统模块。整车销售信息系统模块是为满足直接销售管理需要而开发的系统。它以商机管理为核心，以完整的销售过程管理为主线，以提高销售成功率和工作效率为目标，是汽车销售企业销售管理的重要管理工具。

整车销售信息系统的子系统模块主要包括机会管理、门店导购管理、试车管理、单位客户管理、个人联系人管理、行动管理、日历管理、报价单管理、销售订单管理、整车信息管理、车辆价格管理、简报管理和信函管理等。

1）机会管理。机会是指可能为企业带来销售或利润增长的项目。在以客户关系管理为中心的商业模式中，"机会"是整个销售管理的发源地和发动机，是财富来源的管道入口。在机会管理子系统中，可以录入通过门店访客和推销人员上门销售收集到的机会信息，管理机会的销售阶段、可能性、销售额和销售状态，便捷地对处于不同销售周期、阶段销售机会的关键信息进行输入、更新、查看。

2）门店导购管理。即提供车辆浏览器，车辆信息可以按厂家、车型和品牌进行分类，以图标的形式提供车辆信息导航；快速查询车辆的各项指标信息；将客户有选择意向的车型加入到"机会"车辆清单中。

3）试车管理。即登记管理客户的试车信息，管理试车时间、车型和评价等信息，可以建立试车信息和机会信息的关联。

4）单位客户管理。即管理与企业发生各种关系的单位信息，这些单位包括公司、政府部门或其他组织机构。

5）个人联系人管理。联系人指企业生态链中各种单位的人员。在销售过程中，扮演各种角色的联系人是企业营销攻关的主要对象。联系人管理子系统提供了联系人的全方位信息，包括姓名、手机、电话、微信号、QQ 号、地址、性别等，可以根据这些信息，采用针对性强的联系接触方式。

6）行动管理。即在维护客户关系、进行机会跟踪以及开展其他各种业务活动时所发生的各种行为。每一种行动都是一项任务，众多行动的叠加，促成了销售的成功。行动可以是系统使用者自己安排的任务，也可能是同事指派或委派的工作任务。日历管理子系统还可与行动管理子系统相结合，如有需要，还可以把任务添加到"日历"中。

7）日历管理。即将开会、业务洽谈、出差等与日期有关的事务集成到日历表中，形成电子日历记事簿，帮助管理各种与日期有关的事务。在日历记事管理中，上级可以查看下级的日历记事簿，使用者也可将自己的日历形成电子日历记事簿实现共享。

8）报价管理。报价是销售过程中的重要工作内容之一。杜绝不一致的报价，快捷地制订报价单、方便地查看报价历史是企业的基本要求。报价管理子系统支持多种灵活、便捷的报价手段，可以从机会的信息中快速制订报价，也可以从历史报价中产生新的报价，这样在处理价目单及条款时，可以节省大量的时间。

9）销售订单是指企业与客户之间的交易合同。销售订单管理子系统帮助管理订单拟定、订单签订、订单执行和订单归档的全过程，允许灵活与快捷地制订产品价格清单、有关条款及付款约定。订单的状态帮助识别和控制新建、审核、生效、执行完毕和到期等里程碑，通过生效合同的付款约定，进行销售收款预测统计。

10）整车信息管理。在整车信息管理子系统中，定义了不同的车辆类型，还可以对每种车辆的规格、配置、色彩等关键特性和缺陷等进行说明。整车信息管理由专门人员进行输入、修改与维护。整车信息将用于门店导购、试车、制订报价单和合同。

11）车辆价格管理。即帮助制订汽车销售价格的子系统。可以在这个子系统中为不同的市场定位，为不同的区域市场、不同的销售策略制订产品的目录价格和折扣等，并将这些价格政策指定给适当的销售人员。车辆价格管理由专门人员进行输入、修改与维护，价格将用于制订报价单、合同等。

12）简报管理。即为机会、单位、联系人、报价单和销售订单等对象提供更多信息采集工具。简报项目一般由应用管理人员预先定义，然后由具体业务人员根据这些预先设置的项目，采集相应的信息。例如，系统应用管理员预先设置了针对汽车服务机会的"预算""实施周期"等简报项目，就可以在机会简报中采集这些信息。

13）信函管理。即可以事先建立一些经常用于 E-mail 促销、微信促销、QQ 促销、传真促销、收信人信封、会议通知函、节日问候函等通用标准格式文档（信函模板），随时可以发送 E-mail、微信、QQ 和传真给大量的或某个指定收件人，或者同时打印信件给大量的或某个指定收件人（注意：不要引起接收信息人的不满）。系统还提供邮签打印功能，方便批量、快速输出邮签；支持将市场资料以信函附件的形式发送给收件人，为开展直邮服务提供极大便利。

（2）车辆采购信息系统模块。车辆采购信息系统模块包括供应商管理、询价单管理、采购订单管理、到货单管理和采购退货管理等模块。

1）供应商管理。即管理供应商的联系方式、行业、性质、经营范围、效益情况和企业规模等基本信息，管理与供应商相关的联系人信息，包括联系人的姓名、职权范围、学历、喜好和联系方式（手机、电话、微信号、QQ 号、地址等）等基本信息；关于与供应商相关的采购订单以及其他业务往来信息。

2）询价单管理。即询价单主单和明细的录入、维护和查询管理。

3）采购订单管理。即采购订单的签订、变更、执行跟踪和查询。采购订单主单和明细的输入、维护和查询管理，可以自动合成采购订单文本，支持采购订单的审核管理等，并管理与采购订单相关的到货单等相关业务记录信息。

4）到货单管理。即到货单主单和明细的录入、维护和查询管理。仓库部门可以根据到货单填写车辆采购入库单。

5）采购退货管理。即采购退货单主单和明细的录入、维护和查询管理。

（3）整车仓库信息系统模块。整车仓库信息系统模块主要包括车辆入库管理、车辆红字入库管理、车辆出库管理、车辆红字出库管理、车辆移库管理、车辆调拨管理和车辆盘点管理。

1）车辆入库管理。即根据到货单填写车辆入库单，或者直接填写入库单，其中包括管理制单人、入库日期、入库车辆明细、入库单价和仓库管理员等基本信息。

2）车辆红字入库管理。即根据红字到货单填写车辆红字出库单，或者直接填写红字入库单，其中包括管理制单人、入库日期、入库车辆明细、入库单价和仓库管理员等基本信息。在企业财务管理中，正常记账使用黑色墨水，特殊记账使用红色墨水。下列情况，可以用红色墨水记账：①按照红字冲账的记账凭证，冲销错误记录；②在不设借贷等栏的多栏式账页中，登记减少数；③在三栏式账户的余额栏前，如未印明余额方向的，在余额栏内登记负数余额；④根据国家统一会计制度的规定可以用红字登记的其他会计记录。在这几种情况下使用红色墨水记账是会计工作中的惯例，系统中已进行了设置。此外，在"应交税金——应交增值税"明细账户中部分设置红色墨水登记。在"进项税额"专栏中用红字登记退回所购货物应冲销的进项税额；在"已交税金"专栏中用红字登记退回多交的增值税额；在"销项税额"专栏中用红字登记退回销售货物应冲销的销项税额，以及在"出口退税"专栏中用红字登记出口货物办理退税后发生退货或者退关而补交已退的税款。

3）车辆出库管理。即根据发货单填写车辆出库单，或者直接填写出库单，其中包括管理制单人、出库日期、出库车辆明细、出库单价和仓库管理员等基本信息。

4）车辆红字出库管理。即根据红字发货单填写车辆红字出库单，或者直接填写红字出库单，其中包括管理制单人、出库日期、出库车辆明细、出库单价和仓库管理员等基本信息。

5）车辆移库管理。即将车辆从企业的一个仓库移到另一个仓库，移库一般由仓库管理员进行作业，车辆移库要填写车辆移库单，其中包括管理移库日期、移库人、车辆明细、移出仓库和移入仓库等基本信息。

6）车辆调拨管理。即将车辆从企业的一个相对独立核算的仓库移到另一个相对独立核算的仓库，车辆调出仓库一般应填写车辆调拨单，车辆调入仓库一般应填写车辆入库单，其中包括管理车辆调拨日期、调拨人、车辆明细、调出仓库和调入仓库等基本信息。

7）车辆盘点管理。即按时间周期、按车辆种类不定期盘点车辆仓库，形成盘点单。

（4）应收应付信息系统模块。应收信息系统模块主要包括销售发票管理、收款管理、应收款核销管理和催收款管理等信息系统模块；应付信息系统模块主要包括采购发票管理、付款管理、应付款核销管理和催付款管理等信息系统模块。

1）销售发票管理。即对销售发票主单和明细的录入、维护和查询的管理。由销售发票自动产生应收账款，计入客户的应收款账户的借方，现结销售订单也计入客户的应收款账户的借方，在执行现结操作时，系统自动核销该应收款。

2）收款管理。即将客户的每一笔付款登记到客户的账户中，作为预收款，增加客户账户的贷方余额。如果是现结销售，在销售订单管理中支持现结收款，现结销售的收款系统自动核销客户的相应应收款，现结销售现结款应等于销售订单的总额。

3）应收款核销管理。即对于非现结销售，系统支持以手工的形式，将客户账户中的贷方余额核销到每一笔销售订单中，冲抵客户的应收款。

4）催收款管理。即系统自动产生催收款记录，销售人员可以根据实际情况，决定是否对客户实施催收款。

5）采购发票管理。即对采购发票主单和明细的录入、维护和查询的管理。由采购发票自动产生应付账款，计入供应商的应付款账户的贷方，现结采购订单也计入供应商的应付款账户的贷方，在执行现结操作时，系统自动核销该应付款。

6）付款管理。即将支付给供应商的每一笔付款登记到供应商的账户中，作为预付款，增加供应商账户的借方余额。如果是现结销售，在采购订单管理中支持现结付款，现结采购的付款系统自动核销客户的相应应付款，现结采购现结款应等于采购订单的总额。

7）应付款核销管理。即对于非现结采购，系统支持以手工的形式，将供应商账户中的借方余额核销到每一笔采购订单中，冲抵供应商的应付款。

8）催付款管理。即系统自动产生催付款记录，采购人员可以根据实际情况，决定是否对供应商实施催付款。

(5) 查询图表统计模块：

1) 查询管理。即系统提供极其灵活的通用查询功能，满足用户的各种查询需求。用户可以输入各种条件进行综合查询；系统提供查询保存功能，用户可以预先定义各种常用的查询，保存在查询窗口中，以后只要从窗口中选择执行该查询，就可以得到查询结果；系统提供默认查询定义功能，用户可以针对任何一个子系统定义默认查询，这样用户启动系统进入相应子系统时，系统自动推出相应的数据集。例如，在机会管理子系统，输入时间区间，就可以查询该时间区间的机会记录；在机会子系统，将"新机会"定义为默认查询，用户进入机会子系统时，用户就可以看到所有的新机会。

2) 图表管理。即系统提供了一系列常用分析图表，结合查询功能，用户可以获得在各种查询条件下的图表。例如，在销售订单子系统，用户可以首先执行"2021年7—12月，别克、奇瑞"查询，获得相应的记录数据集，进而图表管理中就可以得到2021年7—12月别克、奇瑞汽车的销售图表。

3) 统计管理。即系统提供了一系列常用分析统计报表，结合查询功能，用户可以获得在各种查询条件下的报表。例如，在销售订单子系统，用户可以首先执行"2021年7—12月，别克、奇瑞"查询，获得相应的记录数据集，进而报表管理中就可以得到2021年7—12月的别克、奇瑞汽车的销售统计报表。

(6) 系统管理模块。系统管理包括组织和机构信息管理、用户、角色和授权管理、参数管理和基础信息管理等。

1) 组织和机构信息管理。即设置企业的基本信息，营业中心信息管理，营业网点信息管理，支持网点的撤并管理。

2) 用户、角色和授权管理。即定义系统的用户及将角色授权给用户，显示查看指定用户所有的业务权限。用户的业务权限是授权给该用户角色的业务权限的集合，显示查看指定用户的所有子系统及栏目视图。用户的子系统及栏目视图是授权给该用户角色的子系统及栏目视图的集合，支持用户的多个角色。多角色用户的业务权限是其所具有的所有角色的业务权限的集合。

3) 参数管理。即管理用户可以自行定义参数值的地址参数和各种枚举参数。地址参数可以定义到县区；枚举参数包括配件类型、行业、结算方式和付款方式等。

4) 基础信息管理。即货位管理、仓库档案管理、安全库存定义、计量单位和换算定义、货币信息和汇率换算定义等。

三、汽车维修信息系统

1. 汽车维修信息系统的结构

汽车维修信息系统一般包括维修业务受理系统、维修派单系统、维修配件领料系统、维修车间管理系统、维修工绩效管理系统、维修结算系统和工具管理系统等。汽车修理服务主要是处理客户上门服务的业务，汽车施救业务纳入到汽车养护管理系统中，汽车配件管理业务纳入到汽配管理系统中。三者组合使用，可以形成满足从事多种汽车服务业务企业需求的信息系统。汽车维修企业信息系统及业务流程见图 9-4。

2. 汽车维修信息系统的模块功能说明

（1）客户、车辆和驾驶人信息系统模块：

1）个人客户管理。即个人散客和个人会员客户的基本信息管理，包括个人客户的联系人信息管理、个人客户的驾驶人信息管理、个人客户的车辆信息管理及个人客户的会员卡管理。

2）团体客户管理。即团体散客和团体会员客户的基本信息管理，包括团体客户的联系人信息管理、团体客户的驾驶人信息管理、团体客户的车辆信息管理及团体客户的会员卡管理。

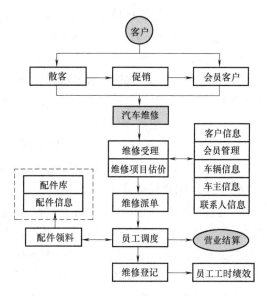

图 9-4 汽车维修企业信息系统及业务流程

3）联系人管理。即个人散客和个人会员客户的联系人的基本信息管理，包括个人散客和团体会员客户的联系人基本信息管理及联系人相关会员卡管理。

4）车辆管理。即个人和团体散客、个人和团体会员车辆的基本信息管理（品牌、车牌号、色彩、排量等），包括会员车辆相关会员卡管理、车辆相关驾驶人信息管理及会员车辆维修信息管理。

5）驾驶人管理。即个人和团体散客、个人和团体会员驾驶人的基本信息管理以及驾驶人相关车辆信息管理。

（2）会员信息系统模块：

1）客户入会管理。即个人客户和团体客户办卡管理、会员卡基本信息管理、会员卡相关联系人信息管理、会员卡相关车辆信息管理、会员卡相关驾驶人信息管理、会员卡补卡换卡管理、会员卡续卡管理。

2）会员卡管理。即会员卡包含的维修项目管理和收费标准管理。

3）会员卡消费管理。即与会员卡相关的车辆维修信息管理。

（3）维修受理信息系统模块：

维修受理管理。即维修受理流水号、车牌号、车辆识别码、受理日期、受理中心和作业中心等基本信息管理，以及维修项目登记管理。在维修受理过程中，可以自动关联相关会员卡信息（如果是会员）、车辆信息（如果系统中已经有记录）、相关维修服务历史及可用余额信息（如果是会员）。

（4）维修作业信息系统模块：

1）维修工单管理。即维修受理的派单管理，维修受理号、作业人员、作业中心和开单人等工单基本信息管理，维修项目估价管理。

2）维修配件领料单管理。即领维修配件的维修工单号、领料日期、领料人、配件明细等信息管理。必须凭领料单到配件仓库领取维修配件。

3）维修配件红字领料单管理。即退回维修配件的维修工单号、领料日期、领料人、配件明细等信息管理。必须凭红字领料单将维修配件退回仓库。

4）维修作业人员管理。即维修作业员工工号、联系电话、微信号、QQ号、身份证号、所属营业中心等基本信息管理，维修作业记录管理，工时计算和绩效管理。

（5）营业结算信息系统模块：

1）会员费结算管理。即会员维修费开票管理、收款管理。

2）维修费结算管理。即非会员维修费开票管理、收款管理。

（6）查询图表统计模块：

1）查询管理。即系统提供极其灵活的通用查询功能，满足用户各种查询需求，用户可以输入各种条件进行综合查询；系统提供查询保存功能，用户可以预先定义各种常用的查询，保存在查询窗口中，以后只要从窗口中选择执行该查询，就可以得到查询结果；系统提供默认查询定义功能，用户可以针对任何一个子系统定义默认查询，这样用户启动系统进入相应子系统时，系统便会自动推出相应的数据集。

2）图表管理。即系统提供了一系列常用分析图表，结合查询功能，用户可以获得各种查询条件下的图表。

3）统计管理。即系统提供了一系列常用分析统计报表，结合查询功能，用户可以获得各种查询条件下的报表。

（7）系统管理模块。系统管理模块包括组织和机构信息管理、用户、角色和授权管理、维修项目管理、会员卡类别管理和参数管理等模块。

1）组织和机构信息管理。即设置企业的基本信息，营业中心组织信息管理，营业网点组织信息管理，支持网点的撤并管理。

2）用户、角色和授权管理。即定义系统的用户及将角色授权给用户，显示查看指定用户所有的业务权限。用户的业务权限是授权给该用户角色的业务权限的集合，显示查看指定用户的所有子系统及栏目视图。用户的子系统及栏目视图是授权给该用户角色的子系统及栏目视图的集合，支持用户的多个角色。多角色用户的业务权限是其所具有的所有角色的业务权限的集合。

3）维修项目管理。即故障项目、维修项目与工时和收费标准等。

4）会员卡类别管理。即管理各种卡的入会费、年费和有效期等信息，支持金卡和银卡。

5）参数管理。即管理用户可以自行定义参数值的地址参数和各种枚举参数。地址参数可以定义到县区；枚举参数包括职务、行业、燃油种类、维修类型、费用类型、工时分类、工时定义、配件分类、工种分类、工位信息、结算参数、付款方式、汽车类型、汽车颜色、车主分类等。

四、汽车养护信息系统

1. 汽车养护信息系统的结构

汽车养护管理一般包括个人和团体客户管理系统、车辆和驾驶人管理系统、会员管理系统、保险和年检等代理业务管理系统、救援服务管理系统、美容服务管理系统和营业结算管理系统等。

汽车维修服务业务被纳入汽车养护管理系统中，汽车配件管理业务被纳入汽配管理系统中。汽车养护管理系统可以和汽车维修管理系统、汽车配件管理系统一起，组成多业务汽车服务企业管理系统。汽车养护信息系统结构及业务流程见图9-5。

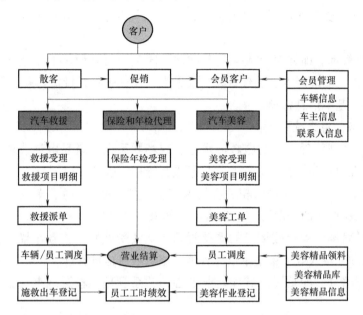

图9-5　汽车养护信息系统结构及业务流程

2. 汽车养护信息系统的模块功能说明

（1）客户、车辆和驾驶人信息系统模块：

1）个人客户管理。即个人散客和个人会员客户的基本信息管理、个人客户的联系人管理、个人客户的驾驶人管理、个人客户的车辆管理、个人客户的会员卡管理。

2）团体客户管理。即团体散客和团体会员客户的基本信息管理、团体客户的联系人管理、团体客户的驾驶人管理、团体客户的车辆管理、团体客户的会员卡管理。

3）联系人管理。即个人散客和个人会员客户的联系人基本信息管理、团体散客和团体会员客户的联系人基本信息管理、联系人相关会员卡管理。

4）车辆管理。即个人和团体散客、个人和团体会员车辆基本信息管理，会员车辆相关会员卡管理，车辆相关驾驶人管理，会员车辆年检信息、美容信息、保险信息和救援信息管理。

5）驾驶人管理。即个人和团体散客、个人和团体会员驾驶人的基本信息管理，驾驶人相关车辆管理。

（2）会员信息系统模块：

1）客户入会管理。即个人客户和团体客户办卡管理、会员卡基本信息管理、会员卡相关联系人管理、会员卡相关车辆管理、会员卡相关驾驶人管理、会员卡补卡换卡管理、会员卡续卡管理。

2) 会员卡管理。即会员卡包含的服务项目管理和收费标准管理。

3) 会员持卡消费管理。即与会员卡相关的车辆年检信息、保险信息、美容信息和救援信息管理。

(3) 代理业务信息系统模块:

1) 车辆年检管理。即针对个人会员和散客、团队会员和散客的车辆代理年检服务,以及代理年检受理人、受理网点、受理日期、代办人、代办中心、年检日期、年检费和代理费等基本信息管理。

2) 车辆保险管理。即针对个人会员和散客、团队会员和散客的车辆代理保险服务,以及代理保险受理人、受理网点、受理日期、代办人、代办中心、投保日期、保险公司、保费、保单号和代理费等基本信息管理。

(4) 救援服务信息系统模块:

1) 施救请求受理管理。即对施救流水号、现场联系人、联系电话、求助原因、环境特征、车牌号、受理中心和施救中心等基本信息进行管理,登记救援项目,自动计算救援里程。在救援受理过程中,可以自动关联相关会员卡信息(如果是会员)、车辆信息(如果系统中已经有记录)、相关服务历史及可用余额信息(如果是会员)。

2) 救援工单管理。即救援请求的派单管理,施救受理号、施救车辆、施救人员、施救中心、施救线路和开单人等工单基本信息管理,施救项目估价管理。

3) 救援区域管理。即救援区域和营业中心的关系管理、救援地点与救援中心的线路距离计算管理。

4) 救援人员管理。即救援员工工号、联系电话、微信号、QQ 号、身份证号、所属营业中心等基本信息管理,救援人员的出车记录管理、工时计算和绩效管理。

5) 施救车辆管理。即施救车辆的类型、车牌号、用途、状态和所属营业中心等基本信息管理,出车记录信息管理。

(5) 汽车美容服务信息系统模块:

1) 美容受理管理。即美容受理流水号、车牌号、受理日期、受理中心和作业中心等基本信息管理,美容项目登记管理。在美容受理过程中,可以自动关联相关会员卡信息(如果是会员)、车辆信息(如果系统中已经有记录)、相关服务历史及可用余额信息(如果是会员)。

2) 美容工单管理。即美容受理的派单管理,美容受理号、作业人员、作业中心和开单人等工单基本信息管理,美容项目估价管理。

3) 美容精品领料单管理。即美容领料的美容工单号、领料日期、领料人、精品明细等信息管理。凭领料单到精品仓库领取美容精品。

4) 美容精品红字领料单管理。即美容退料的美容工单号、领料日期、领料人、精品明细等信息管理。凭红字领料单将美容精品退回仓库。

5) 美容作业人员管理。即美容作业员工工号、联系电话、微信号、QQ 号、身份证号、所属营业中心等基本信息管理,美容作业记录管理、工时计算和绩效管理。

6) 美容精品入库管理。即根据到货单填写美容精品入库单,或者直接填写入库单,管理制单人、入库日期、入库精品明细、入库单价和仓库管理员等基本信息。

7）美容精品红字入库管理。即根据红字到货单填写美容精品红字出库单，或者直接填写红字入库单，管理制单人、入库日期、入库精品明细、入库单价和仓库管理员等基本信息。

8）美容精品出库管理。即根据领料单填写美容精品出库单，或者根据盘点单填写盘盈入库单，或者直接填写出库单，管理制单人、出库日期、出库精品明细、出库单价和仓库管理员等基本信息。

9）美容精品红字出库管理。即根据红字领料单填写美容精品红字出库单，或者根据盘点单填写盘亏红字入库单，或者直接填写红字出库单，管理制单人、出库日期、出库精品明细、出库单价和仓管员等基本信息。

10）美容精品移库管理。即将美容精品从企业的一个仓库移到另一个仓库，移库一般由仓管员进行作业，管理移库日期、移库人、精品明细、移出仓库和移入仓库等信息。

11）美容精品调拨管理。即将美容精品从企业的一个相对独立核算的仓库移到另一个相对独立核算的仓库，调出仓库一般应填写调拨单，调入仓库一般应填写入库单，管理调拨日期、调拨人、精品明细、调出仓库和调入仓库等信息。

12）美容精品盘点管理。即按时间周期、按精品种类不定期盘点精品仓库，形成盘点单，对盘盈、盘亏进行处理。

（6）营业结算信息系统模块：

1）会员费结算管理，即会员费开票管理、收款管理。

2）车检费结算管理，即车检费开票管理、收款管理。

3）保险费结算管理，即保险费开票管理、收款管理。

4）救援费结算管理，即救援费开票管理、收款管理。

5）美容费结算管理，即美容费开票管理、收款管理。

（7）查询图表统计模块：

1）查询管理。即系统提供极其灵活的通用查询功能，以满足用户的各种查询需求。用户可以输入各种条件进行综合查询；系统提供默认保存功能，用户可以预先定义各种常用的查询，保存在查询窗口中，以后只要从窗口中选择执行该查询，就可以得到查询结果；系统提供默认查询定义功能，用户可以针对任何一个子系统定义默认查询，这样用户启动系统进入相应子系统时，系统自动推出相应的数据集。例如，在美容受理子系统中，输入"淮安市"，就可以查询淮安市的所有美容受理记录；在救援受理子系统中，将"未派单的救援受理单"定义为默认查询，用户进入救援受理子系统时，就可以看到所有的没有派单的救援受理单记录。

2）图表管理。即系统提供了一系列常用分析图表，结合查询功能，用户可以获得在各种查询条件下的图表。例如，在施救工单子系统，执行"2021 年 7—12 月，已完成的施救工单"查询，就会获得相应的记录数据集，图表管理中就可以得到 2021 年 7—12 月所有已完成的施救工单图表。

3）统计管理。即系统提供了一系列常用分析统计报表，结合查询功能，用户可以获得在各种查询条件下的报表。例如，在销售订单子系统，执行"2021 年 7—12 月，已完成的施救工单"查询，就会获得相应的记录数据集，报表管理中就可以得到 2021 年 7—12 月的所有已完成的施救工单统计报表。

（8）系统管理模块。系统管理包括组织和机构信息管理，用户、角色和授权管理，服务项目管理，会员卡类别管理和参数管理等。

1）组织和机构信息管理。即设置企业的基本信息、营业中心信息管理、营业网点信息管理、支持网点的撤并管理。

2）用户、角色和授权管理。即定义系统的用户及将角色授权给用户，显示查看用户所有的业务权限。用户的业务权限是授权给该用户角色的业务权限的集合，显示查看用户的所有子系统及栏目视图，支持用户的多个角色。多角色用户的业务权限是其所具有的所有角色的业务权限的集合。

3）服务项目管理。即支持美容服务、救援服务、保险代理和年检代理服务几种服务类别。美容服务包括发动机清洗、车内美容、全车打蜡、全车抛光和香波洗车等；救援服务包括施救和拖车；保险服务包括保险理赔和代办保险；年检代理服务包括代办年检等。

4）会员卡类别管理。即管理各种卡的入会费、年费和有效期等信息，包括对金卡、银卡和其他卡的管理。

5）参数管理。即管理用户可以自行定义参数值的地址参数和各种枚举参数。地址参数可以定义到县区；枚举参数包括职务、证件类型、车牌类型、行业、燃油种类和车型等。

五、汽车配件经营信息系统

1. 汽车配件经营信息系统的结构

汽车配件经营信息系统是针对各汽配经销店日常汽车配件的进出、产品的购销、账款的结算等业务而专门开发的，是针对汽配产品繁杂，手工记账复杂，不易于统计、分类等现实情况所开发的计算机信息系统。汽车配件经营信息系统结构及业务流程见图9-6。

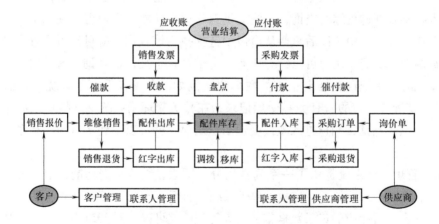

图9-6　汽车配件经营信息系统结构及业务流程

2. 汽车配件经营信息系统的模块功能说明

汽车配件经营信息系统一般包括以下子系统：

（1）配件销售信息系统模块。配件销售信息系统包括客户管理、配件价格管理、配件报价管理、销售订单管理、发货管理和销售退货管理等模块。

1）客户管理。即管理客户联系、行业、性质、经营范围、效益情况和企业规模等基本信息；管理与客户相关的联系人信息，包括联系人的姓名、职权范围、学历、喜好和联系方式等基本信息；管理与客户相关的销售订单以及其他业务往来信息。

2）配件价格管理。即管理配件的价格，可以根据需要管理零售价、批发价、代理价和分销价等，还可以根据市场区域、市场定位和市场策略等需要，管理不同的价格政策。

3）配件报价管理。即针对客户的报价管理报价单主单和明细的输入、维护和查询，可以自动合成报价单文本，支持报价单的审核管理等。

4）销售订单管理。即针对客户的销售订单管理，订单主单和明细的输入、维护和查询管理，可以自动合成销售订单文本，支持销售订单的审核管理等。管理与销售订单相关的发货单等相关业务记录信息。

5）发货管理。即针对具体销售订单的发货管理，发货单主单和明细的输入、维护和查询管理，支持发货单的审核管理。仓库部门可以根据发货单填写出库单，进行配件出库管理。

6）销售退货管理。即管理客户的销售退货，销售退货单的输入、维护和查询管理。仓库部门可以根据退货单填写红字出库单，进行配件退库管理。

（2）配件采购信息系统模块。配件采购信息系统包括供应商管理、询价单管理、采购订单管理、到货单管理和采购退货管理等模块。

1）供应商管理。即管理供应商的联系、行业、性质、经营范围、效益情况和企业规模等基本信息；管理与供应商相关的联系人信息，包括联系人的姓名、职权范围、学历、喜好和联系方式等基本信息；管理与供应商相关的采购订单以及其他业务往来信息。

2）询价单管理。即询价单主单和明细的录入、维护和查询管理。

3）采购订单管理。即采购订单的签订、变更、执行跟踪和查询管理；采购订单主单和明细的输入、维护和查询管理，可以自动合成采购订单文本，支持采购订单的审核管理；与采购订单相关的到货单等相关业务记录信息管理。

4）到货单管理。即到货单主单和明细的录入、维护和查询管理。仓库部门可以根据到货单填写配件采购入库单。

5）采购退货管理。即采购退货单主单和明细的录入、维护和查询管理。

（3）配件仓库信息系统模块。配件仓库信息系统包括配件入库管理、配件红字入库管理、配件出库管理、配件红字出库管理、配件移库管理、配件调拨管理、配件盘点管理模块。

1）配件入库管理。即根据到货单填写配件入库单，或者直接填写入库单，管理制单人、入库日期、入库配件明细、入库单价和仓库管理员等基本信息。

2）配件红字入库管理。即根据红字到货单填写配件红字入库单，或者直接填写红字入库单，其中包括管理制单人、入库日期、入库配件明细、入库单价和仓库管理员等基本信息。

3）配件出库管理。即根据维修领料单、销售发货单填写配件出库单，或者根据盘点单填写盘盈入库单，或者直接填写出库单，管理制单人、出库日期、出库配件明细、出库单价和仓库管理员等基本信息。

4）配件红字出库管理。即根据红字领料单、销售退货单填写配件红字出库单，或者根据盘点单填写盘亏红字入库单，或者直接填写红字出库单，管理制单人、出库日期、出库配件明细、出库单价和仓库管理员等基本信息。

5）配件移库管理。即将配件从企业的一个仓库移到另一个仓库，移库一般由仓库管理员进行作业，管理移库日期、移库人、配件明细、移出仓库和移入仓库等信息。

6）配件调拨管理。即将配件从企业的一个相对独立核算的仓库移到另一个相对独立核算的仓库，调出仓库一般应填写调拨单，调入仓库一般应填写入库单，管理调拨日期、调拨人、配件明细、调出仓库和调入仓库等信息。

7）配件盘点管理。即按时间周期、按配件种类不定期盘点配件仓库，形成盘点单，对盘盈、盘亏结果进行处理。

（4）应收应付信息系统模块。应收系统主要包括销售发票管理、收款管理、应收款核销管理和催收款管理等；应付信息系统主要包括采购发票管理、付款管理、应付款核销管理和催付款管理等模块。

1）销售发票管理。即销售发票主单和明细的录入、维护和查询管理。由销售发票自动产生应收账款，计入客户的应收款账户的借方，现结销售订单也计入客户的应收款账户借方，在执行现结操作时，系统自动核销该应收款。

2）收款管理。即将客户的每一笔付款登记到客户的账户中，作为预收款，增加客户账户的贷方余额。如果是现结销售，在销售订单管理中支持现结收款，现结销售的收款系统自动核销客户的相应应收款，现结销售现结款应等于销售订单的总额。

3）应收款核销管理。即对于非现结销售，系统支持以手工的形式，将客户账户中的贷方余额核销到每一笔销售订单中，冲抵客户的应收款。

4）催收款管理。即系统自动产生催收款记录，销售人员可以根据实际情况，决定是否对客户实施催收款。

5）采购发票管理。即采购发票主单和明细的录入、维护和查询管理。由采购发票自动产生应付账款，计入供应商的应付款账户的贷方，现结采购订单也计入供应商的应付款账户的贷方，在执行现结操作时，系统自动核销该应付款。

6）付款管理。即将支付给供应商的每一笔付款登记到供应商的账户中，作为预付款，增加供应商账户的借方余额。如果是现结销售，在采购订单管理中支持现结付款，现结采购的付款系统自动核销客户的相应应付款，现结采购现结款应等于采购订单的总额。

7）应付款核销管理。即对于非现结采购，系统支持以手工的形式，将供应商账户中的借方余额核销到每一笔采购订单中，冲抵供应商的应付款。

8）催付款管理。即系统自动产生催付款记录，采购人员可以根据实际情况，决定是否对供应商实施催付款。

（5）查询图表统计模块：

1）查询管理。即系统提供极其灵活的通用查询功能，以满足用户的各种查询需求。用户可以输入各种条件进行综合查询；系统提供查询保存功能，用户可以预先定义各种常用的查询，保存在查询窗口中，以后只要从窗口中选择执行该查询，就可以得到查询结果；系统提供缺省默认定义功能，用户可以针对任何一个子系统定义默认查询，这样用户启动系统进入相应子系统时，系统自动推出相应的数据集。例如，在入库子系统，输入时间区间，可以查询该时间区间的入库记录；如在配件销售订单子系统，将"江苏省的销售订单"定义为默认查询，用户进入该子系统时，用户就可以看到所有在江苏省内的配件销售订单。

2）图表管理。即系统提供了一系列常用分析图表，结合查询功能，用户可以获得在各种查询条件下的图表。例如，在配件销售订单子系统，执行"2021 年 7—12 月，轮胎"查询，就会获得相应的记录数据集，图表管理中就可以得到 2021 年 7—12 月的轮胎销售图表。

3）统计管理。即系统提供了一系列常用分析统计报表，结合查询功能，用户可以获得在各种查询条件下的报表。例如，在配件销售订单子系统，执行"2021 年 7—12 月，轮胎"查询，就会获得相应的记录数据集，报表管理中就可以得到 2021 年 7—12 月的轮胎销售统计报表。

（6）系统管理模块。系统管理包括组织和机构信息管理，用户、角色和授权管理，参数管理和基础信息管理等。

1）组织和机构信息管理。即设置企业的基本信息、营业中心信息管理、营业网点信息管理、支持网点的撤并管理。

2）用户、角色和授权管理。即定义系统的用户及将角色授权给用户，显示查看指定用户所有的业务权限。用户的业务权限是授权给该用户角色的业务权限的集合，显示查看指定用户的所有子系统及栏目视图。用户的子系统及栏目视图是授权给该用户角色的子系统及栏目视图的集合，支持用户的多个角色。多角色用户的业务权限是其所具有的所有角色的业务权限的集合。

3）参数管理。用户可以自行定义参数值的地址参数和各种枚举参数。地址参数可以定义到县区；枚举参数包括配件类型、行业、结算方式和付款方式等。

4）基础信息管理。包括货位管理、仓库档案管理、安全库存定义、计量单位和换算定义、货币信息和汇率换算定义等。

（7）进出口信息系统模块。如果企业业务还涉及整车、汽车配件及汽车美容产品等进出口，则还可以在系统中加入进出口管理功能，它包括监管货物及进出口通关管理、保税货物申报管理、进出口申报管理。

1）监管货物及进出口通关管理。监管货物及进出口通关管理主要用于海运进口、海运出口、空运进口、空运出口、海运进口分拨和监管货物手册结转等业务过程中，以加强场站与海关监管部门、申报单位的联系，使三方面能更好地相互配合，管理与控制好相关货物和集装箱的进出口业务操作，以便海关有关部门及时查询与核对。主要包括以下内容：

① 监管货物或集装箱预申报管理。包括对海运进口预申报、海运出口预申报、空运进口预申报、空运出口预申报、海运进口分拨预申报的监管。

② 监管货物或集装箱通关管理。包括对海运进口集装箱通关、海运出口集装箱通关、空运进口货物通关、空运出口货物通关、海运进口分拨货物通关、监管货物手册结转货物通关的监管。

③ 监管集装箱进出场库管理。包括对海运进口集装箱进场、出场，海运出口集装箱进

场、出场,监管集装箱箱位调整的监管。

④ 监管货物出入库管理。包括对空运进口货物出库、入库,空运出口货物出库、入库,海运进口分拨货物出库、入库,货物货位调整的监管。

⑤ 监管货物库存管理与分析。包括对预申报资料查询、统计报表分析,通关资料查询、统计报表分析,查询结果和统计报表打印的监管。

2) 保税货物申报管理。保税货物申报信息系统为在保税区设有库房的企业提供了对相关保税仓储业务的管理方案,并在此基础上使场站、海关保税监管部门和申报单位三方面能更好地相互配合,切实加强对保税货物的管理和监控,以便海关有关部门及时查询与核对。该子系统主要包括以下内容:

① 保税货物预申报管理。即对保税货物入库申请和保税货物出库申请的管理。

② 保税货物出入库管理。即对保税货物入库和保税货物出库的管理。

③ 分析。包括保税申请和出入库资料查询、统计报表分析,保税货物库存管理与分析,保税货物相关费用结算与管理,查询结果和统计报表打印。

3) 进出口申报管理。进出口申报管理可提供企业输入海关监管货物、保税货物的有关资料,以配合物流通关系统、海关双放行系统的顺利实行,从而真正实现场站、海关、申报单位三方对海关监管货物、集装箱和保税货物的共同管理和控制,同时还提供了查询和分析功能,从而最大限度地提供信息服务。

第三节 汽车服务企业电子商务信息管理

一、汽车服务企业电子商务的概念

汽车服务企业的电子商务是利用电子计算机、手机及网络技术等现代科学手段进行的与汽车、汽车配件、汽车美容产品等有关的商务活动,其内容包含两个方面:一是电子方式,二是商贸活动。电子方式和买卖双方不见面地进行各种商贸活动是其经营的主要特点。

电子商务能高效利用有限的资源,加快商业周期循环、节省时间、降低成本、提高利润和增强企业的竞争力。消费者能在任何时候、任何地点获得汽车方面的产品。

二、汽车服务企业电子商务的分类

按照交易对象的不同,可以将汽车服务企业电子商务分为以下几类:

1. 企业对企业的汽车服务电子商务

企业对企业的汽车服务电子商务是企业与企业之间通过计算机及网络进行汽车服务电子商务活动。企业间汽车服务电子商务可分为两种类型,即非特定企业间的汽车服务电子商务和特定企业间的汽车服务电子商务。前者是指在开放的网络中,对每笔交易寻找最佳伙伴,并与伙伴进行全部汽车服务交易行为。后者是指在过去一直有汽车服务交易关系,或者在进行一定交易后要继续进行汽车服务交易的企业间,为了共同的经济利益,利用信息网络进行汽车服务交易，如企业间通过网络订购汽车及配件、接收发票和付款。

2. 企业对消费者的汽车服务电子商务

企业对消费者的汽车服务电子商务是企业通过网络为消费者提供一个新型的汽车商品的购物环境——网上商店，实现网上购物、网上支付、快递送货，或到其实体店取货，货物涉及整车、汽车配件、汽车美容产品、车辆保险等。这种模式着重于以网上直销取代传统零售业的中间环节，创造汽车商品零售新的经营模式。

3. 企业对政府的汽车服务电子商务

企业对政府的汽车服务电子商务覆盖企业与政府间的各项与汽车服务企业有关的事务。例如，政府采购车辆清单可以通过网络发布，通过网上竞价方式进行购车招标，企业可以以电子交换方式来完成。除此之外，政府还可以通过这类电子商务实施对汽车服务企业的行政事务管理，如政府用电子商务方式发放配件进出口许可证、开展车辆统计工作，企业可以在网上办理进口汽车配件的交税和退税等。

4. 个人与政府间的汽车服务电子商务

个人与政府间的汽车服务电子商务是政府通过网络实现对个人相关方面的事务性处理，如通过网络实现汽车行驶违章查询、交罚款、新车交税等政府对个人的事务性处理。

三、汽车服务企业电子商务的功能

1. 网上电子邮件

企业利用电子邮件（E-mail）在用户或用户组之间通过计算机网络进行收发汽车服务信息，也就是在客户计算机与企业计算机之间传送汽车服务电子消息。

2. 网上订购

电子商务可借助网络中的邮件或表单交互传递，实现汽车及配件等网上订购。汽车服务企业可以在汽车、汽车配件、汽车美容产品介绍的页面上提供友好的订购提示信息和订购交互格式框，当客户填完订购单后，通常系统会回复确认来确保订购信息收悉和处理。订购信息也可采用加密的方式使客户和商家的商业信息不被泄露。

3. 网上营销

汽车服务企业可以利用网络进行网上营销活动，并可与汽车生产企业联合开展汽车售前和售后的营销活动。电子商务在线交易系统为汽车服务企业提供了有效获取网上交易活动的全部历史信息，向联机顾客提供汽车服务的信息，方便快捷地进行网上营销和顾客的管理。

4. 服务传递

对于已付款的客户，应将其订购的汽车、配件等货物尽快送到客户手中。若有些货物在本地，有些货物在异地，可以利用电子邮件和其他电子工具在网络上进行物流的调配。

5. 咨询洽谈

电子商务可借助非实时的电子邮件、新闻组和实时的讨论组来了解汽车服务市场和商品的有关信息，洽谈交易事务，如有进一步的需求，还可用网上的白板会议来互动交流有关图形信息。网上的咨询和洽谈能降低交易成本，而且往往能突破人们面对面洽谈所受的一些局限,网络能提供多种方便的异地交谈形式,如三地、四地参加的多方洽谈。

6. 网上支付

客户购买汽车、汽车配件、汽车美容产品可以在网上进行金融支付,网络银行、信用卡公司等可提供网上操作的金融服务。

7. 网络银行与网上电子账户

网络银行的突出特点是银行业务虚拟化和金融业务虚拟化。汽车服务企业可以通过网络与银行联系,建立网上电子账户,并进行交易。在当今瞬息万变的社会中,汽车服务商家和企业必须不断地适应新的市场、新的竞争,利用新的技术,提供新的吸引顾客的方法,以维持自己的生存和发展。建立网上电子账户可以密切客户关系,提高支付效率。

8. 网上广告

汽车服务企业可在网上发布各类汽车服务信息,利用网页和电子邮件在全球范围内进行广告宣传,客户也可借助网上的检索工具迅速地找到所需的汽车商品信息。

9. 意见征询

汽车服务企业能十分方便地采用网页上的"选择""填空"等格式文件来收集用户对销售汽车商品或服务的反馈意见,使企业的市场运营形成一个快速有效的信息回路。客户的反馈意见不仅能提高售后服务的水平,更能使企业获得改进汽车服务的宝贵信息,发展新的商业机会。

10. 业务管理

汽车服务企业和企业、企业和消费者及企业内部等各方面的协调和管理可通过计算机网络进行,电子商务技术为汽车服务企业提高各项业务管理的效率创造了重要的基础条件。

四、汽车服务企业电子商务系统的结构

1. 电子商务系统的基本结构

电子商务系统是由需求方、供应方、支付中心、认证中心、物流中心和电子商务服务商等构成的一个大系统。电子商务系统的基本结构如图9-7所示。

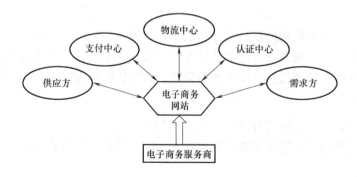

图9-7 电子商务系统的基本结构

(1)需求方。需求方可以是企业,也可以是个人,只要通过电子商务系统采购汽车商品

或服务，就是电子商务系统中的需求方。

（2）供应方。与需求方类似，供应方也可以是企业或者个人，只要通过电子商务系统提供汽车商品和服务，就是电子商务系统中的供应方。

（3）支付中心。其功能是为电子商务系统中的需求方和供应方等角色提供资金结算和支付业务，它一般由网络银行来负责。

（4）认证中心。它是一些不直接从电子商务交易中获利的第三方机构，负责发放和管理用来证明参与方身份的数字证书，使各参与方均能相互确认身份。

（5）物流中心。它接受供应方的送货要求，负责及时地将有形实物商品送达需求方指定的地点，并跟踪商品的动态流向。

（6）电子商务服务商。它提供网络接入服务、信息服务以及应用服务。所有参与各方围绕电子商务网络相互协作开展业务，共同完成电子商务系统的功能。

2. 电子商务的网络结构

电子商务的网络结构由企业内部网（intranet）、企业外部网（extranet）和互联网（internet）构成，其中企业内部网和企业外部网也分别称为内联网和外联网。企业内部网、企业外部网和互联网的结构如图9-8所示。

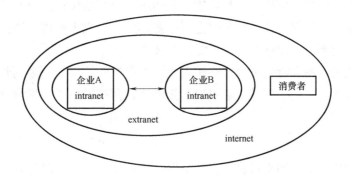

图9-8 企业内部网、企业外部网和互联网的结构示意图

企业内部网是基于网络和设备、网络协议，为汽车服务企业内部提供网络信息服务以及数据库访问等服务的专用计算机网络系统。企业内部网的主要功能是汽车服务企业内部的信息管理，如完成企业内部信息的发布、交流和反馈；进行业务流程和人事、财务以及物资的协调管理。由于企业内部网上流动的是与汽车服务企业相关的关键数据，因此安全性问题至关重要。企业内部网的安全技术包括防火墙技术、数据加密技术、身份认证技术和综合网络安全技术等。

企业外部网是将网络构建技术应用于企业间的系统，它使汽车服务企业与其客户和其他企业相连，如与整车、配件企业相连，来实现其共同目标和交互合作。企业外部网的主要功能是相关企业之间交换信息，协同运作，实现企业间的实时交易，完成配件采购、进货以及汽车服务的后勤支持。企业外部网除了要考虑安全性外，还涉及认证和法律问题。

五、汽车服务企业的电子商务信息管理

汽车服务企业的电子商务信息管理的主要内容有信息系统、货物质量和取货、支付、诚信和信息安全保密。

1. 信息系统管理

汽车服务企业电子商务的信息系统管理主要是企业内部和企业对外信息系统的管理。汽车服务企业内部的信息系统包括计算机、网络及电子商务员工等。

汽车服务企业内部的电子商务信息系统管理应保证计算机安全使用和有较好的运行速度，网络要连续畅通、安全，防计算机病毒，电子商务员工应能熟练进行汽车服务的电子商务活动。

汽车服务企业对外电子商务信息系统主要是外部网络和数据交换器。汽车服务企业对外信息系统的管理主要包括：按时交纳公共网络费用，并获得足够企业使用的数据信息流量，保证汽车服务交易正常开展；数据交换器有一定的数据交换速度。

2. 货物质量和取货管理

汽车服务企业电子商务货物质量和取货管理的主要内容是保证货物到达顾客手中，并符合货物的合同要求，保质保量，如顾客的合同中要求为原厂汽车配件，则汽车服务企业应提供原厂汽车配件，监督原厂配件达到汽车配件质量的要求。

汽车服务企业电子商务货物可通过快递送货，大型配件可以让顾客到附近的连锁实体企业取货，此种情况在电子商务交易中应明确告知顾客，并按时供货、尽量方便顾客取货和保证质量。

3. 支付管理

汽车服务企业电子商务的支付管理主要是保证顾客按交易额及时付款，汽车服务企业也按交易额及时向供货企业付款，做好支付的查账监督工作。

4. 诚信管理

汽车服务企业电子商务的诚信管理主要是检查顾客、供货企业及本企业的诚信，按合同交易，言必行，行必果。对不诚信的顾客、企业，要按电子商务交易制度处理，批评、处罚等要适当，本企业不诚信，也要自罚，如公开道歉或进行经济补偿等；对诚信的顾客、企业，要表扬或进行物质奖励，做到有奖有罚，赏罚分明。

完成整车、配件等网络销售后，要对整车、配件等质量和服务态度进行回访，这是诚信管理的重要内容，做得好可赢得顾客满意。

5. 信息安全保密管理

在汽车服务企业电子商务交易过程中，由于参加交易的各方不能进行面对面的接触，也不使用现金支付，因而就必须建立一个安全的电子商务基础结构，来保证实现网络的安全性，即信息传输的保密性、数据交换的完整性、发送信息的不可否认性、证明交易的原始性等，这就对电子交易的可靠性、保密性、安全性与保险性提出了较高的要求。

汽车服务企业电子商务的信息保密管理主要是对顾客信息、供货企业信息、企业非公开商务信息的安全保密：

1）防止信息泄露，做到保密信息只对相关人员开放，防止信息被第三方窃取，不随意传播，交易不成，也不能随意公开信息。

2）防止信息被篡改，做好信息校对，防止电子交易信息在网络传输过程中，被他人非法地修改、删除或重放而使信息失去真实性和完整性。

3）防止计算机病毒等对信息的破坏，保证网络传输信息的可靠性。

第四节 汽车服务企业信息系统的运行与维护管理

汽车服务企业信息系统运行管理的目的是使信息系统在预期的时间内能正常地发挥其应有的作用，为汽车服务企业经营服务，产生其应有的功能和效益。它包括日常运行管理、系统的安全与保密等工作。

一、汽车服务企业信息系统的日常运行与维护管理

汽车服务企业信息系统的日常运行管理是为了保证系统能够长期有效地正常运转而进行的活动，包括系统运行情况记录、系统运行日常维护及系统的适应性维护等工作。

1. 信息系统运行情况记录

汽车服务企业信息系统有正常、不正常与无法运行等运行情况，均要记录。第一种情况，记录信息系统运行即可，后两种情况应对所见的现象、发生的时间以及可能的原因进行尽量详细的记录。运行情况的记录对系统问题的分析与解决有重要的参考价值。该项工作应作为一项规章制度，由企业各部门的信息系统使用人员完成，或在系统中设置自动记录的功能。系统运行情况记录应作为系统的基本文档长期保存，以备系统维护时参考。

2. 信息系统运行日常维护

汽车服务企业信息系统维护根据其目的的不同可分为日常维护与适应性维护。日常维护是定时定内容地重复进行的有关数据与硬件的维护，以及对突发事件的处理等。日常维护包括以下几方面。

（1）日常数据维护。在汽车服务企业信息系统的数据或信息方面，需对日常加以维护的内容进行备份、存档、整理及初始化等。大部分的日常维护应该使用专门的软件来处理，但处理功能的选择与控制一般还是由使用人员或专业人员来完成。为安全考虑，每天操作完毕后，都要对更改过的或新增加的数据做备份，数据正本与备份应分别存于不同的磁盘中或其他存储介质中。

（2）日常硬件维护。在汽车服务企业信息系统的硬件方面，日常维护主要有各种设备的保养与安全管理、简易故障的诊断与排除、易耗品的更换与安装等。硬件的维护应由专人负责。

（3）更正性维护。在信息系统运行过程中，要经常检查。有些错误，只有在系统运行过

程中具备一定的激发条件才可能出现,发现系统错误时,要及时更正,使信息系统正确运行。

(4) 突发事件的处理。汽车服务企业信息系统运行中的突发事件,应由信息管理机构的专业人员处理,有时要由原系统开发人员或软硬件供应商来解决。对发生的现象、造成的损失、引发故障的原因以及解决的方法等必须进行详细的记录。

(5) 日常使用帮助。汽车服务企业信息系统管理人员要解答各部门信息系统使用人员的问题,指导、帮助员工使用信息系统,做好相关记录,可在系统中设立留言簿,以便信息系统管理人员及时发现和解决问题。信息系统管理人员对计算机和信息系统较熟悉,信息系统使用人员对服务经营较熟悉,两者要相互配合,才能及时发现和解决信息系统中的问题。

信息与计算机、网络联系密切,信息管理者只有提高计算机及网络水平,才能做好信息系统的日常运行维护工作。

3. 信息系统的适应性维护

汽车服务企业信息系统的适应性维护是指信息系统的外部环境发生变化时,需要进行的系统维护。这是一项长期、有计划的工作,其工作内容包括下列几项:

① 信息系统发展规划的研究、制订与调整。
② 信息系统缺陷的记录、分析与解决方案的设计。
③ 信息系统结构的调整、更新与扩充。
④ 信息系统功能的增设、修改。
⑤ 信息系统数据结构的调整与扩充。
⑥ 信息系统的应用功能重组。
⑦ 信息系统硬件、软件的维护、更新与添置。
⑧ 信息系统维护的记录与维护手册的修订等。

二、汽车服务企业信息系统的安全与保密管理

汽车服务企业信息系统的各种软硬件,以及在系统运行过程中积累的大量数据信息是汽车服务企业的宝贵财富和重要资源,直接影响汽车服务企业的经营、物资管理、人事管理、财务工作等,因此信息系统的安全与保密是一项非常重要的信息系统管理工作。

1. 安全性隐患

信息系统的安全性隐患主要表现在以下几个方面:
① 自然现象或电源不正常引起的软硬件损坏与数据破坏。
② 操作失误引起的数据损坏。
③ 计算机病毒侵扰导致的软硬件破坏。
④ 人为因素对软硬件造成的破坏。

2. 安全与保密管理

为了维护汽车服务企业信息系统的安全性与保密性,应该采取以下措施:
① 依照国家法规及用户单位的具体情况,制订信息系统安全与保密制度,深入宣传,提高企业每一位参与信息系统的人员的安全与保密意识。

② 严格执行信息保密制度。不是所有的企业信息都是公开的，也不是所有的企业信息都是保密的，企业有部分信息是商业机密，如汽车维修服务的核心技术，客户的姓名、电话、微信号、QQ 号、地址、身份证号码等个人信息是保密信息，对此信息管理员工和信息系统的使用员工要注意保密，严格执行信息保密制度，要养成良好的职业道德。

③ 定期查毒杀毒，隔离内、外部数据；任何人不得随意安装、下载与工作无关的软件，如有需要，应由信息系统管理人员协助安装；外来的 U 盘、光盘必须查杀病毒后才能使用。

④ 制订信息系统损害恢复规程，以便在信息系统遭到破坏时采取各种恢复和补救措施。

⑤ 配备尽可能齐全的安全设备，如稳压电源、空调器、电源保护装置等。

⑥ 设置切实可靠的系统访问控制机制，包括用户身份的确认、权限的分配等。

⑦ 定期对数据进行备份及保管，最大限度地保证各部门的企业经营数据因停电或其他意外造成损坏时，能够恢复到最近的备份。

⑧ 隔离敏感数据，由专人保管。

⑨ 每台计算机都设置开机热启动、网络登录密码，重要的企业经营数据文件要设置开启密码；暂时离开计算机要确保正在编辑的文件已关闭，或正在使用的应用系统已退出，且屏幕保护已启动；非授权人员不得随意进出企业中心机房或操作服务器，不准外来或无关人员乱动各部门的计算机。

三、汽车服务企业信息系统运行档案管理

汽车服务企业信息系统运行档案管理主要是对信息系统软件及使用说明书、各部门存盘信息档案、信息系统运行大事记录的管理，这些由信息管理员借出和归档，如果没有档案管理部门，可由信息管理员负责管理。

作　业

1. 简述汽车服务企业的信息、信息系统的概念。
2. 简述汽车服务企业信息系统的基本功能。
3. 简述汽车服务企业信息管理的基本任务和内容。
4. 绘制典型 4S 店信息系统的结构图，并说明各模块的功能。
5. 绘制汽车销售信息系统的结构图，并说明各模块的功能。
6. 绘制汽车维修信息系统的结构图，并说明各模块的功能。
7. 简述汽车服务企业电子商务信息管理的主要内容。
8. 简述汽车服务企业信息系统的日常运行与维护管理。
9. 简述汽车服务企业信息系统的安全与保密管理措施。
10. 查找汽车服务企业网站，介绍其网站的主要内容。
11. 去汽车服务企业，调研汽车服务企业的信息管理，并介绍其信息系统。

第十章 汽车服务企业文化、形象、安全与文明服务管理

汽车服务企业文化、形象、安全与文明服务管理是汽车服务企业在文化、形象、安全与文明服务方面的管理活动。汽车服务企业不仅要重视企业文化的建设，同时还要塑造良好的企业形象，重视安全与文明汽车服务。打造文化、形象、安全与文明的现代汽车服务环境，对促进企业汽车服务经营、提高管理水平、增强竞争能力有着极为重要的作用。本章依次介绍汽车服务企业文化管理、形象管理和安全与文明服务管理。

第一节 汽车服务企业文化管理

一、汽车服务企业文化概述

1. 汽车服务企业文化的概念

汽车服务企业文化可定义为企业所形成的具有自身个性的经营宗旨、价值观念、行为规范、道德伦理、习俗习惯、规章制度、精神风貌等。汽车服务企业文化体现在汽车服务经营等活动中。

2. 汽车服务企业文化的内容

由企业文化的定义可知，其内容是十分广泛的，但其中最主要的应包括如下几点：

（1）经营哲学。汽车服务企业的经营哲学是一个企业所特有的从事汽车服务经营和管理活动的方法论原则，如"顾客至上，周到服务，质量第一，诚信服务""宁可自己亏本，决不亏待顾客""遵守合同，确保质量，准时交车，严守承诺"等经营哲学均已成为汽车服务企业的经营口号。经营哲学决定企业的经营行为。

（2）价值观念。汽车服务企业的企业价值观是指企业对社会存在的意义和价值，企业员工对企业存在的意义和价值，对经营目的、经营宗旨的价值评价，以及为之追求的整体化、个体差异化的群体意识，是企业全体职工共同的价值准则。

汽车服务企业只有在共同的价值准则基础上才能产生企业正确的价值目标。有了正确的价值目标才会有奋力追求价值目标的行为。因此，企业价值观决定企业的取向，关系着企业的生死存亡。企业拥有只顾汽车服务企业自身经济效益的价值观，就会偏离社会的发展方向，不仅会损害国家和客户的利益，还会影响企业形象；企业拥有只顾眼前利益的价值观，就会急功近利，搞短期行为，使企业失去后劲，导致企业经营失败。

(3) 企业精神。汽车服务企业的企业精神是指企业基于自身特定的性质、任务、宗旨、时代要求和发展方向，经过精心培养而形成的企业成员群体的精神风貌，它体现在汽车服务经营等活动中，如守合同、重质量、诚信服务、创新精神。企业精神要通过企业全体员工有意识的实践活动体现出来，因此，它又是企业职工观念意识和进取心理的外化。

企业精神是企业文化的核心，在整个企业文化中处于支配的地位。企业精神以价值观念为基础，以价值目标为动力，对企业经营哲学、管理制度、道德风尚、团体意识和企业形象起着决定性的作用。可以说，企业精神是企业的灵魂。

(4) 企业道德。汽车服务企业的企业道德是指调整本企业与其他企业之间、企业与顾客之间、企业内部员工之间关系的行为规范的总和。它从伦理关系的角度，以善与恶、公与私、荣与辱、诚实与虚伪等道德范畴为标准来评价和规范企业。

企业道德与法律规范和制度规范不同，不具有强制性和约束力，但具有积极的示范效应和强烈的感染力，当被人们认可和接受后具有自我约束的力量。因此，它具有更广泛的适应性，是约束企业和职工行为的重要手段。

(5) 团体意识。汽车服务企业的团体意识是企业员工把自己的工作和行为都看成实现企业目标的一个组成部分，以企业为核心，凝聚在一起，团结协作。员工的言行，代表着企业的形象。具有团体意识的员工，把企业看成自己利益的共同体和归属，会为实现企业的目标而努力奋斗，自觉地克服与实现企业目标不一致的行为。

(6) 企业形象。汽车服务企业的企业形象是企业通过外部特征和经营实力表现出来的，被顾客和公众所认同的企业总体印象。

企业形象分为表层形象和深层形象，由外部特征表现出来的企业形象称为表层形象，如汽车服务企业的招牌、门面、徽标、广告、商标、工装、营业环境等，这些都给人以直观的感觉，容易形成印象。通过汽车服务经营实力表现出来的形象称为深层形象，它是企业内部要素的集中体现，如汽车服务企业的人员素质、汽车服务经营能力、管理水平、资本实力、汽车服务质量、汽车美容产品的质量等。表层形象以深层形象为基础，没有深层形象这个基础，表层形象就是虚假的，不能长久地保持。汽车服务企业由于主要是进行汽车服务经营，与顾客接触较多，所以表层形象显得格外重要，但这绝不是说可以把深层形象放在次要的位置。

(7) 企业制度。汽车服务企业的企业制度是在汽车服务经营实践活动中所形成的，对人的行为带有强制性约束的，并能保障一定权利的各种规定。企业制度作为职工行为规范的模式，使个人的活动得以合理进行，内外人际关系得以协调，员工的共同利益受到保护，从而使企业有序地组织起来为实现企业目标而努力。

图 10-1 汽车服务企业文化的层次结构

3. 汽车服务企业文化的结构

汽车服务企业文化的结构可分为物质文化、行为文化、制度文化和精神文化四个层次，其层次结构如图 10-1 所示，精神文化层是汽车服务企业文化的核心层。

汽车服务企业的物质文化、行为文化、制度文化和精神文化是密不可分的，它们相互影响，相互作用，共同构成汽车服务企业文化的完整体系。

(1) 物质文化层。物质文化层是企业文化的第一层次，由汽车服务企业标识（企业名称、企业标志物）、企业容貌、企业工装及员工仪表、企业服务环境、企业销售的车辆（新、旧车，高档、低档车）以及各种物质设施等器物性文化构成，它是企业文化的表层。

（2）行为文化层。行为文化层是企业文化的第二层次，由汽车服务企业领导的行为、企业模范人物的行为和企业员工的汽车服务行为和态度等构成，表现在汽车服务经营、人际交往关系中，它是企业文化的幔层。

（3）制度文化层。制度文化层是企业文化的第三层次，主要由汽车服务企业的领导体制、组织机构、企业管理制度、企业民主和文化活动等方面构成，它是企业文化的中介层。

（4）精神文化层。精神文化层是企业文化的第四层次，由企业在汽车服务经营过程中形成的企业精神、企业经营哲学、企业道德、企业价值观念、企业精神和风貌、团体意识、文化观念、吃苦耐劳精神、创新精神等构成，它是企业文化的核心层，是企业文化的源泉。

4. 汽车服务企业文化的特点

汽车服务企业文化具有以下特点：

（1）人文性。汽车服务企业文化是一种以人为本的文化，最本质的内容就是强调人的理想、道德、价值观、行为规范在企业管理中的核心作用，强调在企业管理中要理解人、尊重人、关心人，注重人的全面发展，用愿景鼓舞人、用精神凝聚人、用机制激励人、用环境培育人。从汽车服务企业内部来看，汽车服务企业文化应该使员工发挥聪明才智，实现事业追求，和睦相处、舒畅工作。从企业外部看，汽车服务企业文化是为了汽车服务经营，为了满足广大顾客的汽车服务需要，为了促进人类社会和谐发展。

（2）社会性。汽车服务企业文化是企业这个经济社会群体共同的价值取向、行为准则和生活信息等的集合，它是社会文化的一部分。

（3）集体性。汽车服务企业的价值观念、道德标准、经营理念、行为规范和规章制度等都必须是由企业内部的全体成员共同认可和遵守的。汽车服务企业文化是依靠企业全体成员的共同努力才建立和完善起来的，汽车服务也是由汽车服务企业的员工集体完成的，所以汽车服务企业文化具有集体性，并产生团体意识。

（4）独特性。汽车服务企业文化具有鲜明的汽车服务个性和特色，具有相对独立性，这是由企业不同的服务经营管理特色、企业传统、企业目标、企业员工素质以及内外环境所决定的。

（5）时代性。汽车服务企业文化的生成与发展、内容与形式都要受到一定时代的经济体制、政治体制、社会结构、文化风尚等的制约，从而使企业文化反映出时代特征。不同时代具有不同的企业文化，企业文化均具有时代性。

（6）继承性。汽车服务企业文化伴随企业产生、生存、延续和发展，随着时间推移，企业文化成为历史产物，得以继承和发展。

（7）创新性。优秀的汽车服务企业文化往往在继承中创新，随着企业环境和国内外市场的变化而改革发展，引导大家追求卓越，追求成效，追求创新。

5. 汽车服务企业文化的作用

汽车服务企业文化具有以下作用：

（1）导向作用。汽车服务企业的经营哲学决定了企业服务经营的思维方式和处理问题的法则，也是汽车服务经营的导向。汽车服务企业的道德规范约束企业全体员工的言行，使企业领导和员工在一定的范围内活动，也是企业全体员工言行的导向。同样，企业精神是全体员工精神的导向，团体意识是全体员工团结一致，从事汽车服务经营的导向。

（2）激励作用。汽车服务企业的价值观念使每个员工都感到自己存在和行为的价值，自我价值的实现是人的最高精神需求的一种满足，这种满足必将形成强大的工作激励。

（3）调适作用。调适就是调整和适应。汽车服务企业各部门之间、员工之间，由于各种原因难免会产生一些矛盾，解决这些矛盾需要各自进行自我调节；企业与环境、与顾客、与其他企业、与国家、与社会之间都会存在不协调、不适应之处，这也需要进行调整和适应。企业哲学和企业道德规范等能使员工科学地处理这些矛盾，自觉地约束自己，自我调节。完美的企业形象就是调适作用的结果。

（4）辐射作用。汽车服务企业文化关系到汽车服务企业的公众形象、公众态度、公众舆论和品牌美誉度。企业文化不仅在企业内部发挥作用，对企业员工产生影响，它也能通过宣传汽车产品、汽车售后服务、员工服务、公共关系活动等向社会和其他企业发散和辐射本企业精神、企业的汽车服务经营理念和企业的汽车服务道德规范等。汽车服务企业文化的传播对树立企业在公众心目中的汽车服务形象有很大帮助和影响。

（5）凝聚作用。汽车服务企业的价值观念形成了全体员工的共同目标，共同目标凝聚全体员工成为一个命运共同体，使企业步调一致，形成统一的整体。

二、汽车服务企业文化的管理

1. 汽车服务企业文化管理的内容

汽车服务企业文化管理的主要内容就是企业文化构建与实施中的管理。汽车服务企业文化构建就是对已有企业文化进行梳理、凝练、提升，对企业空白文化进行创造，产生新的企业文化，最后形成系统的企业文化。汽车服务企业文化构建的内容包括前述的企业经营哲学、企业精神等。汽车服务企业文化实施就是贯彻、落实、运用已构建的汽车服务企业文化，并将企业文化深植于员工心中。

汽车服务企业文化的管理可由不同部门共同完成。例如，企业制度文化等可由人事部门组织构建，各部门实施；企业经营哲学、企业精神和企业道德文化等可由企业领导提出，办公室组织构建与实施。

2. 汽车服务企业文化的构建

（1）基本原则：

1）以人为中心。汽车服务企业是以人为主体的经济实体，人才是汽车服务最重要的资源，是企业生存和发展的最大动力，没有具有汽车服务能力的人，汽车服务企业就无法开展汽车服务经营。因此，汽车服务企业文化构建必须以人为中心。

汽车服务企业活动的目的是盈利，但又不能单纯以追求利润为企业的最高目标或宗旨，而应把企业人员的成功、幸福（这里当然也包括企业盈利、个人收入等在内）作为企业发展的最高目标，以人为中心，才能用好人。

2）自我构建。由于企业文化具有主体性、客观性、弥散性和社会性，因此，汽车服务企业文化只能由企业自己构建。企业是企业文化构建的主体，没有其他力量能取代企业自身的这种地位与功能。不同企业的企业文化各具特色，同类企业的企业文化也各具特色，企业间只能参考学习，没有统一的模式可以照搬。

3）领导引领。企业领导既是企业文化的倡导者，又是企业的组织者和缔造者，这就决定了汽车服务企业领导在企业文化构建中具有决定性的引领作用。企业领导的个人理想、信念、性格、气质、言谈、举止都会对企业员工产生模仿效应，企业领导可以运用自己的威望和员工的信任，扮演企业文化宣传员和鼓动家的角色，促进企业文化构建。

4）特色鲜明。不同汽车服务企业，由于汽车服务经营项目不同，或汽车服务经营项目相同但企业领导和内部情况不同，使汽车服务企业文化既有共性，又有个性。在构建企业文化时，除了共性以外，还应坚持本企业的个性特征原则，即要抓住本企业的特点和具体情况，构建具有本企业鲜明特色的企业文化，并努力创新。

5）科学求实。企业文化的构建虽然是一项主观活动，但必须立足于企业的客观实际，以科学的态度，实事求是地进行企业文化的构建。脱离企业现实，人为拔高地构建企业文化，不利于企业发展。企业文化的构建切忌形式主义。

6）面向时代。在改革开放的新形势下，汽车服务企业在面向本地区、面向全国的同时，必须面向世界，企业文化要有超前意识，适应时代的要求，以高起点、高品位的企业文化做支撑，确保在未来的竞争中立于不败之地。

（2）基本方法：

1）领导引领法。领导引领法就是指汽车服务企业的领导人引领企业进行文化构建。企业领导人是企业文化的倡导者和最具权力的指挥者。一个企业构建什么样的企业文化往往是由企业领导人首先提出并做出最后决定的。因此，领导人引领企业文化构建易于实现。

2）更新观念法。更新观念法就是指在构建汽车服务企业文化之前，首先要确立正确的新的企业文化理念与方针，针对企业的不同人员，运用各种传媒手段，通过各种形式丰富多彩的活动，分层次、系统地进行宣传引导，统一思想认识，从而实现企业文化观念上的"汰旧更新"。更新观念法是新的企业文化推广和实施的方法。

3）突出人的中心法。突出人的中心法就是指真正把企业员工作为人来加以重视和尊重，围绕人来做文章，构建汽车服务企业文化，使一切工作服从于人，极大地激发企业员工的热情，关心和满足企业员工在物质和精神上的需求，重视并调动企业员工搞好企业文化的积极性、主动性和创造性，最终使企业员工成为一个有益于企业和社会的人。

4）民主驱动法。民主驱动法就是让员工在企业的经营管理等一系列重大问题上真正具有发言权、参与权和监督权，畅通民主渠道，健全民主机制，注意发挥职代会、工会等群众组织的作用，充分调动起员工的积极性，促进汽车服务企业文化的发展。

5）目标管理法。目标管理法就是指汽车服务企业根据本企业文化所要达到的目的，制订相应的目标，包括战略性目标、策略性目标以及方案和任务，把企业文化的内容用目标加以量化和细化，要求、鼓励和吸引企业全体人员为实现目标努力工作并承担责任，把计划、实施、考核、评价等都纳入目标管理体系之中，确保企业文化模式内在要素功能的充分发挥。

（3）基本程序。汽车服务企业文化的构建应该在企业内外部环境综合分析的基础上，有序建立具有本企业特色、符合企业自身实际、反映企业发展要求的企业文化。汽车服务企业文化构建的基本程序如下：

1）分析企业文化现状。分析汽车服务企业文化的现状是对本企业进行企业文化的调查，认真考察本企业的企业文化现状，分析对企业文化产生影响的各种内外部环境，从而确定企业文化建设的发展方向。汽车服务企业文化现状分析有以下几方面：①民族文化环境；②政治经济环境；③汽车服务企业内部环境。

2）定位企业文化。定位企业文化是指汽车服务企业根据内外部环境条件及社会发展趋势的要求，确定本企业的文化价值观导向，提炼企业精神，形成自身的企业文化风格。

3）构建企业文化。在汽车服务企业文化现状分析、企业文化定位的基础上，按汽车服务企业文化的内容，执行汽车服务企业文化构建的基本原则，用汽车服务企业文化构建的方法，构建汽车服务企业文化，并在实践中加以检验。

4）企业文化的实施与评价。在汽车服务企业推广企业文化，向社会传播本企业文化，全面实施汽车服务企业文化，进行必要的监督，并做出切合实际的评价。在汽车服务企业文化的实施中，一定要严密组织，防止企业文化传递、推广的信息误差。

3. 汽车服务企业文化的实施与监督管理

汽车服务企业文化建设，不可能一蹴而就，必须通过传播，在员工中不断得到强化，才能真正形成对企业有用的企业文化，而不是纸上谈兵。具体做法包括以下几个方面。

（1）领导表率。汽车服务企业的领导是企业文化的倡导者和塑造者，更是企业文化的实施示范者。一方面，领导通过归纳提炼，将企业文化升华，并通过宣传鼓动，使企业文化在企业中得以推广和实施；另一方面，领导以自己的作风、行为在企业文化建设过程中起到潜移默化、率先垂范的作用。此外，领导也便于在职责范围内，做好企业文化的实施与监督工作。

具有时代特色的企业上、下层的文化关系是：企业全员一体，上层科学决策，中层严格管理，基层爱岗敬业。

（2）榜样示范。榜样是汽车服务企业文化的要素之一。在塑造优秀企业文化的过程中，榜样起着引领作用、骨干作用和示范作用。汽车服务企业中的榜样是企业文化的生动体现，他们为全体员工提供了角色模式，建立了行为标准。榜样往往是一个企业文化的具体象征。在建设企业文化过程中，要特别注意发现、培养、宣传企业自己的榜样人物。

（3）仪式强化。汽车服务企业文化的生长需要通过各种具体的活动和一定的形式来催化，其中企业文化的宣传仪式会对企业文化的强化实施起到重要的作用。

（4）网络宣传。汽车服务企业文化网络实际上是企业中重要的文化沟通与传播枢纽，企业通过文化网络不断传播和强化企业的经营哲学和价值观等，以保持文化的生命力，并使之深深渗透到企业的各阶层、各部门和员工的内心中去。汽车服务企业可将其文化嵌入企业网页的界面上进行宣传推广。除了网络传播和强化外，还可利用培训、论坛、座谈、会议、环境布置、企业报刊等多种形式和途径宣传讲解汽车服务企业文化。

第二节　汽车服务企业形象管理

一、汽车服务企业形象概述

1. 汽车服务企业形象的概念

汽车服务企业形象是指企业的汽车销售和维修等汽车服务、人员素质、经营作风和公共关系等在社会公众中留下的总体印象。它是企业素质的综合体现，是企业文化的显在反映，是社会公众对企业的总体评价。企业形象以"知名度""信誉""声望""品牌"等形式存在于社会大众的观念之中。

良好的汽车服务企业形象，在企业创建汽车服务品牌，提高顾客满意度和口碑，增强企业核心能力、竞争能力，提高企业经营管理水平和经济效益等方面都具有非常重要的作用。良好的企业形象对企业员工而言，可增强企业员工的向心力、凝聚力，从而为企业吸引更多高素质的人才，提高汽车服务能力。顾客也愿意到形象好的汽车服务企业进行汽车服务消费。

2. 汽车服务企业形象的内容

汽车服务企业的物质形象、品质形象、制度形象、精神形象和习俗形象在经营中的表现，构成了客观实在的企业形象。汽车服务企业形象的内容如下。

（1）物质形象。物质形象包括汽车服务企业向社会提供整车、汽车配件、汽车美容产品；企业的厂房、厂区环境及汽车服务设备技术水平；企业的经济效益和物质福利待遇，以及企业排放废物对生态环境的影响情况等。物质形象可以被喻为企业形象的骨架，其直观性最强，衡量尺度最硬，是构成企业形象的基础。无论哪个企业，在上述各方面做扎扎实实的改进，都会有益于客观企业形象的提高。

（2）品质形象。品质形象是由汽车服务企业全体员工的素质而展现的企业形象。企业领导人的素质、作风和领导才能对企业形象所起的作用最大。在一定条件下，企业领导的形象就代表着企业形象；汽车服务企业各岗位上的职工，特别是与顾客直接交往的汽车销售员、汽车维修接车员、汽车服务公关人员、财会人员、门卫保安等窗口员工，他们所在的位置是企业的对外窗口，他们的工作精神、仪表、态度和作风，随时都在影响企业形象。品质形象可比喻为企业形象的血肉，使企业外表完美。

（3）制度形象。制度形象包括汽车服务企业的组织机构、规章制度和汽车服务程序等。这是创造、维护企业良好形象的保证。一个企业如果具有合理的组织机构，科学、健全的规章和制度，而且这些规章制度都能得到严格的遵守，那么这个汽车服务企业就会保持规范化管理的良好的企业形象。制度形象可以被喻为企业形象的"内脏"。

（4）精神形象。精神形象即汽车服务企业的价值观、精神状态、理想追求、风气等，可以将它喻为汽车服务企业形象的"灵魂"。这些是看不见的、无形的东西，但却体现在有形的事物之中，没有它们，企业就没有生气，没有活力。精神形象是企业形象的核心部分。

（5）习俗形象。习俗形象是以物质性、活动性为特征的风俗习惯，其直观性很鲜明，可以像服饰一样修饰汽车服务企业的企业形象。习俗形象如汽车服务企业的礼仪或公关礼节，汽车服务作风、商标、品牌、厂徽、厂服、荣誉称号的展示等，都是构成汽车服务企业独具个性的形象的一部分，是看得见、听得到的部分。

以上五种形象有的有形，有的无形，有的是静态的，有的是动态的，它们互相联系，彼此渗透、和谐统一，共同构成企业完整的形象。

3. 汽车服务企业形象的分类

企业形象是一个多维度、多层次的概念，可以从不同的角度对企业形象进行分类。

（1）特殊形象与总体形象。按汽车服务企业形象的内容划分，可以分为特殊形象和总体形象。

1）特殊形象。汽车服务企业特殊形象是企业针对某一类公众所设计、形成的形象。如某品牌汽车销售大厅、厂徽等的设计，让人们看到这种汽车的销售大厅、厂徽，就能知道企业销售哪种车辆，做哪些方面的汽车服务。企业的特殊形象是构成企业整体形象的基础，要让人们易记忆、易识别。

2）总体形象。汽车服务企业总体形象是各个特殊形象的综合和抽象，是社会公众对企业的整体印象。形成总体形象的具体因素除了汽车产品、汽车服务、企业环境等具体形象外，还有企业的许多综合因素和指标。

（2）内部形象与外部形象。按评价主体和认定尺度的不同划分，可以分为企业内部形象和企业内外部形象。

1）企业内部形象。企业内部形象又称主体企业形象，是指汽车服务企业员工通过对本企业进行综合考察、认识后形成的总体印象，它是企业形象在员工头脑中的反映和评价。汽车服务企业内部形象完美，能使全体员工增强对企业的满意感、自豪感和荣誉感，并主动维护企业的形象，从而增强企业的凝聚力，强化员工与企业"命运共同体"的群体意识；反之，则会减弱和淡化这种荣辱与共的意识。

2）企业外部形象。企业外部形象又可称为社会企业形象，是汽车服务企业在社会公众（顾客及相关人员等）心目中留下的印象，或者说是企业形象在社会公众头脑中的反映。一般来说，社会公众对企业的评价和印象，并不需要对企业进行长期了解和全面考察，只是就他们和企业发生关系的相关方面去评价企业，并形成对该企业的印象。

（3）有形形象与无形形象。按汽车服务企业形象的可见性划分，可以分为有形形象和无形形象。

1）有形形象。有形形象也可称为企业的硬件形象，指的是社会公众能通过自身感觉器官直接感受到的汽车服务企业实体形象。有形形象主要包括汽车服务企业的汽车产品形象、员工形象、环境设施形象等。一个装备优良、设施先进、环境优美的汽车服务企业自然给人以现代汽车服务企业的感受，而那种设施简陋、装备陈旧、环境脏乱的汽车服务企业，给社会大众的第一印象就是一个低劣的汽车服务企业形象。

2）无形形象。无形形象指的是潜伏隐藏在汽车服务企业内部的企业精神、管理风格、企业信誉、经营战略等无形因素在社会公众中形成的观念印象。其中，企业信誉是无形形象中的主体内容。

（4）真实形象和虚假形象。按企业形象的真实性划分，可以分为真实形象和虚假形象。

1）真实形象。真实形象是汽车服务企业展现在社会公众面前的，合乎实际情况的形象。

2）虚假形象。虚假形象是汽车服务企业在公众心目中的失真印象，或被歪曲了的形象，往往影响汽车服务经营。

（5）企业正面形象与负面形象。按社会公众的评价态度不同划分，可以分为企业正面形象与负面形象。社会公众对汽车服务企业形象认同或肯定的部分就是正面形象，如品牌汽车服务形象。抵触或否定的部分就是负面形象。

（6）企业直接形象和间接形象。按公众获取企业信息的媒介渠道划分，可以分为企业直接形象和间接形象。公众通过直接接触汽车服务企业的服务、由亲身体验形成的企业形象是直接形象，而通过大众传播媒介或借助他人的亲身体验得到的企业形象是间接形象。

4. 汽车服务企业形象的特点

（1）整体性。企业形象是汽车服务企业在长期的汽车服务经营活动中给社会公众留下的整体印象，也是企业物质形象、品质形象、制度形象等的综合，具有整体性。

（2）社会性。企业形象是很多人对汽车服务企业印象的汇总，具有社会性。离开了社会，没有社会交往和汽车服务，人们就不可能对汽车服务企业产生印象，更不可能产生汽车服务企业形象。

（3）多层次性。不同的群体对象对企业形象有不同的理解和认识，具有多层次性。一个普通非车辆专业人员与车辆专业人员对同一汽车服务企业形象的认识不同，普通非车辆专业人员只从企业的服务态度、服务项目、车辆品牌、配件供应能力等方面认识汽车服务企业形象，而车辆专业人员则能进一步从所经营车辆的技术性能、维修质量和水平方面认识汽车服务企业形象。

（4）相对稳定性。当社会公众产生对汽车服务企业的总体印象之后，这一印象一般不会很快地或轻易地改变，具有相对稳定性。相对稳定的良好企业形象有利于汽车服务经营；相对稳定的低劣形象不利于汽车服务经营，并需要一段时间才能改变。

5. 汽车服务企业形象的作用

企业形象对汽车服务企业日常运作和企业经营发展有非常重要的作用。可以把企业形象的作用概括为以下三个方面：

（1）创造吸引顾客的环境。汽车服务企业形象优劣，首先反映在消费者的消费心理上。良好的企业形象，有利于吸引顾客，留住老顾客，这是因为消费者对企业的好感，使他们相信企业的汽车服务品质，可放心享受服务。

（2）创造吸引合作者的环境。企业形象的优劣还会反映在与企业合作者的合作心理上。首先，良好的汽车服务企业形象为吸引社会资金创造了条件。因为，投资者自然会选择那些经营有方、效益好、信誉高的企业。其次，在车辆供货与销售环节上也需要与外界建立稳定可靠的合作关系，对于那些形象不佳、信誉不高，被认为是不太靠得住的企业，别人往往不愿意也不敢与之建立长期、稳定的供货或销货关系。

（3）创造吸引人才的条件。汽车服务企业形象影响着人力资源的获取，求职者更愿意去声望高、名声好而且经济效益高的企业工作。

二、汽车服务企业形象的管理

1. 汽车服务企业形象管理的内容

汽车服务企业形象管理的主要内容就是企业形象的塑造，包括塑造前述的企业的物质形象、品质形象、制度形象、精神形象、习俗形象，在这些企业形象中，主要塑造企业总体形象、物质形象中的环境形象、品质形象中的员工形象（服装仪表、精神面貌、服务态度、服务技术、文化素养等）和信誉形象等。

汽车服务企业形象的塑造就是对已有企业形象进行梳理、凝练、提升，对企业空白形象进行创造，产生新的企业形象，最后形成系统的企业形象，并在企业内、外部传播企业形象。

汽车服务企业形象的管理可由不同部门共同完成。企业员工形象由员工所在的部门管理，如车辆销售员工形象由销售部门管理，车辆维修员工形象由维修部门管理，财务人员形象由财务部门管理。

汽车服务企业形象的形成是一个渐进的复杂的过程，也是企业通过各种传播媒介与社会公众相互沟通、相互影响的过程。企业实态和特征是企业形象的基础，而传播媒介则是传播企业信息、塑造企业形象的桥梁，社会公众则是企业形象的评价者，其印象、态度和舆论在企业形象形成过程中起着决定性的作用。

2. 汽车服务企业形象的塑造

（1）基本原则：

1）社会认同原则。企业形象是企业与社会沟通的窗口、桥梁和纽带，社会认同是检验汽车服务企业形象的根本、唯一的标准。汽车服务企业形象塑造并非是企业单方面的行为，而是企业与社会互动互馈的双向交流的过程。汽车服务企业在形象塑造时，首先要重视并予以充分考虑的是来自社会方方面面，尤其是主要顾客群体的意见和建议，切忌主观主义和片面性。

2）信誉形象至上原则。诚信是汽车服务企业在汽车服务市场竞争中最有效的武器，也是企业形象中的皇冠。可以说信誉形象至上是汽车服务企业安身立命之本。汽车服务企业形象塑造就是要向公众持续不断地传达信誉至上的理念，取得公众的信赖和认同，以培养企业发展壮大的根基。综观国外的长寿公司和国内的百年老店，它们无不以诚信享誉于世，有口皆碑。因此，信誉至上原则是汽车服务企业形象塑造的根本准则。

3）凸显特色形象原则。汽车服务企业要给公众留下深刻的印象，除了以诚信取悦于社会以外，还必须避免趋同，要凸显特色，这需要精心策划。汽车服务企业形象塑造的视野不仅要面向企业内部，更要投向企业外部，研究顾客的需求，研究对手的策略，只有这样，才能凸显特色形象，取得效果，知己知彼，百战不殆。

4）总体形象原则。汽车服务企业留给社会公众的形象是整体印象，因此，要注意汽车服务企业的总体形象。汽车服务企业的总体形象塑造是建立在企业各个形象基础之上的，要注意企业各方面形象的塑造及其集成。

5) 领导身教原则。汽车服务企业形象塑造必须从领导自身抓起。领导要率先垂范，身体力行，带头树立形象、抓形象、管形象。榜样的力量是无声的命令。只要领导形象树立起来了，企业形象塑造的工作就纲举目张了。

(2) 基本程序：

1) 分析企业形象现状。分析汽车服务企业形象的现状是对本企业进行企业形象的调查，包括企业总体形象和信誉等企业子形象调查。企业可通过调查表了解，也可通过询问顾客对企业服务等的印象，与企业内部员工座谈，认真考察本企业的企业形象现状。在此基础上，客观地分析企业内外对企业形象的认同情况，分析企业的知名度，并做出正确的企业形象现状评估。

2) 总体规划企业形象。在明确汽车服务企业形象现状的基础上，汽车服务企业要根据塑造企业形象的基本原则和企业具体情况，制订出塑造良好企业形象的总体规划以及应达到的具体目标。

3) 设定企业形象。在汽车服务企业领导带领下，由企业领导和各部门共同完成企业形象的设定，可借助企业识别系统进行汽车服务企业的形象设计与管理。

4) 展示企业形象。把设定的企业形象概念应用于具体的载体上或活动中，即将汽车服务企业观念应用于企业标志、企业造型、象征图案上，应用于汽车服务新闻发布会、车辆展览会、售车洽谈会等方面。总之，要努力使良好的企业形象在社会公众心目中产生共鸣的效果，让社会公众对企业形象产生深刻的印象。

5) 企业形象的全面总结、监控反馈。首先，将汽车服务企业的期望形象和实际形象相比较，充分肯定成绩，总结经验。其次，分析企业形象塑造中存在的问题及主客观的原因。再次，提出企业形象塑造的新思路，不断创造新的经验，将塑造良好的企业形象活动提高到一个新的水平，使其做出新的贡献。还有，汽车服务企业形象塑造不是静态的，而是动态的信息流的管理。为了实现形象塑造的目标，汽车服务企业必须对形象管理的过程进行监控，对形象管理的效果进行收集反馈并采取相应的措施，进行动态完善。

(3) 基本途径：

1) 提升企业内部形象。可从以下两个方面提升企业内部形象：

① 确立崇高的汽车服务企业价值观。一般包含以下内容：

a. 把国家利益和消费者利益放在首位，向顾客提供一流的汽车产品和汽车服务。

b. 员工是企业的主体，充分发挥员工的积极性、主动性和创造性。培养员工的集体精神，强化汽车服务企业的存在价值、增进内部团结和凝聚力，形成一种"自上而下"的团结意识和"企业是我家"的归属感。

c. 强调企业之间、部门之间、职工之间的互相沟通和协作，创造良好的企业软环境。

② 提高汽车服务质量。消费者和社会公众主要是通过汽车产品和服务来了解和评价一个汽车服务企业的。塑造汽车服务品牌形象，要在提高汽车产品和汽车服务质量上下功夫，做好汽车售前和售后服务。只有汽车产品和汽车服务质量提高了，才有可能在社会公众心目中树立起良好的服务形象，从而促进汽车服务企业形象的提升。

2）实施 CIS 设计。CIS 是企业识别系统（Corporate Identity System）的英文简称。CIS 以塑造个性鲜明的企业整体形象为目的，企业通过导入 CIS，对自身的理念文化、行为方式及视觉识别进行科学而系统的革新设计，进行统一的传播，使企业形象鲜明而富有感染力，以获得企业内外公众的认同，提高企业形象。要想提高汽车服务企业的形象，可应用 CIS 设计。

3）创建品牌汽车服务形象。汽车服务企业整体形象塑造要与企业品牌相结合，要为创造良好的企业品牌汽车服务形象保驾护航。品牌化商品已成为当今市场经济中最基本的细胞，品牌是企业最重要的形象资产和集中体现，已成为企业的基本生存门槛和发展的动力，汽车服务企业应努力创建品牌汽车服务形象，并开展相应的研究。

4）提升企业外部形象。塑造良好汽车服务企业外部形象的手段是加强广告宣传及公关活动，具体手段主要有：

① 运用广告传播媒介。通过汽车产品、服务广告和企业形象广告，广泛、反复宣传企业的服务、目标、宗旨和价值观等。

汽车服务企业形象的形成必须借助一定的传播渠道和传播手段。企业形象信息的传播分为直接传播和间接传播。直接传播固然重要，但对于现代汽车服务企业来讲，大众传播媒介以其受众面广、信息传播速度快的特点成为企业形象传播的主要渠道，其传播媒介有印刷媒介、电子媒介和户外媒介三种形式。印刷媒介主要包括报纸、杂志、书籍以及企业资料和印刷广告等。电子媒介主要包括电视、广播、电影、录像以及互联网等。户外媒介包括户外公共场所如建筑物、路牌、交通工具、户外电子屏等发布广告信息的各种传播媒介。

② 参与社会公益事业活动。此举在于体现汽车服务企业对社会公共利益的关注，以求赢得公众的肯定和好感。如某汽车服务企业举办的"春节安全行"社会公益事业活动，对车辆免费检测诊断，讲解行车安全知识，为春节自驾返乡及驾车出行者安全护航；在此基础上，又推出"春节通畅行"社会公益事业活动，宣传行车、停车的公共道德，为春节期间的交通畅行贡献力量。又如某小型汽车服务企业举办的"我帮残疾人做点事"社会公益事业活动，为残疾人义务维修车辆，企业虽小，但能尽自己的能力为社会做点有益的事，并倡导大家帮残疾人做点力所能及的事，这项活动使企业在社会上产生了正面的影响，获得了好评，吸引了多名志愿者参与到活动中。企业通过这些社会公益事业活动，提升公众形象，其效果与产品广告有同样的社会影响力。

③ 利用汽车服务企业形象标志、徽记及建筑造型，给人以深刻的印象，有利于塑造企业形象。

④ 赞助、举办引人瞩目的活动，比如体育运动会、大型文艺演出等，以引起社会舆论和公众对汽车服务企业的关注。

⑤ 密切同新闻、宣传、舆论机构的关系，及时向外报道企业动态，加深公众对汽车服务企业形象的认识。

3. 企业识别系统

企业识别系统可用于汽车服务企业形象设计与管理。企业识别系统主要由企业理念识别系统（Mind Identity System，MIS）、企业行为识别系统（Behavior Identity System，BIS）和企业视觉识别系统（Visual Identity System，VIS）三个部分构成。企业形象的识别系统见图 10-2。

理念识别系统 (MIS)	外部行为识别系统 (BIS)	内部行为识别系统 (BIS)	视觉识别系统 (VIS)
经营理念	公共关系	员工教育	企业命名
发展战略	宣传广告	组织结构	企业品牌
企业文化	促销活动	管理行为	企业标志
行为准则	营销策划	建筑物外观	企业专用字体
价值追求	市场调查	室内装潢	企业标准色
企业歌曲设计	市场服务	环境优化	企业宣传标语
	公益活动		企业象征图案

图 10-2　企业形象的识别系统

（1）理念识别系统。理念识别是 CIS 的基本精神所在，是整个识别系统的最高决定层，也是整个识别系统运作的动力。它主要包括经营理念、发展战略、企业文化、行为准则、价值追求和企业歌曲设计。

（2）企业行为识别系统。行为识别是指企业在其经营理念的指导下所形成的一系列经营活动。行为识别系统可进行企业内部行为识别、企业外部行为识别。

1）企业内部行为识别系统主要包括员工教育、组织结构、管理行为、建筑物外观、室内装潢、环境优化等，可进行相应的设计。员工教育设计模块主要包括员工教育、员工行为规范等。组织结构设计模块主要有 3 种可供选择的结构模式，即功能垂直结构模式（U 形结构）、事业部型分权结构模式（M 形结构）和母子公司分权结构模式（H 形结构）。管理行业设计模块主要包括计划管理、生产管理、质量管理、技术管理、产品设计与开发、财务管理、营销管理、人事管理、基础管理。

2）企业外部行为识别系统主要包括公共关系、宣传广告、促销活动、营销策划、市场调查、市场服务、公益活动等设计。

（3）企业视觉识别系统。视觉识别是在企业经营理念的基础上，根据经营活动的要求，设计出静态的识别符号，以刻画企业的个性，突出企业的精神，凸显企业的特征，目的是使企业员工、消费者和社会各界对企业产生一致的认同感，在最广泛的层面上，塑造独特的企业形象。企业视觉识别系统一般有基本要素和应用要素两大部分。

1）企业视觉识别的基本要素主要包括企业命名、企业品牌、企业标志、企业专用字体、企业标准色、企业宣传标语、企业象征图案等。这些要素是表达企业经营理念的，它要求形式与内涵完美统一。

2）企业视觉识别的应用要素主要包括事务性办公用品、办公室器具设备和装饰、招牌旗帜标示牌、建筑物外观群落、衣着制服、展览橱窗、交通工具、广告媒介、产品包装、包装用品、展示陈列、工作场所规划等。这些要素是传达企业形象的具体载体，因而在对应用要素所包括的内容进行设计时，必须严格遵循基本要素的规定，使应用要素能够形成统一的视觉形象。

在企业视觉识别的诸要素中，企业名称、企业标志、企业标准字、企业标准色等基本要素的设计最为重要。

视觉识别系统在塑造与众不同的企业形象方面起着比 MIS 或 BIS 更为直接、直观的作用。它通过富有特色的直观设计，可将各自企业的经营理念、战略目标充分地表现出来，并借助各种传播媒体，达到企业识别的目的。

第三节　汽车服务企业的安全与文明服务管理

一、汽车服务企业的安全服务管理

1. 安全汽车服务管理的意义

安全汽车服务是汽车服务的基础，不做好这项管理，会造成汽车服务企业财产损失，人身伤害事故。安全汽车服务与各部门有关，汽车销售部门有试乘试驾的安全问题，汽车维修部门有举升机等维修机具的使用、电焊烧伤及安全用电等安全问题，汽车配件供应部门有汽油、柴油、机油保管防火等安全问题，汽车美容部门有涂料、清洁剂防火等安全问题，财务部门有现金防盗等安全问题，汽车服务信息部门有网络安全问题。

2. 安全汽车服务管理的内容

（1）建立健全各项安全汽车服务管理制度和安全汽车服务管理网络。安全汽车服务的依据是各项规章制度。汽车服务企业的所有部门必须遵守有关安全生产的法律、法规，加强安全汽车服务管理，建立健全安全汽车服务责任制度、安全汽车服务操作规程，完善安全汽车服务条件，确保安全汽车服务。

安全汽车服务管理网络化是将安全汽车服务落实到各部门的员工及服务工作，有组织结构，有专人负责和管理、形成一个自上而下逐级管理、自下而上逐级负责的管理网络。安全汽车服务管理网络化是安全汽车服务制度执行的保证，是安全责任制落实的基础。

完备的安全汽车服务制度和严密的安全汽车服务管理网络能做到界限清晰、责任明确，做到有标准/制度可依、有责可定、有量可查，确保汽车服务过程中的安全工作环环相扣，把安全责任的内容分别落实到所有责任人的肩上，通过签订安全责任书的形式，使各级负责人、各班组岗位的员工人人知晓各自承担的风险，人人明确各自的安全责任。

（2）建立健全各项安全汽车服务操作规程。操作规程是安全汽车服务的第一道防线。汽车服务企业的每个员工，尤其是汽车维修员工，必须自觉遵守本单位的安全汽车服务规章制度和操作规程，服从管理，正确穿戴和使用劳动防护用品，同时从相互保护的角度出发，在汽车服务协同操作或独立工作的时候，每一个员工对另一个员工都是安全管理者，要互相严格监督。企业负责安全人员应定期依据安全操作规程检查各岗位人员履行安全操作规程的情况，做好书面记录，及时解决检查中发现的安全责任问题。

在安全汽车服务管理中要制订和执行的操作规程有多种，尤其是汽车维修，其工种较细，并且岗位相互交叉，许多工种若不按操作规程工作，就会具有较大的危险性，如随意起动发动机，有可能使正在维修传动系统的人员发生事故，所以需要根据汽车服务的安全需要详细制订安全汽车服务操作规程。

汽车服务常见的安全操作规程有：

1) 主要工种安全操作规程，如汽车试乘试驾安全操作规程、发动机维修安全操作规程、轮胎拆装安全操作规程、汽车漆面维修安全操作规程、焊接安全操作规程等。

2) 机具设备、电器安全使用操作规程，如举升机安全使用操作规程、传动轴动平衡机安全使用操作规程、轮胎动平衡机安全使用操作规程、电焊机安全使用操作规程和空压机安全使用操作规程等。

3) 检测设备安全使用操作规程，如汽车尾气分析仪安全使用操作规程、喷油泵试验台安全使用操作规程、数字式转向测力仪安全使用操作规程、测功机安全使用操作规程、汽车故障解码器安全使用操作规程等。

(3) 加强安全汽车服务的教育与培训。安全汽车服务的教育与培训是预防汽车服务企业事故发生的基本措施之一，安全汽车服务管理的负责人必须把从业人员的岗位安全培训教育摆在突出的位置，保证从业人员具备必要的安全生产知识，熟悉有关的安全生产规章制度和安全操作规程，掌握本岗位的安全操作技能，不聘用无证人员上岗。通过岗前培训、岗位培训、定期学习、专项教育等，使各级、各岗位人员明确自己的安全责任，履行自己的安全职责，重点抓不同工种和不同岗位的安全技能、安全操作、安全交接、安全检查四个环节，使所有岗位从业人员明确该怎么做、不该怎么做，严防因违章而发生事故，提高每个岗位、每个汽车服务环节的安全程度，防止发生重大伤亡事故，保障汽车服务经营的正常进行。

(4) 保证各类安全设施与设备齐全完好。汽车服务企业的安全设施与设备的齐全完好是安全汽车服务的物质条件。如试车道路交通安全，厂房的安全通道畅通，消防设备维护完好，电气设施符合安全要求，放置重量大的汽车配件的货架牢固，空压机的压力容器与管路符合规范要求，库房保管符合防火要求等，都是安全汽车服务的重要内容。汽车服务企业必须对安全设备进行经常性维护并定期检测，做到勤检查、勤保养维护、勤补充、勤登记，保证设备正常运转。对安全设施与设备的维护、保养、检测应当做好记录，并由有关人员签字。

(5) 认真落实安全汽车服务奖惩措施。运用经济杠杆，引入安全汽车服务管理竞争机制，实行安全汽车服务责任制与经济责任制挂钩制度，设立安全汽车服务奖励基金，用于奖励安全汽车服务的有关人员，形成奖惩分明的安全目标和考核体系，这些安全汽车服务奖惩措施，可增大安全汽车服务管理的后劲。积极开展安全汽车服务周、安全汽车服务月、夏季百日安全、冬季百日安全的竞赛活动，开展用电安全、消防安全等知识问答竞赛，并及时对每次安全活动中优秀的员工进行表彰、奖励。

(6) 注重营造安全汽车服务文化。安全汽车服务文化是存在于企业和个人心中的安全素质和态度的总和。安全汽车服务文化建立在完善的安全技术措施和管理措施基础之上，为员工创造一种"谁遵守安全行为规范谁受益，谁违反安全行为规范谁受罚"的管理环境，促进员工主动增强安全汽车服务的意识，提高员工的安全素养，并将安全汽车服务文化融入企业的各项工作之中。

（7）依法办理员工的工伤保险。依法办理工伤保险是法律强制性要求，汽车服务企业必须依法参加工伤社会保险，为企业员工缴纳保险费，消除员工的后顾之忧，从而保障因汽车服务工作遭受事故伤害或者患职业病的员工获得医疗救治和经济补偿，促进工伤预防和职业康复，分散企业的工伤代价。

二、汽车服务企业的文明服务管理

文明汽车服务，就是按照汽车服务的客观规律进行汽车服务活动。坚持文明汽车服务可以使汽车服务井然有序、管理有条不紊、环境优美协调、厂容整洁卫生。如果不文明进行汽车服务，野蛮操作，必定会造成汽车服务混乱，管理无序，环境污秽，事故频发，汽车服务质量难以保证，顾客满意度下降。文明汽车服务也是汽车服务职业道德规范的内容之一。

汽车服务企业人员要做到文明汽车服务，就是要在汽车服务过程中，做到着装整洁，遵守汽车服务规范和操作规程，使用文明用语，并注意保持工具、设备、汽车配件、车辆和工作场所的整洁卫生，倡导勤俭节约和保护环境的汽车服务，倡导绿色汽车服务。汽车服务人员在文明的环境中工作，会充满安全感和舒适感，有利于提高工作效率，有利于促进汽车服务质量的提高。

汽车服务企业要建立文明汽车服务管理的规范，以保证文明汽车服务。常见的文明汽车服务规范有：文明电话接听规范、来访客户文明接待规范、文明跟踪服务规范等。

作　业

1. 简述汽车服务企业文化的主要内容。
2. 简述汽车服务企业文化的特点。
3. 简述汽车服务企业文化的作用。
4. 简述汽车服务企业文化构建的基本原则及方法。
5. 简述汽车服务企业文化管理的内容。
6. 简述汽车服务企业形象的内容及类型。
7. 简述汽车服务企业形象管理的内容。
8. 简述汽车服务企业形象塑造的基本原则。
9. 简单介绍企业识别系统及其用途。
10. 简述汽车服务企业的安全与文明汽车服务管理的意义和内容。
11. 查找文献，阅读一两篇介绍汽车服务企业安全与文明管理的文献，介绍其主要内容。
12. 去汽车服务企业，调研汽车服务企业的安全与文明管理，写一篇调研报告，并与同学交流。

参 考 文 献

[1] 王生昌. 汽车服务企业管理 [M]. 2版. 北京：人民交通出版社, 2018.
[2] 高青. 汽车服务企业管理 [M]. 北京：机械工业出版社, 2015.
[3] 朱刚, 王海林. 汽车服务企业管理 [M]. 北京：北京理工大学出版社, 2008.
[4] 卢燕, 阎岩. 汽车服务企业管理 [M]. 北京：机械工业出版社, 2005.
[5] 胡寒玲. 汽车服务企业管理 [M]. 北京：化学工业出版社, 2010.
[6] 刘树伟, 郑利民. 汽车服务企业管理 [M]. 北京：清华大学出版社, 2012.
[7] 周三多, 陈传明, 贾良定. 管理学——原理与方法 [M]. 6版. 上海：复旦大学出版社, 2014.
[8] 陈洪安, 朱姝, 张广利. 管理学原理 [M]. 上海：华东理工大学出版社, 2016.
[9] 赵计平, 金明. 汽车售后服务企业经营与管理 [M]. 北京：机械工业出版社, 2013.
[10] 杨金兰. 汽车服务工程 [M]. 北京：人民交通出版社, 2007.
[11] 程诚, 庄继德, 邹广德, 等. 汽车服务系统工程 [M]. 北京：人民交通出版社, 2007.
[12] 谭德荣, 董恩国. 汽车服务工程 [M]. 北京：北京理工大学出版社, 2007.
[13] 温欢扬. 汽车运输企业经营管理实务 [M]. 北京：人民交通出版社, 2007.
[14] 李保良, 任跃宇, 张殿国. 汽车维修企业管理人员培训教材 [M]. 北京：人民交通出版社, 2004.
[15] 许平. 汽车维修企业管理基础 [M]. 北京：电子工业出版社, 2007.
[16] 黄国相. 汽车维修企业的经营分析与决策 [M]. 北京：机械工业出版社, 2005.
[17] 邬忠耀. 浅谈汽车维修企业的安全生产管理 [J]. 汽车维护与修理, 2007 (1)：64-65.
[18] 李博星, 郑安文, 谭丽芳, 等. 中国汽车网络销售模式探讨 [J]. 汽车工业研究, 2014 (8)：11-16.
[19] 方正宇. 汽车维修企业的配件采购管理 [M]. 北京：机械工业出版社, 2005.
[20] 胡建军. 汽车维修企业创新管理 [M]. 北京：机械工业出版社, 2002.
[21] 施耐德. 汽车维修企业管理指南 [M]. 袁和, 译. 北京：机械工业出版社, 2006.
[22] 巴兴强, 邓红星. 汽车技术服务市场总论 [M]. 北京：人民交通出版社, 2007.
[23] 张洪源. 汽车商务 [M]. 北京：人民交通出版社, 2004.
[24] 吴龙泗, 刘晓波, 韩亮. 现代汽车经营管理 [M]. 北京：人民交通出版社, 1998.
[25] 张国方. 现代汽车营销 [M]. 北京：电子工业出版社, 2005.
[26] 何宝文. 汽车营销学 [M]. 北京：机械工业出版社, 2011.
[27] 郭基元. 汽车租赁经营与管理 [M]. 北京：人民交通出版社, 2000.
[28] 杨万幅. 旧机动车鉴定估价 [M]. 北京：人民交通出版社, 2000.
[29] 贾永轩, 乔军. 汽车服务利润 [M]. 北京：机械工业出版社, 2006.
[30] 莫远. 汽修和汽配企业的计算机管理 [M]. 北京：机械工业出版社, 2004.
[31] 郭东强. 现代管理信息系统 [M]. 2版. 北京：清华大学出版社, 2010.
[32] 卫红春. 信息系统分析与设计 [M]. 西安：西安电子科技大学出版社, 2011.
[33] 陈永革. 汽车物流基础 [M]. 北京：机械工业出版社, 2006.
[34] 宋景芬. 汽车文化 [M]. 北京：电子工业出版社, 2005.

读者服务

机械工业出版社立足工程科技主业,坚持传播工业技术、工匠技能和工业文化,是集专业出版、教育出版和大众出版于一体的大型综合性科技出版机构。旗下汽车分社面向汽车全产业链提供知识服务,出版服务覆盖包括工程技术人员、研究人员、管理人员等在内的汽车产业从业者,高等院校、职业院校汽车专业师生和广大汽车爱好者、消费者。

一、意见反馈

感谢您购买机械工业出版社出版的图书。我们一直致力于"以专业铸就品质,让阅读更有价值",这离不开您的支持!如果您对本书有任何建议或意见,请您反馈给我。我社长期接收汽车技术、交通技术、汽车维修、汽车科普、汽车管理及汽车类、交通类教材方面的稿件,欢迎来电来函咨询。

咨询电话:010-88379353　编辑信箱:cmpzhq@163.com

二、课件下载

选用本书作为教材,免费赠送电子课件等教学资源供授课教师使用,请添加客服人员微信手机号"13683016884"咨询详情;亦可在机械工业出版社教育服务网(www.cmpedu.com)注册后免费下载。

三、教师服务

机工汽车教师群为您提供教学样书申领、最新教材信息、教材特色介绍、专业教材推荐、出版合作咨询等服务,还可免费收看大咖直播课,参加有奖赠书活动,更有机会获得签名版图书、购书优惠券。

加入方式:搜索 QQ 群号码 317137009,加入机工汽车教师群 2 群。请您加入时备注院校 + 专业 + 姓名。

四、购书渠道

机工汽车小编
13683016884

我社出版的图书在京东、当当、淘宝、天猫及全国各大新华书店均有销售。

团购热线:010-88379735

零售热线:010-68326294　88379203

推荐阅读

编号	书名	作者	定价（元）
1	电动汽车工程手册．第（1-10）卷	孙逢春 等	2880.00
2	未来交通与出行的安全性（精装）	（德）汉斯-莱奥·罗斯著；王红 等译	199.00
3	车辆悬架控制系统手册（精装）	刘洪海 等编；牛福 等译	199.00
4	汽车功能安全（精装）	（德）汉斯-莱奥·罗斯著；傅翀，等译	149.00
5	越野车辆动力学：分析、建模与优化（精装）	（伊朗）哈米德·塔加维法尔 等著；付志军 译	129.00
6	汽车软件开发实践（精装）	（德）法比安·沃尔夫著；刘晨光 译	159.00
7	产品生命周期可靠性工程（精装）	（美）杨广斌 著；腾庆明，等译	299.00
8	汽车工程手册（德国版）第2版	（德）汉斯-赫尔曼·布雷斯 等著；魏春源，等译	499.00
9	汽车性能集成开发	詹樟松	338.00
10	汽车智能驾驶系统开发与验证	何举刚	198.00
11	汽车整车设计与产品开发	吴礼军	366.00
12	智能网联汽车预期功能安全测试评价关键技术	李骏，王长君，程洪	199.00
13	智能座舱开发与实践	杨聪 等	168.00
14	智能网联汽车信息安全测试与评价技术	中国汽车技术研究中心有限公司组编	139.00
15	智能网联汽车测试与评价技术	中国汽车技术研究中心有限公司组编	159.00
16	复合材料轻量化设计	李永，宋健	168.00
17	轮毂电机分布式驱动控制技术（双色印刷）	朱绍鹏，吕超	108.00
18	增程器设计开发与应用	菜根儿	168.00
19	新能源汽车电力电子技术仿真	程夕明	168.00
20	动力电池管理系统核心算法（第2版）	熊瑞	149.90